教育部高校人文社会科学重点研究基地重大项目
"《说文》文本的现代阐释与海外传播研究"
（项目批准号：22JJD740009）
国家社会科学基金重点项目"六书学史研究"
（项目批准号：19AZD040）
综合性研究成果

陕西师范大学本科教材建设项目
教育部高校人文社会科学重点研究基地
北京师范大学民俗典籍文字研究中心
资助出版

编委会

学术顾问：党怀兴　赵学清

主　　任：张　喆

副 主 任：孙建伟　刘　琨

编　　委：（按姓氏拼音排序）

　　　　　初美瑶　何　博　李晓芮　宋　敏　苏媛媛

　　　　　王　飞　王思睿　王一帆　魏家欣　吴慧雅

　　　　　殷旭升　郑如意　周　静　庄玉华

汉字与中国文化

张喆 孙建伟 刘琨 编著

陕西师范大学出版总社 西安

图书代号　JC24N0897

图书在版编目（CIP）数据

汉字与中国文化 / 张喆，孙建伟，刘琨编著. — 西安：陕西师范大学出版总社有限公司，2024.10
ISBN 978-7-5695-4427-5

Ⅰ.①汉…　Ⅱ.①张…②孙…③刘…　Ⅲ.①汉字—对外汉语教学—教材　Ⅳ.①H195.4

中国国家版本馆 CIP 数据核字（2024）第 111190 号

汉字与中国文化
HANZI YU ZHONGGUO WENHUA

张　喆　孙建伟　刘　琨　编著

责任编辑	邱水鱼
责任校对	于盼盼
封面设计	鼎新设计
出版发行	陕西师范大学出版总社 （西安市长安南路 199 号　邮编 710062）
网　　址	http://www.snupg.com
印　　刷	西安市建明工贸有限责任公司
开　　本	787 mm × 1092 mm　1/16
印　　张	18.5
字　　数	444 千
版　　次	2024 年 10 月第 1 版
印　　次	2024 年 10 月第 1 次印刷
书　　号	ISBN 978-7-5695-4427-5
定　　价	68.00 元

读者购书、书店添货或发现印刷装订问题，请与本社高等教育出版中心联系。
电　话：（029）85307864　85303622（传真）

前言
Preface

传承数千年的汉字既是汉语最适合的表达形式，又是典雅隽永的艺术美学，更是中华优秀传统文化最凝练、最灵动、最深刻的载体，是讲好中国故事，传播好中国声音，推动中华文化走出去的重要媒介。本书以汉字及其蕴含的中华优秀文化为主要内容，可作为汉语言文学专业国际学生的专业课教材，或其他专业国际学生的选修课教材，也可作为国际中文专业本科生及研究生的汉字学教材，还可作为国际中文教师、中小学教师的教学参考书及师资培训用书。本书同样适用于对汉字文化感兴趣的国内外大众读者。

一、教材特色

本书主要介绍汉字文化的基本知识，以及14类共145个汉字的字形、字义、字音、字构、字用和文化内涵，在编写时特别注重汉字选取的科学性及实用性、汉字形义分析的准确性及简明性、汉字文化内容的通俗性及时代性。

（一）汉字选取的科学性及实用性

本书所列字头均选自《说文解字》540部首，选取《说文解字》部首的原因是此类汉字具有较强的构字能力，读者掌握了这些汉字的演变过程、构造方式、形义关系和基本含义，对于进一步理解由这些汉字构成的其他汉字可以起到举一反三的作用，科学提高汉字学习效率。

本书的主要对象为国际中文学习者，因此本书以《国际中文教育中文水平等级标准》汉字表作为字头的进一步筛选标准，不在汉字表之内的汉字不做讲解，以增强学习的有效性和实用性。同时，本书在每个汉字字头下列出两个表格，一个是由该字构成的其他汉字，另一个是由该字组成的词语，表格中的汉字和词语均为《国际中文教育中文水平等级标准》汉字表和词汇表中的字词，并按水平等级做了分类，便于读者掌握该字作为构件的构字情况和作为语素的构词情况，对于学习和讲授汉字具有便捷实用的参考价值。

（二）形义分析的准确性及简明性

本书对于汉字字形的讲解首先是展示汉字从甲骨文、金文、小篆、隶书到楷书的演变过程，然后参考《说文解字》的解释，对汉字的构造理据和本义做出说明。对于学术界普遍认可的与《说文解字》不同的观点，会结合相关古文字形和文献进行说明，以确保汉字理据分析的准确性。作为国际中文用汉字文化教材，本书在编写时，根据编者多年的汉语教学经验，特别注意语言的简明易懂，避免出现复杂的汉字学术语以及过于专业的理据分析，增强教材的可读性。

（三）文化内容的通俗性及时代性

本书在介绍与所列汉字相关的文化内容时，首先是筛选出能够代表中华优秀传统文化，并且与社会生活息息相关的14个主题，舍弃了一些其他汉字文化类书籍包含但内容过时、过偏的主题，把真正能够体现中国人勤劳善良、质朴友爱、积极向上等精神品质的文化内容提炼出来，并以通俗易懂的方式进行呈现。除了传统文化内容，本书还特别关注能反映当今中国发展变化的事件和人物，脱贫攻坚、杂交水稻、科教兴国等发生在当今中国的实事，不但改变了中国人的生活，也为全人类的发展做出了贡献，这些事件既是中华优秀文化基因的历史积淀，也是向世界讲述中国故事的时代之音。

二、内容体例

本书共十五章，每章包括学习目标、正文和思考题三个部分。

第一章介绍汉字的基本知识、文化的定义及汉字和文化的关系。

第二章到第十五章分14个专题分别介绍相关汉字及其文化内涵，每章正文部分包括若干汉字字头，每个字头下包括"汉字解析"和"字词卡片"两个版块。"汉字解析"部分首先列出该字头的甲骨文、金文、小篆、隶书、楷书的演变过程（没有对应的甲骨文或金文字形则空缺），然后列出《说文解字》中对该字的解释，随后对《说文解字》的解释进行简要分析，讲解字形和字义之间的关系，以及字音和用法，最后介绍与该字相关的文化内容。"字词卡片"部分包括由该字构成的其他汉字和词语两个表格，便于读者掌握该字的使用情况。

为了尽可能为读者提供丰富的相关阅读材料，本书在第二章到第十五章的章节末尾设置"视野扩展"的二维码，读者可根据兴趣和需要扫描在线阅读。

三、编审团队

陕西师范大学文学院党怀兴教授、赵学清教授担任顾问，提出编写思路和总体框架。陕西师范大学国际汉语文化学院副教授张喆设计编写体例、对全书进行统稿，并负责编写第一、二、三、四、六、十四章。陕西师范大学国际汉语文化学院副教授孙建伟负责编写第五、七、八、十二、十三章。陕西师范大学国际汉语文化学院副教授刘琨负责编写第九、十、十一、十五章。陕西师范大学国际汉语文化学院研究生王飞、苏媛媛、李晓芮、宋敏、殷旭升、吴慧雅、庄玉华、何博、郑如意、王一帆、魏家欣、周静、初美瑶、王思睿参与编写工作。

本书的编写既要考虑汉字形义的学理性，又要兼顾汉字学习的实用性，同时还要保证内容通俗易懂、贴近时代，尽管我们已经做出了最大的努力，但难免存在疏漏，不当之处恳请广大读者批评指正，联系邮箱 zhangzhe@snnu.edu.cn。

目录
Contents

第一章 汉字与文化 / 001
 第一节 汉字的基本知识 / 002
 第二节 文化的定义 / 016
 第三节 汉字和文化的关系 / 018

第二章 汉字与社会家庭 / 021
 民 / 022
 男 / 023
 女 / 025
 夫 / 027
 后 / 028
 里 / 030
 兄 / 032

第三章 汉字与服饰 / 034
 衣 / 035
 麻 / 036
 革 / 038
 巾 / 039

 素 / 041
 皮 / 042
 丝 / 044

第四章 汉字与饮食 / 046
 食 / 047
 瓜 / 048
 禾 / 050
 来 / 051
 麦 / 053
 米 / 054
 齐 / 055
 香 / 057

第五章 汉字与建筑 / 059
 宫 / 060
 穴 / 061
 京 / 063
 高 / 065

门 / 066

户 / 068

仓 / 070

井 / 071

第六章　汉字与交通出行 / 074

方 / 075

步 / 077

行 / 078

走 / 080

车 / 081

舟 / 084

足 / 085

履 / 087

止 / 089

此 / 090

出 / 092

入 / 094

第七章　汉字与人体（上）/ 096

人 / 097

久 / 099

印 / 100

包 / 102

交 / 103

立 / 105

士 / 106

老 / 108

思 / 110

心 / 111

死 / 113

骨 / 115

筋 / 116

页 / 118

首 / 119

第八章　汉字与人体（下）/ 122

自 / 123

耳 / 124

须 / 126

眉 / 128

见 / 129

亡 / 131

古 / 133

哭 / 134

可 / 136

言 / 137

甘 / 139

旨 / 141

齿 / 142

手 / 144

共 / 146

第九章　汉字与自然 / 149

日 / 150

旦 / 152

月 / 153

夕 / 154

云 / 156

气 / 157

雨 / 159

水 / 161

火 / 162

炎 / 164

金 / 165

石 / 167

土 / 169

山 / 171

川 / 173

小 / 174

重 / 176

支 / 177

第十章　汉字与动物 / 179

牛 / 180

兔 / 181

龙 / 183

龟 / 185

马 / 186

鼠 / 188

羊 / 190

鹿 / 191

它 / 193

燕 / 194

鸟 / 195

虎 / 199

犬 / 201

第十一章　汉字与植物 / 203

竹 / 204

才 / 206

林 / 207

木 / 209

生 / 211

束 / 212

华 / 213

第十二章　汉字与生产劳动 / 216

贝 / 217

壶 / 218

片 / 220

曲 / 221

几 / 223

工 / 224

克 / 226

寸 / 227

尺 / 229

力 / 231

网 / 232

刀 / 234

田 / 235

率 / 237

第十三章　汉字与艺术 / 239

喜 / 240

文 / 241

音 / 243

史 / 244

教 / 245

画 / 247

第十四章　汉字与颜色 / 250

黄 / 251

赤 / 253

丹 / 254

青 / 256

白 / 258

黑 / 260

玄 / 261

色 / 262

第十五章　汉字与战争 / 265

干 / 266

戈 / 267

鼓 / 269

矛 / 270

王 / 272

盾 / 273

我 / 275

参考文献 / 277

索引 / 279

第一章
汉字与文化

学习目标

　　了解汉字的基本知识，以及汉字起源的传说；感知汉字历史的久远与伟大，体会汉字与中国文化之间的密切联系。

第一节　汉字的基本知识

一、什么是汉字

在讨论什么是汉字之前,我们首先需要知道什么是文字。

>文字是记录语言的书写符号系统,是扩大语言在时间和空间上的交际功能的辅助工具。——《辞海》

文字不同于语言,文字是手写的(现在也在电子设备上用手打字),通过人的视觉传递信息;语言是口说的,通过人的听觉传递信息。"语言文字"常常连说,那是因为文字是记录语言的,同时又扩大了语言的功能。

没有文字之前,人们主要通过有声语言交换信息,但是语言有它的局限性,不能传到远方,也不能留存后世。有声语言在空间和时间上的限制,对经验、文化的积累和交流都是一个很大的障碍。随着人类社会的形成和扩大,人们迫切需要能够克服语言局限的方法、工具。人们首先想到的是通过实物辅助语言,比如结绳、契刻等,但这些工具都存在各自的不足,随后文字表现出非常大的优势,它可以突破时间和空间的限制,换句话说,它扩大了语言在时间和空间上的功能,成为辅助记录语言最好的工具。

据 21 世纪初联合国教科文组织的统计,世界上现存的语言约 6700 种,汉字是其中之一。作为记录语言的书写符号系统,每种文字都必定是某种具体语言的记录,都与某种具体的语言相联系。英文是英语的记录,俄文是俄语的记录,汉字则是汉语的记录。因此可以说,汉字是记录汉语的书写符号系统,是扩大汉语在时间和空间上交际功能的辅助工具。

二、汉字的起源

关于汉字的起源,学术界主要有以下三种声音:一是对中国古代文献中与汉字有关的传说的继承与批判,如《左传》《荀子》《韩非子》《淮南子》《汉书》等。二是对出土材料中符号的种种推测,如岩画、龟甲、骨器、石器、陶器等。三是对世界其他文字产生发展的种种理论的引进,如 18 世纪外国学者威廉·瓦尔博顿在《摩西的神圣使命》一书中提到"图画文字"是人类文字的起源。各种说法角度不一、争论不断,使这个源远流长的问题目前还难以产生定论。

我们常说,甲骨文是现今发现的最早的汉字系统。甲骨文最早使用于公元前 14 世纪至公元前 11 世纪的商代。但是甲骨文已经是相当成熟的文字系统了，甲骨文之前应该有更原始的阶段。汉字的原始阶段是怎样的呢？又是怎样从原始文字发展成能完整记录语言的文字系统呢？下面将通过文献记载和考古发现两方面的材料，介绍汉字起源的相关问题。

（一）关于汉字起源的传说

在《左传》《荀子》《韩非子》《淮南子》《汉书》等古籍中都有关于汉字起源的问题探讨，而比较系统的表述最早见于许慎的《说文解字叙》：

> 古者庖牺氏之王天下也，仰则观象于天，俯则观法于地，视鸟兽之文与地之宜，近取诸身，远取诸物，于是始作《易》八卦，以垂宪象。及神农氏，结绳为治而统其事。庶业其繁，饰伪萌生。黄帝之史仓颉，见鸟兽蹄迒之迹，知分理之可相别异也，初造书契。

许慎谈到了庖牺氏（即伏羲）画八卦、神农氏结绳和仓颉造字三件大事。他的本意大体是文字为仓颉所造，而仓颉造字之前，中国人的祖先曾经画过八卦、结过绳，以此来帮助记忆。根据许慎的表述，汉字的产生是一个漫长的过程，伏羲时代是我国从旧石器时代向新石器时代过渡的时期，距今 1 万年左右，黄帝时代距今 5000 年左右，在这数千年的时间里，人们对汉字的需要越来越强烈，汉字才应运而生。但是后来有些人就因此提出了汉字起源于八卦和结绳，这并不科学，下面分别加以说明。

1. 八卦（图 1-1）

伏羲（图 1-2）画八卦的传说在中国流传很广，汉字起源于八卦的说法也曾经很有影响力。八卦中蕴含着丰富的思想内容，是中国古代的基本哲学概念。八卦由"—"和"--"两种基本符号构成，两种符号三个一组，变换组合，形成八种图形，每一种图形叫作一卦，每一卦的名称依次是乾、坤、震、巽、坎、离、艮、兑，每一卦代表一种自然现象，分别是天、地、雷、风、水、火、山、泽。

图 1-1　八卦

图 1-2　传说中的伏羲画像

宋代郑樵《六书略》中提出"文字起于八卦",把"☵"当成"水"的横写,把"☲"当作"火"的横写。近现代也有学者认为汉字起源于八卦,认为八卦是文字的鼻祖,乾坤坎离的卦形,就是天地水火的字形。

实际上八卦所代表的天、地、水、火、风、雷、山、泽等物,是一种象征意义,可以无限地解释和发挥,与语言并没有固定的联系。八卦是由"—"和"- -"两种基本符号构成的符号系统,而早期汉字是以象形符号为基础构成的符号系统,二者并不相同,也没有相互继承的关系。八卦只有八个符号,用来记录语言也是远远不够的。因此我们不能因为个别汉字与八卦符号相似,就说汉字起源于八卦。

2. 结绳记事(图1-3)

所谓结绳记事,就是通过给绳子打结的办法来帮助记忆。关于结绳,古代典籍中从战国时期起就有种种记载。如:

《周易·系辞下》:"上古结绳而治,后世圣人易之以书契……古者庖牺氏之王天下也……作结绳而为网罟,以佃以渔。"

郑玄注《周易·系辞下》:"事大大结其绳,事小小结其绳。"

《老子》:"小国寡民,使有什伯之器而不用,使民重死而不远徙。虽有舟车,无所乘之;虽有甲兵,无所陈之。使民复结绳而用之。"

《庄子·胠箧》:"昔者容成氏、大庭氏、伯皇氏、中央氏、栗陆氏、骊畜氏、轩辕氏、赫胥氏、尊卢氏、祝融氏、伏羲氏、神农氏,当是时也,民结绳而用之。"

唐李鼎祚《周易集解》引《九家易》:"古者无文字,其有约誓之事,事大大结其绳,事小小结其绳。结之多少,随物众寡,各执以相考,亦足以相治也。"

以上记载,内容并不完全一致,比如关于结绳的始作者,《周易》说是伏羲,《说文解字叙》说是神农,而《老子》《庄子》没有说谁是发明者,只说民众"结绳而用之"。但我们通过这些记载可以得知,文字产生之前的远古时期,中国人的祖先曾使用过结绳记事的方法,结绳在社会生活中起过相当重要的作用,甚至可以"结绳而治""结绳而政",绳子的结法是有一定规则的,也就是"事大大结其绳,事小小结其绳"。

图1-3 结绳记事　　　　图1-4 "奇谱"，南美洲印加人的结绳记事

据记载，古代埃及、古代波斯、古代日本等都曾有过结绳记事。根据人类学家和民俗学家的考察，近代美洲（图1-4）、非洲、澳洲的土人，中国的藏族、高山族、独龙族、哈尼族等也都流行过结绳记事。比如广西瑶族，遇到双方争执不下的时候，各用一条绳子，说出一个道理打一个结，谁的结多便能取胜。高山族人民用结绳的方法记事或表示爱情，青年用同样长的两条绳子各打两个结，把两条绳子的末端合打一个结，赠给自己心爱的姑娘，这就表示求婚。有人认为，中国结（图1-5）就源于结绳记事，不过有了全新的意义，代表吉祥如意。

> 杨柳枝词（其七）
> 唐·刘禹锡
> 御陌青门拂地垂，
> 千条金缕万条丝。
> 如今绾作同心结，
> 将赠行人知不知。

图1-5 中国结

结绳作为文字产生之前的一种记事方法，对汉字的起源产生了怎样的影响呢？能不能说文字就产生于结绳呢？早期汉字的一些数字可能与结绳有关。比如甲骨文的"十"、"廿"（二十）、"卅"（三十）、"卋"（《说文解字》："三十年为一世。"）（图1-6），这些字形很容易让我们联想到结绳。但这并不能得出"汉字起源于结绳"的结论，因为结绳和汉字之间缺少更多的联系，汉字所记录的范围极其广泛，在汉字中保留了许多古代社会生活的痕迹，仅仅有几个汉字用了结绳的形象，是说明不了多少问题的。

图 1-6 "十""廿""卅""世"的甲骨文

3. 仓颉造字（图 1-7）

结绳和画卦能起到一定的记事作用，但是要想充分地记录语言，则只能是文字了。比起前面几种关于汉字起源的传说，仓颉造字的说法在中国流传更广，影响更大。除了《说文解字叙》，古书中还有不少关于仓颉的记载：

《吕氏春秋·君守》："奚仲作车，仓颉作书，后稷作稼，皋陶作刑，昆吾作陶，夏鲧作城，此六人者，所作当矣。"

《韩非子·五蠹》："古者仓颉之作书也，自环者谓之私，背私者谓之公。"

《仓颉篇》："仓颉作书，以教后诣。"

《春秋元命苞·禅通记》："仓帝史皇氏，名颉，姓侯冈。龙颜侈侈，四目灵光。"

《荀子·解蔽》："好书者众矣，而仓颉独传者，壹也。"

在上面关于仓颉的传说中，我们可以看到古人对仓颉的神化，比如说他"四目灵光"，他创造汉字惊动了天地，"天雨粟，鬼夜哭"，所以今天能看到的仓颉画像（图 1-8）都画着四只眼睛，为了表示他目光锐利，能仔细观察天地万物，并用文字来表现。显然，文字作为一个复杂的符号系统，由一个人独立创造是不可能的事情。很多汉字的古文字形有十几种甚至几十种不同的写法，如果汉字真的是一个人创造的，为什么要创造这么多字形给自己增添麻烦呢？

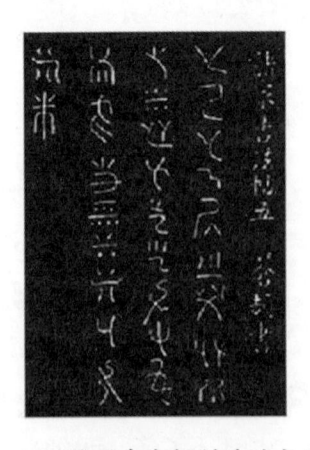

图 1-7 传说中仓颉创造的文字　　　　图 1-8 传说中仓颉的画像

不过在以上文献中，《荀子》的记录比较客观，"好书者众矣，而仓颉独传者，壹也"，"壹"是统一、专一的意思，就是说喜好创造字的人很多，仓颉对这些汉字进行整理，人们就把创造汉字的功劳都归给他。把某一重大成果归功于某一特殊人物，或者皇帝指派的某个人，这在中国传统文化中是常见的情况。文字作为一个复杂的符号系统，由一个人独立创造是不可能的事情。但是古人将仓颉和汉字联系起来，也有一定的原因。首先，仓颉造字的传说与结绳记事的传说相衔接，具有合理性，随着社会的发展，结绳记事无法满足人们记录语言的需要，文字在这时应运而生；其次，仓颉作为史官，在汉字的起源和发展过程中起过重大作用，文字是史官记事的必要工具，仓颉出于工作的需要对已有的零散的汉字进行加工整理，使它们规范化、系统化，这是完全有可能的。

4. 契刻

许慎在《说文解字叙》中说"初造书契"，"书"就是用笔书写，所谓"契"，指的是用刀刻画。甲骨文也属于契刻，不过我们这里所说的契刻，特指人们在竹、木、陶土等材料上刻的各种非文字性质的痕迹、记号，用以记事。汉民族的祖先如何使用契刻记事，今天已经很难考察了，不过从有关文献记载中仍然可以看到这方面的信息：

《释名·释书契》："契，刻也，刻识其数也。"

《后汉书·乌桓鲜卑传》："大人有所召呼，则刻木为信，虽无文字，而部众不敢违犯。"

《隋书·突厥传》："无文字，刻木为契。"

《旧唐书·南蛮传》："俗无文字，刻木为契。"

根据出土文物和文献记载，契刻可以分为三种：

（1）齿状契刻

郑玄注《周易·系辞》："书之于木，刻其侧为契，各执其一，后以相考合。"从这个记载可以看出，契刻是在竹木等材质上刻画齿痕，从中间劈开，一分为二，各执一半，合起来则可以为凭证，这种情况叫作"合契"，现在说的"契约"也由此而来。《列子·说符》："宋人有游于道得人遗契者，归而藏之，密数其齿，曰：吾富可待矣。"

根据历史典籍和地方志的记载，我们很多民族都使用过木契（图1-9），有的民族在中华人民共和国成立前还在使用。云南博物馆保存了20多件木刻实物，是云南省境内景颇族等民族使用的。人类学研究成果也证明，在世界许多地方都曾经用过契刻，比如澳洲土著、因纽特人等。澳洲土著人使用过一种通信木条，由使者携带行于各个部落间。这种木条有着传递信息和出使凭证的意味。在中国广西、云南地区，直到20世纪，瑶族、独龙族、怒族、佤族、景颇族等少数民族仍有刻木记事、刻木记账的做法。比如据说佤族人有一种传代木刻（图1-10），家族每发生一件新事，就在木头上刻一个记号，小事的刻口浅小，大事的刻口深大；再比如鄂温克族人约会也用木刻，每过一天刻一道。

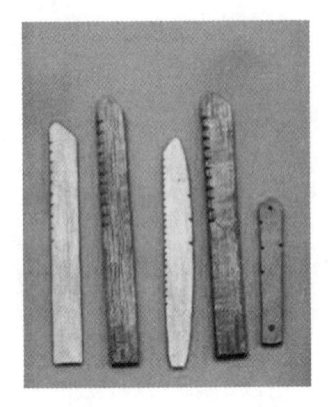

图1-9　甘肃周家寨仰韶时期遗址骨契

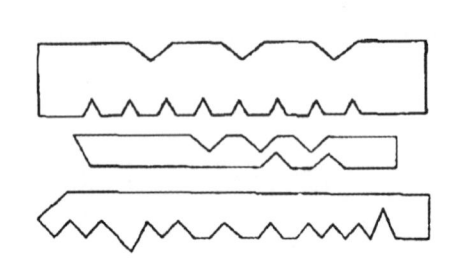

图1-10　佤族契刻图形

（2）几何线条形契刻符号

自20世纪20年代起，在仰韶文化、大汶口文化、龙山文化、马家窑文化、良渚文化、二里头文化以及商代文化的遗址中，出土了陶器刻符（图1-11至图1-17）。这些原始社会晚期及有史社会早期的契刻符号，遍布中国各地，材料丰富，它们与文字之间存在相似性，为探索汉字的起源提供了多方面的考古依据，越来越受到学者的关注。

图1-11　陕西临潼姜寨仰韶文化遗址陶器刻符（1）

图1-12　陕西临潼姜寨仰韶文化遗址陶器刻符（2）

图 1-13　西安半坡仰韶文化遗址刻符

图 1-14　甘肃马家窑文化遗址刻符　　　　图 1-15　浙江良渚文化遗址刻符

图 1-16　河南偃师二里头商代文化遗址刻符　　图 1-17　郑州二里岗商代文化遗址刻符

这些符号大都刻在同一种陶器的同一个部位，规律性很强。有些符号不但重复出现在很多器物上，而且还出现在不同的遗址里，因此应该是带有记事性质的符号。郭沫若先生认为："彩陶上的那些刻划记号，可以肯定地说就是中国文字的起源，或者中国原始文字的孑遗。"（《古代文字之辩证的发展》）郭沫若的这一看法有部分学者赞同，认为它们与甲骨文有渊源关系，是汉字的始祖，作为汉字有六七千年历史的依据。但是大部分学者还是采取谨慎的态度，认为这些几何线条与以象形符号为基础的古汉字不属于一个系统。

（3）象形契刻符号

这类符号形体接近商代青铜器铭文，不少学者认为就是文字符号。于省吾先生把图 1-18 和图 1-19 中间上下两个符号考释为"戉"，左右两个符号考释为"旦"。唐兰先生把左右两个符号考释为"炅"，中间上下两个符号分别考释为"戉"和"斤"。李学勤先生把左边符号考释为"炅山"，中间上下两个符号分别考释为"戉""斤"，右边符号考释为"炅"。但是裘锡圭先生对此持谨慎态度，他认为："大汶口文化象形符号的作风跟古汉字很相似……已经用作原始文字的可能性，应该是存在的……当然，这只有在发现了用这种符号记录（可以是很不完整地记录）成组成句的词的实例之后才能证实。"裘先生这个观念应该说是恰当的。不过，这种象形符号发展成象形字是完全可能的。

图 1-18　山东莒县凌阳河大汶口
文化遗址陶器刻符（1）

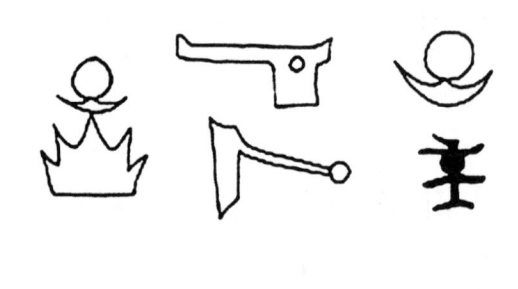

图 1-19　山东莒县凌阳河大汶口
文化遗址陶器刻符（2）

（二）汉字与原始图画

目前所知的世界上几种最古老的文字，图画性都很强，表明它们与图画之间有一定的渊源关系。学者们普遍认为，在文字产生以前，一般都经过图画记事的阶段。汉字体系的形成，也应经历由图画到文字的阶段。

《说文解字叙》："仓颉之初作书，盖依类象形，故谓之文。其后形声相益，即谓之字。文者，物象之本；字者，言孳乳而浸多也。"

在许慎看来，最早的文字是依类象形而来的，也就是按照实物的形象，通过描画物象而来的。考古学很多发现都证实了文字和图画之间的联系。新石器时代仰韶文化（约前 5000—前 3000）、马家窑文化（约前 3000—前 2000）出土的陶器上，可以看到一些具有写实特点的图画（图 1-20 至图 1-23）。

图 1-20　仰韶文化人面鱼纹图

图 1-21　仰韶文化鹳鱼石斧图

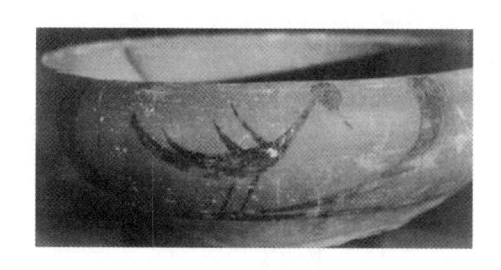

图 1-22　仰韶文化鸟纹图

图 1-23　马家窑文化舞蹈纹图

在中国内蒙古、宁夏、青海、新疆、西藏、江苏、安徽、福建、广西等地发现的岩画，可能对早期汉字有一定的影响。岩画的内容十分广泛，有狩猎、放牧、战争、舞蹈、祭祀等，人和动物图像都很常见（图 1-24、图 1-25）。

图 1-24　岩画（1）

图 1-25　岩画（2）

原始图画和岩画中的一些动物和器物的形状与甲骨文十分相似（图 1-26、图 1-27），这可以说明原始图画和岩画的一些构图方式、表现手法可能对早期象形文字产生过重要影响，但并不能说明它们本身就是文字，因为还没有它们可以连词成句、用来记录语言的证据。

图 1-26　"鹿""羊""犬""马""虎"的甲骨文

图 1-27　阴山岩画动物组图

总而言之，汉字是中国人的祖先在长期劳动生活中集体创造的，4500 多年以前的一段时间，正是中国原始文字大量产生的时期，而且一定有"仓颉"这样的一些人在做整理文字的工作。从出土陶器上的象形符号和原始图画来看，它们可能对汉字的形成产生过某种程度的影响，但不是直接的源头。汉字是上古社会的物质生产和社会发展到一定程度的产物，是随着早期人类自身器官和思维能力的发展而逐步产生的。

三、汉字的性质

关于汉字的性质问题，现在学术界还有很多争论。诸如"表意（义）文字""象形文字""意（义）音文字""表音文字""注音文字""音节文字""语素文字""表词文字""语素音节文字""意符音符文字""意符音符记号文字"等，都是国内外专家学者对汉字性质的不同表述。其实这些名称有的是从不同角度、不同时代总结汉字的性质，有的是同一个内容使用了不同的名称，彼此之间并不一定矛盾，但是给我们了解和认识汉字制造了困难。

为了更好地讲解汉字的特点，我们以英文为比较对象，从汉字的外形、构件、职能三个方面说明汉字的性质。

（一）汉字外形的特点

汉字的外形表现为平面方块形。不管是早期的象形汉字，还是经过隶变、楷化的后期汉字，都是方块形的，而不是线形的。书写形式上，商周时期的甲骨文和金文，虽然有些字的写法还不是很规范，但从每个字的外部形态来看，已经表现出方块形的特点。为了呈现出方块形，组成合体字的构件采用不同的组合方式，比如左右结构、上下结构、包围结构、嵌插结构等。

左右结构——阴、晴、粗、细、和

上下结构——哭、笑、息、章、员

包围结构——远、句、建、瘦、区、同、氧、凶、载、闲、房、圆

嵌插结构——爽、幽、坐、班

隶书、楷书的字形已经发展成十分整齐的方块形，有些构件在不同的位置常常写成不同的形体，如"心""手""水""衣""示""火"等，位置不同，写法不同，目的就是保证字形整体的方正。总之，汉字的外部形态以能写在一个方格里为原则，所以人们常用"方块字"来概括汉字的外形特征。

心——忘、慧、必、虑、愿、快、情

手——把、拿、掌、看、受、采、拜、掰

水——江、河、泉、森、益

衣——装、袋、裁、裹、哀、衰、衬、袖

示——祝、福、票、祭、奈

火——灭、灰、灾、炎、灯、热、烹

（二）汉字构件的特点

组成文字的构形单位叫作构件，任何文字都有一批组成文字的构件。以英文单字（也就是单词）为例：

work——w+or+k
shop——sh+o+p
workshop——work（w+or+k）+shop（sh+o+p）

work 根据读音，可以拆分成 w、or、k 三个构件，这三个构件的作用都是单纯表音。shop 根据读音，可以拆分成 sh、o、p 三个构件，这三个构件的作用也都是单纯表音。workshop 可以拆分成 work 和 shop 两个构件，这两个构件一方面可以起到表意的作用，work 表示工作，shop 表示场所，合起来表示工作的场所（工厂）；另一方面还可以起到表音的作用，因为可以继续拆分为 w+or+k 和 sh+o+p。所以我们说英文单字的构件主要起表音作用，构件组合之后也可以起表音作用，用来组成更多单字。

汉字的构件按照功能可以分为表意、表音和记号三种。

1. 汉字的表意构件

从汉字产生的过程来看，表意构件是最先产生的，主要来自早期的象形字，表意构件是汉字构形的主体。

表意构件可以与表意构件组合，构成新的汉字，比如两个"人"组成"从"，表示一个人跟着一个人，即顺从；三个"人"组成"众"，表示很多人；"人"和"木"组成"休"，表示人靠在树上休息；"人"和"言"组成"信"，表示人说的话要可信；"人"和"止"组成"企"，"止"在古代表示脚趾，"企"是人踮起脚看，表示盼望。

表意构件还可以与表音构件组合，构成一个形声字，比如"目"的甲骨文像一只眼睛的形状，用"目"作为构件的汉字大都与眼睛有关，如"盯、盲、睁、瞧、睫"等；"舟"的甲骨文像小船的形状，用"舟"作为构件的汉字大都与船有关，如"舰、艇、舵、艄、舱、航、艘"等；"丝"的甲骨文像两束丝的形状，用"丝"作为构件的汉字大都与丝线、丝绸有关，如"红、经、纱、细、结、绳、继、续"等（图1-28）。

图1-28 "目""舟""丝"的甲骨文

2. 汉字的表音构件

表音构件在汉字中起到表示读音的作用，一般与表意构件组合构成一个形声字。表音构件虽然大部分也来自早期的象形字，但是当这个字作为表音构件与别的构件组合时，只是起到表音的作用，构件的意义和组成的汉字没有关系。

比如"冈"作构件组成的汉字，大都与"冈"的读音完全相同，如"刚、钢、纲、掆、棡、岗"，其中"岗"还可以读 gǎng，与"冈"只有声调的差别。

"半"作构件组成的汉字，有的与"半"的读音完全相同，如"伴、拌、绊"，有的声母或韵母与"半"相近，如"畔、叛、判、胖"。

"青"作构件组成的汉字，有的与"青"的读音完全相同，如"清、蜻、鲭"，有的只有声调不同，如"情、晴、请、氰"，还有的声母或韵母与"青"相近，如"精、靖、静、婧、菁"等。

3. 汉字的记号构件

有一部分表意构件或表音构件因为字形和古今语言的变化，失去了原有的功能，就成为记号构件，不起表意或表音作用了。例如"职"的本义是把听到的内容记下来，也就是识记的意思，因此"耳"最初是一个表意构件。现在"职"主要表示职务、职位的意思，跟"耳"的意思没有关系，所以"耳"的表意作用已经消失了，成为一个记号构件。

再比如"雕"中的"周"本来是一个表音构件，但是由于古今语音的变化，"周"的读音发生了变化，在这个字形中已经不能起到表音的作用了，因此"周"成为一个记号构件。

有的字表意构件和表音构件都丧失了原有的功能，比如形声字"特"的本义是公牛，所以用"牛"作为表意构件，现在这个本义已经不用了，对不了解"特"字本义的人来说，"牛"已经成为一个记号构件。同时，"特"中的"寺"本来是一个表音构件，但是由于古今语音的演变，"寺"已经不能再起到表示读音的作用了，因此"寺"也成为一个记号构件，"特"字实际上已经完全成为一个记号字。

（三）汉字职能的特点

汉字的职能是记录汉语，汉字职能的特点就是汉字记录汉语的特点。原始汉语的语素（词）主要是单音节的，对于单音节语素来说，一个单音节的汉字正好可以用来记录一个单音节的词，例如"日、月、花、草、虫、鸟"，都只有一个音节，也都有独立的意义。随着汉语音节的发展，以及音译外来语进入汉语系统，汉语中越来越多地出现多音节语素，但是汉字仍然是单音节的，要完整地记录一个多音节语素，就需要同时用多个汉字，这时每个汉字所记录的仅仅是一个音节，而不是语素，多个汉字组合在一起，才能记录一个语素，例如"人民、水果、温暖、希望"是双音节语素，两个汉字记录一个语素；"巧克力、冰激凌、笔记本"是三音节语素，三个汉字记录一个语素；"笑口常开、可口可乐"是四音节语素，四个汉字记录一个语素；"珠穆朗玛峰"是五音节语素，五个汉字记录一个语素。

因此，总体来说，汉字的职能是记录汉语中的单音节语素，以及多音节语素中的音节，简而言之就是记录汉语中的语素和音节。而英文的单字就是单词，字与词完全对应，所以英文属于语素文字。

通过以上对汉字三个方面特点的分析，我们可以从三个角度描述汉字的性质：从外形上看，汉字是"方块形文字"，区别于英文等"线形文字"；从构件类型上看，汉字是"表意为主文字"，区别于英文等"表音为主文字"；从记录职能上看，汉字是"语素音节文字"，区别于英文等"语素文字"。如果把这三个方面综合起来，可以概括为：汉字是用表意构件，兼及表音构件和记号构件组构汉字，用来记录汉语语素和音节的方块形符号系统。

第二节 文化的定义

一、中国传统意义的"文化"

"文"的本义是文身，引申指花纹、文章、文学、天文、人文等；"化"的本义是变化，引申指教化等（图1-29）。

图1-29 "文"和"化"的甲骨文

观乎天文，以察时变；观乎人文，以化成天下。——《周易·贲卦》

这是"文"和"化"配合使用的例子，即"以人文化成天下"。

> 圣人之治天下也，先文德而后武力。凡武之兴，为不服也，文化不改，然后加诛。——《说苑·指武》

这是中国古代典籍中较早"文化"连用的例子，"文化"是一个动词，指的是用文德进行教化和感化，是一种治理国家的手段。

后来"文化"可以作名词，但与"武威"相对，指的是用文德进行教化的结果。如：

> 修文化而服遐荒，耀武威而平九有。——《贺鹤鸣化枯树再生表》

可见，中国传统意义的"文化"无论是词还是词组，无论是作动词还是作名词，无论是指手段还是指结果，都与君主的统治有关，跟以武力进行的统治相对。

二、中国现代意义的"文化"

中国现代意义的"文化"一词实际上是外来的。日本明治时代，一些学者用日语汉字"文化"翻译英语的 culture。而英语的 culture，与德语的 kultur、法语的 culture 一样，都来源于拉丁语的 cultura，本义是耕作、栽培，是指为了人类自身需要而进行的衣食生产活动。18 世纪以后，又引申指人类的精神活动，包括社会知识、个人修养、著作等，进而又指一定社会所有的生活内容。

三、"文化"的定义

关于"文化"的定义，众说纷纭，据美国人类学家克罗伯和克拉克洪的统计，从 1871 年到 1951 年就有 164 种说法。如果以文化概念所指的外延来划分，这些定义大致可分为三类：

（1）限定为人类精神方面

> 文化或文明，……乃是包括知识、信仰、艺术、道德、法律、习俗和任何人作为一名社会成员而获得的能力和习惯在内的复杂整体。——《原始文化》

（2）包含物质和精神两个方面

> 文化，人类在社会发展过程中所创造的物质财富和精神财富的总和。——《简明社会科学词典》

（3）泛指人类社会的一切

文化，是社会的人的活动所创造的东西以及它们之间各种关系和方式的总和。是……物质要素和精神要素的统一。——《文化：一个概念定义的考评》

第三种定义除了物质、精神，还包括各种关系和各种方式，因而是最全面的。我们现在要讨论的"文化"基本上是取第三种定义。

第三节　汉字和文化的关系

根据上面的第三种"文化"定义，"汉字"本身就是一种文化现象。汉字是古代中国人创造的，汉字是汉文化的一部分。另一方面，汉字作为记录汉语的书面符号系统，是文化的重要载体。通过汉字的分析，可以印证某种文化现象的存在，而某种文化现象的存在也可以解释汉字构形的原理，汉字和文化之间具有互证关系。比如"衣""食""室""车"的古文字形，反映了古代服饰、食器、房屋、车辆的形制，同时，古代日常用品的图片资料也有助于我们理解这些字的古文字形（图1–30至图1–33）。

图1-30　甲骨文的"衣"和古代服装　　图1-31　甲骨文的"食"和古代食器

图1-32　甲骨文的"室"和古代房屋　　图1-33　甲骨文的"车"和古代车辆

再比如汉字"虹"，它是大气中的水分聚集后经日光照射而形成的彩色圆弧，属于非生物，而中国古人则将其幻想为有生命的"虫"，于是有了甲骨文的象形字，到小篆时另造了"虹"字,虽然其结构形式变为音义结合体,但虫的特征却没有变化(图1-34)。

图1-34 "虹"的甲骨文和小篆

"虹"的构形特征,与古代文献中关于"虹"的记载可以互证:

> 是时天雨,虹下属宫中饮井水,井水竭。——《汉书·燕王刘旦传》
> 猿啼山馆晓,虹饮江皋霁。——《自衡阳至韶州谒能禅师》

于是,从"虹"的字形我们可以发现古人对"虹"这种自然现象的认识,而通过当时人们对"虹"的认识和有关文献的记载,也能更好地理解"虹"字形体的成因。这就是汉字与文化的互证。

汉字与文化之所以具有这样的互证关系,是因为汉字的创造和演变融入了当时的文化信息。汉字的音义来源于汉语,而汉字的形体及其与汉语音义的结合源于对客观事物的认识。在汉字的创造过程中,汉人祖先将自己对外部世界的感受和想法,以及自身的情感体验和道德标准融入了汉字,使得汉字能够体现中国人的文化思想和民族精神。所以汉字不仅是有声汉语的记录,而且是可以直接反映客观存在、体现主观认识的符号。从这个角度讲,汉字不仅仅是一种文化的载体,而且是文化的"化石"。

◎ 小结

本章介绍了汉字的基本知识、文化的定义以及汉字和文化的关系。汉字是记录汉语的书写符号系统,是扩大汉语在时间和空间上交际功能的辅助工具。关于汉字的起源,有结绳记事、契刻、八卦、仓颉造字等传说,但原始图画是汉字最主要的来源。汉字是用表意构件,兼及表音构件和记号构件组构汉字,用来记录汉语语素和音节的方块形符号系统。文化包括人类社会所有物质、精神和相互关系及存在方式,汉字是中国传统文化的一部分,也是文化的载体,汉字和中国文化之间存在互证的关系。

◎思考题

1. 关于汉字的起源,有哪些不同的说法?怎么评价这些说法?
2. 从外形特点、构件特点和职能特点三个方面比较汉字和另一种你熟悉的文字。
3. 请举例说明汉字和文化的关系。

第二章
汉字与社会家庭

学习目标

认识"民、男、女、夫、后、里、兄"的古文字形,理解这些古文字形和字义之间的关系,了解与这些汉字有关的中国社会家庭观念,感知传统社会家庭观念的传承与演变。

字体演变

平 → 甲骨文

𭅳 → 金文

民 → 小篆

民 → 隶书

民 → 楷体

民

· 汉字解析 ·

> 众萌也。从古文之象。凡民之属皆从民。——《说文解字·民部》

在古代的奴隶社会，奴隶主为了统治奴隶，会将他们的一只眼睛刺瞎，所以"民"的金文写法正是一个尖利的器具刺入人眼睛的样子。奴隶社会结束后，"民"才有了普通劳动者的意思，但是古代普通人家的孩子大多没钱上学，只有贵族才有条件读书学习，因此《说文解字》对"民"的解释是"众萌也"，意思是民众懵懂无知的样子，象征着普通民众。中华人民共和国成立后，中国人民才真正成为国家的主人，所有人都有了上学的机会，民也就不再有无知民众的意思了。

> 民为贵，社稷次之，君为轻。——《孟子·尽心下》

对于一个国家来说，人民是最重要的，这句话体现出孟子的"民本"思想，他强调治理国家，人民应该放在第一位。在一代代王朝兴衰中，民本思想受到历朝历代君臣的重视，唐太宗李世民就曾提出过"水可载舟，亦可覆舟"的治国观。但是在封建制度的压迫下，人民很难获得长久的幸福。到了近代，中国人民赶走了外国侵略者，打跑了国内反动派，中国共产党带领中国人民建立了人民当家作主的新中国，实现了最广泛的人民民主，走向了和平安宁的新时期。人民代表大会制度的确立使得国家权力来自人民，服务于人民，中国人民真正成为国家、社会和自己命运的主人。

勤劳善良的中国人民将自己的时间甚至生命投入科技发展和时代进步的事业中，在实现自身价值的同时，也使得中国政治经济在百年内取得了显著的成果。中国用几十年时间走完了发达国家几百年走过的工业化历程，综合国力和国际影响力显著提升；中国人民整体上彻底摆脱了绝对贫困，成为世界上中等收入人口最多的国家；中国长期保持社会和谐稳定、人民安居乐业，成为国际社会公认的最有安全感的国家之一。

·字词卡片·

由"民"构成的汉字：
三级：民
五级：眠

由"民"组成的词语：
三级：公民、民间、民族、农民、人民币、中华民族
四级：居民、移民
五级：国民
六级：民歌、民工、民警、民意、民主、市民
高等：股民、居民楼、民办、民俗、民用、民众、牧民、农民工、平民、网民

男

·汉字解析·

丈夫也。从田从力。言男用力于田也。凡男之属皆从男。——《说文解字·男部》

"男"的意思是在田地里拿着劳动工具出力干活的人。"丈"是中国古代的长度单位，一个成年男子的身高大概是一

字体演变

甲骨文
金文
小篆
隶书
楷体

第二章　汉字与社会家庭

丈，所以把成年的男子叫"丈夫"，后来这个词成为与"妻子"相对应的名称。"男"的甲骨文右边是"力"，是古代的一种农具，叫作"耒"，表示拿着农具在田地里耕作。在古代，耕作是男人的一项主要职责，因此用"田"和"力"来表示"男人"。甲骨文为左右结构，小篆以后基本变为上下结构，延续到了今天。

富贵不能淫，贫贱不能移，威武不能屈，此之谓大丈夫也。——《孟子·滕文公下》

男性在中国古代社会占有绝对的主导权，君臣是一个国家的主导者，父子是一个家庭的主导者，做一个顶天立地的"男子汉大丈夫"是社会对男性的普遍要求，具体而言，就是一个男人应该有志气、有理想、有节操、有抱负，应该志向高远、有所作为。

江山如画，一时多少豪杰？古往今来，数不尽英雄人物。岳飞精忠报国，"三十功名尘与土，八千里路云和月"；文天祥忠贞不屈，"人生自古谁无死，留取丹心照汗青"；林则徐虎门销烟，"苟利国家生死以，岂因祸福避趋之"。男子汉大丈夫的精神世代延续，构成了中华民族的坚实脊梁，哪怕是花木兰代父从军，"万里赴戎机，关山度若飞"，也被称为"女子而有大丈夫气概者"，依然被冠以男性的标签。

如今，当人们教育男孩的时候，还是会鼓励他摔倒了不能哭，委屈了得忍着，但是刘德华的一首《男人哭吧不是罪》，道出了男人的心声。男人在遭受挫折时，也有伤心痛苦的权利，只要不被困难打倒，能擦干眼泪继续前行，就还是铮铮好男儿。其实，谁说只有坚强勇敢、阳刚之气才能展现男性之美，温文尔雅、润泽如玉、儒雅智慧、幽默大度又何尝不是男性美好品质的体现呢？《诗经·卫风·淇奥》中的"如切如磋，如琢如磨"，赞美的就是一位文采出众、学识渊博、性情稳重、胸怀坦荡的谦谦君子，现在表示女子兼具才华与美貌的"佳人"一词，最初也指的是这样的男性。

· 字词卡片 ·

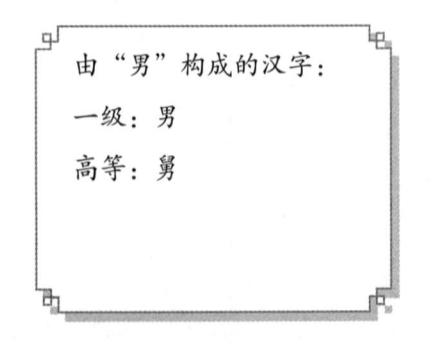

由"男"构成的汉字：
一级：男
高等：舅

由"男"组成的词语：
一级：男孩儿、男朋友、男人、男生
三级：男子
四级：男女、男士
五级：男性

女

·汉字解析·

> 妇人也。象形。王育说。凡女之属皆从女。——《说文解字·女部》

《说文解字》对"女"的解释是妇人,意思是已经出嫁的女性。后来"女"字的含义扩大了,指的是所有与男性相对的女性,只是由于年龄和身份的差异,有了"女孩""女生""女士"等不同的表述。而"妇女"是对所有女性的尊称,每年的三月八日是"国际劳动妇女节",是为庆祝妇女在经济、政治和社会等领域作出的重要贡献和取得的巨大成就而设立的节日。

甲骨文的"女"字像女子两手在胸前交叉屈膝跪坐的样子,传统文化中认为女性以安静、柔顺为美德,因此字形以古时常见的跪坐姿势来代表女性。金文字形在头部加一横画以显示其头饰,凸显出女性特征。在隶书中,表示屈膝的一竖笔已经变为一横笔,写成了 女。"女"作为一个构件,可以构成许多与女性有关的字,比如奶、她、姓、娶、姨等。而"女"作为一个常用字,也可以组成许多与女性有关的词,如女儿、女孩儿、女朋友、美女、女婿、闺女等。

甲骨文的"女"字表现出了女性的柔美,而在中国的古诗文中,女性之美也被表现得淋漓尽致。如庄姜"巧笑倩兮,美目盼兮";四大美女"闭月羞花,沉鱼落雁";杨贵妃"回眸一笑百媚生,六宫粉黛无颜色";林黛玉"两弯似蹙非蹙笼烟眉,一双似喜非喜含情目"。

甲骨文字形和古诗文中所描写的只是女性之美的一个侧面,女性之美还表现为她们的勤劳、包容、聪慧、善良、勇敢,她们不仅在一个个小家庭中发挥着重要的作用,也在中国

字体演变

甲骨文
↓
金文
↓
小篆
↓
隶书
↓
楷体

第二章　汉字与社会家庭

历史上为民族和国家做出了巨大贡献。文成公主为了唐蕃世代友好，选择不远万里远嫁吐蕃，和松赞干布一起治理吐蕃。她博学多才，热爱藏族同胞，深受百姓爱戴，松赞干布专门为其修建了布达拉宫。而在现代社会，女性更是国家的重要建设者。宋庆龄将自己的一生献身于革命事业，为中国人民的解放，为妇女儿童的卫生保健和文化教育事业，为祖国统一和世界和平做出了卓越的贡献，深受人民爱戴，被尊称为"国母"。屠呦呦是"诺贝尔生理医学奖"获得者，她和团队通过整理中医药典籍、走访知名中医，经过不知多少个昼夜的尝试与创新，才最终在青蒿素研究领域取得突出成就。青蒿素的发现，为世界带来了一种全新的抗疟药，治愈了2亿多饱受疟疾折磨的患者，也成为促进中医药传承创新走向世界的最佳示范。

·字词卡片·

由"女"构成的汉字：
一级：好、姐、妈、妹、奶、女、她、要
二级：安、如、姓
三级：按、姑、婚、媒、娘、始
四级：妇、婆、妻、姨
五级：委
六级：妙、娃、嫌、娱
高等：嫦、妒、娥、妨、嫉、嫁、奸、姜、娇、婪、姥、媚、姆、奴、媳、娶、耍、婉、妄、嬉

由"女"组成的词语：
一级：女儿、女孩儿、女朋友、女人、女生
三级：女子、子女
四级：美女、男女、女士、孙女
五级：儿女、女性
六级：父女、妇女、母女
高等：闺女、女婿、少女、仙女

夫

·汉字解析·

> 丈夫也。从大，一以象簪也。周制以八寸为尺，十尺为丈。人长八尺，故曰丈夫。凡夫之属皆从夫。——《说文解字·夫部》

《说文解字》对"夫"的解释是丈夫，这里的"丈夫"最初并不是"妻子"的对应词，而是成年男子的意思。周朝时八寸为尺，十尺为丈。成年男子身材魁梧，体格健壮，往往"人长八尺"，所以叫作丈夫。因为成年男子可以结婚娶妻，所以"丈夫"也就有了与妻子相对的含义。

"夫"字中"大"上面的一横表示男子束发的簪子。中国古代男子成年的一个标志是要举行加冠礼，加冠就要束发插簪，所以"夫"的字形就是像大人之形的"大"加上像簪之形的"一"，指成年男子。

"一夫当关，万夫莫开""万夫不挡之勇"中的"夫"英勇无畏，一个人可以抵挡上万人的攻击。而在古代，把年长且学问高的人尊称为夫子，如孔子的学生把孔子称为"夫子"。当然现在最常用的含义是"妻子"的对应词，即"丈夫"。在生活中，我们常说的"夫妻店"就是由夫妻两人经营的小店铺。而"夫唱妇随"原来多指妻子顺从丈夫，后来指夫妻关系融洽、和谐。

"夫"也指从事某种体力劳动的人，如"渔夫""农夫"等。"四海无闲田，农夫犹饿死"，这句话就反映了中国封建时代农民悲苦的生存状态。虽然中国自古是农业社会，男耕女织，自给自足，但由于统治者的剥削和自然灾害的突发，农民常常吃不饱肚子，面临绝境。如今，随着脱贫攻坚的全面胜利，所有的中国人都脱离了贫困，解决了温饱，开始向往和追

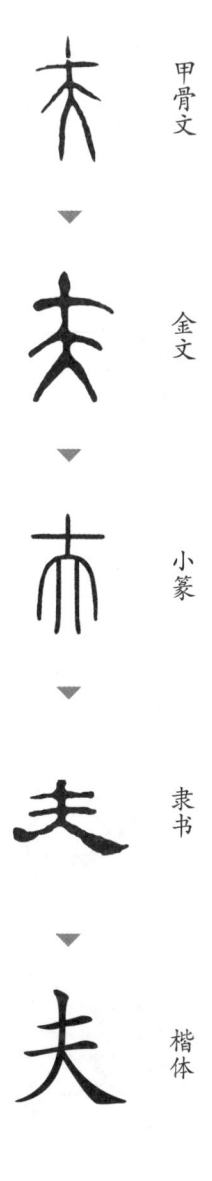

字体演变

夫 甲骨文

夫 金文

夫 小篆

夫 隶书

夫 楷体

第二章　汉字与社会家庭

字体演变

- 「後」的甲骨文
- 「後」的金文
- 「後」的小篆
- 「後」的隶书
- 「後」的楷体

求更高层次的生活，如外出旅游等。

由"夫"组成的词语还有"工夫""功夫"。比如，我们常会说某件事情要"下工夫""费工夫"。而一说"功夫"，不禁联想到少林寺、李小龙的KungFu。另外，"功夫不负有心人""只要功夫深，铁杵磨成针"也是奋斗者们常常自我激励的话语。

·字词卡片·

由"夫"构成的汉字：
三级：夫、规
四级：替
五级：肤、扶

由"夫"组成的词语：
三级：大夫、工夫、功夫
四级：夫妇、夫妻、夫人、丈夫

后

·汉字解析·

> 後，迟也。从彳幺夂者，後也。——《说文解字·彳部》

> 后，继体君也。象人之形。施令以告四方，故厂之。从一口，发号者，君后也。凡后之属皆从后。——《说文解字·后部》

"後"和"后"原本是两个字，"後"简化后也写作"后"。

　　"後"的甲骨文字形由"幺""夂"构成。"幺"，甲骨文和金文写作ǧ，像绳状物。"夂"是人的脚，脚被绳状物牵绊，所以行走迟后。而"後"的本义就是行走迟后。甲骨文之后的字形增加"彳"，"彳"和"夂"一样，表示与行走有关的意义。

　　"后"的甲骨文字形的左上部分像一位双手交叉的女人，右下部分像一个头朝下的小孩儿，意思是一位妇女在产小孩。但不是所有生孩子的女人都被称为"后"，"后"最初表示地位最高的女人。远古时代，生产力落后，人口是财富，生育繁衍、壮大部族就是头等功劳。人们往往只知道自己的母亲是谁，不知道父亲是谁，因此部族中地位最高的自然就是一位女性，即"后"。而金文字形中的ᖴ和ᗡ组合在一块也表示同样的意思。《说文解字》对"后"的解释是继承王位的君主。开创王位的君主在先，继承王位的君主在后。"厂"表示君后，而下面的"一、口"，则是强调只有君后一人在发布命令统治人民。可见"后"最初表示地位最高的女人，后来泛指地位最高的人，最后专指帝王的正式妻子或母亲。而现在，人们喜欢把有很大影响力的女演员、女歌手尊称为"影后""歌后"。

　　归来饱饭黄昏后，不脱蓑衣卧月明。——《牧童》

　　"后"现在常用来表示时间在后，与"先"相对，如上面这句诗的意思是牧童回来吃饱饭已是黄昏之后了，他连蓑衣都没脱就躺在草地上看天空中的圆月。"黄昏后"就是黄昏之后的时间。还有我们常说的"饭后百步走，活到九十九"，"饭后"就是吃过饭后的时间，饭后适当活动，既促进消化，又锻炼身体，但饭后并不适合剧烈运动，医生的建议是休息半小时后，再适当地散会步。

　　"后"也常指事物的后面，时间、顺序、位置靠后，如后边、后面、最后、后期。"后来者居上"中的"后来者"指身处落后局面的人，虽然境遇不佳，但并没有因不满而失落不前，而是在逆境中做出积极的反应。因此，落后并不可怕，不思进取、止步不前才可怕！站在人生的跑道上，跑完全程就是

字体演变

中 ▼ 后 ▼ 后 ▼ 后 ▼ 后

「后」的甲骨文

「后」的金文

「后」的小篆

「后」的隶书

「后」的楷体

第二章　汉字与社会家庭 ｜ 029

字体演变

里 ▶ 里 ▶ 里 ▶ 里

「里」的金文　「里」的小篆　「里」的隶书　「里」的楷体

一种收获，站上跑道的那一刻就会有不一样的体验。"长江后浪推前浪"中的"后浪"可指新人或年轻人，这句话常常用来比喻人或事物不断发展更替。如今，我们享用着现代文明创造的种种科技成果，不能忘记5000年来每一个为了中华文明薪火相传付出努力的"前浪"，同时我们也应该对"后浪"满怀信心与期待，因为年轻的身体容得下更多的文化和价值观。

·字词卡片·

> 由"后"构成的汉字：
> 一级：后

> 由"后"组成的词语：
> 一级：后边、后天、最后
> 二级：后来、今后、然后、以后
> 三级：背后、后果、后面、后年、落后、前后
> 四级：后头、之后
> 五级：此后、后悔、随后、先后
> 六级：过后、事后、王后、往后
> 高等：从今以后、后备、后备箱、后代、后盾、后顾之忧、后期、后勤、后人、后台

里

·汉字解析·

里，居也。从田从土。凡里之属皆从里。——《说文解字·里部》

裏，衣内也。从衣里声。——《说文解字·衣部》

"里"的字形由"田"和"土"构成，有田有土就可以定居，所以《说文解字》对"里"的解释是居住的地方。

"裏"字由"衣"和"里"构成，后来"裏"简化为"里"。《说文解字》对"裏"的解释是衣服的内层。

合抱之木，生于毫末；九层之台，起于累土；千里之行，始于足下。——《老子》

这句话讲的是双臂合抱的大树由细小的幼苗长成，九层的高台由一筐一筐的泥土堆成，千里远的行程要从脚下开始。这里的"里"是中国旧时的长度单位，一里等于五百米。现在常用"公里"，一公里等于一千米。

"里"还有一个常见的意义是内部，与"外"相对，如家里、心里。"情人眼里出西施"是说由于有感情，在情人的眼里，不论对方外表如何，都会觉得对方很美。"吃着碗里，瞧着锅里"是说一个人吃着自己碗里的饭，还惦记着锅里的饭，说明了他的贪欲没有止境。

·字词卡片·

由"里"构成的汉字：
一级：里
二级：理、量
四级：厘、童
六级：埋、野
高等：缠

由"里"组成的词语：
一级：家里、里边、哪里、那里、这里
二级：公里、里头、心里、夜里
三级：里面
四级：手里、眼里
五级：城里
高等：暗地里、怀里、里程碑、鹏程万里、心里话

字体演变

『裏』的金文
▼
『裏』的小篆
▼
『裏』的隶书
▼
『裏』的楷体

第二章　汉字与社会家庭

字体演变

甲骨文 ᄇ
金文 ᄇ
小篆 兄
隶书 兄
楷体 兄

兄

· 汉字解析 ·

> 长也。从儿从口。凡兄之属皆从兄。——《说文解字·兄部》

年长的为兄，年幼的为弟。"兄"在《说文解字》中的解释是滋长。其甲骨文、金文字形下面是一个人，人的头部突出其张大的大口，表示长者有权威来发号施令。也有人认为，"兄"像一个跪坐的人张开大口祷告的样子，而祭祀者一般都由有特殊身份、德高望重的人担任，由此引申出长者、兄长的意思。后来表示祭祀者的意义增加了"示"，构成新字"祝"，从而和"兄"分离开来。

我们常说"长兄如父，长嫂如母"，是说哥哥和嫂嫂就像父亲和母亲一样，也就是说家中的长子承担着照顾弟弟妹妹的责任。历史上有不少兄弟情深的事例。如中秋佳节，不能和弟弟苏辙团聚，苏轼便发出"但愿人长久，千里共婵娟"的美好愿望，而《水调歌头·明月几时有》也被改编为歌曲流传。兄弟和睦团结当然好，但人非圣贤，皆有私心。面对皇帝哥哥存心加害，曹植在悲愤啜泣中七步成诗："煮豆燃豆萁，豆在釜中泣。本是同根生，相煎何太急。"豆子和豆萁本来是同一条根上生长出来的，豆萁怎能这样急切地逼迫豆子呢？俗语"亲兄弟，明算账"也能说明即使是亲兄弟也不能保证不为自己着想。

"二人同心，其利断金。"这句话的意思是两人心意相通，就能斩断坚固的金属。成语"兄弟同心，其利断金"就从此而来。可见意志相投的"二人"，就可以是"兄弟"，就可以亲如兄弟。如汉末天下大乱，刘关张三人志向相同，言行相依，于是桃园结义，扶危救困，患难与共，最终开创了蜀汉事业。"君子敬而无失，与人恭而有礼，四海之内皆兄弟也"，这句话出自《论语》。春秋时期，孔子的弟子司马牛问孔子怎样做君子，孔子说君子不忧愁，不害怕，经常反省自己。司马牛见到师兄子夏后忧愁地说自己没有兄弟，子夏安慰他说君子和人交往态度恭敬而合乎礼节，那么普天之下到处都是兄弟。

·字词卡片·

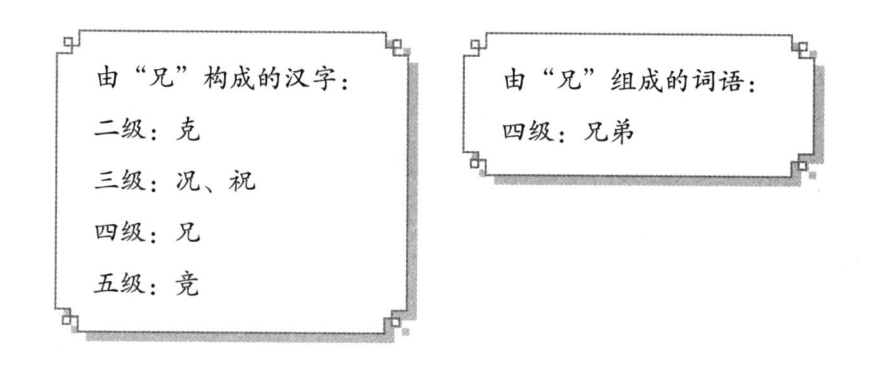

由"兄"构成的汉字：
二级：克
三级：况、祝
四级：兄
五级：竞

由"兄"组成的词语：
四级：兄弟

◎思考题

1. 你是否理解了"民、男、女、夫、后、里、兄"的古文字形、字义之间的关系？请说说看。

2. "耍、规、祝"这三个汉字分别是由我们今天讲解的哪些汉字构成的？你认为这些汉字和我们今天讲解的汉字之间有什么关系？

3. 解释下面词语的意思。你会使用这些词语吗？

民俗　男子　妇女　功夫　后勤　兄弟

4. 请通过具体的例子对比不同文化、不同时代社会家庭观念的异同。

视野扩展

第三章
汉字与服饰

学习目标

认识"衣、麻、革、巾、素、皮、丝"的古文字形,理解这些古文字形和字义之间的关系,了解与这些汉字有关的中国服饰文化,感知中国服饰文化随着时代而产生的变化。

衣

·汉字解析·

> 依也。上曰衣，下曰裳。象覆二人之形。凡衣之属皆从衣。——《说文解字·衣部》

《说文解字》对"衣"的解释是依靠，衣服是人们遮羞蔽体所依赖的东西。"衣"的古文字形上面像衣领，下面像左右两个袖子，中间是对折的衣襟，是中国古代衣服的形状。"衣"是汉字的一个部首，从"衣"的字大都与服装有关，当"衣"写在字形的左边时，变成了"衤"，这是为了保持字形的方正整齐而对原有"衣"字的变形，比如裙、裤、袜等。"衣"偶尔还会在汉字中充当声旁，比如"依"字中的"衣"就提示了读音。

衣服是生活必需品，原始人类以兽皮为衣，人们发明制作骨针，用来缝制衣服，后来便开始种植各种谷物，很多纺织的原料出现了。随着文明程度的不断提高，中国古人创造了丰富多彩的服饰文化，各个朝代都有风格不同的服饰，各个民族都发明了独具特色的服装。服装不仅仅是一种生活用品，也是彰显身份或个性的标志，还是礼仪、节令的重要组成部分。宋代词人柳永的"衣带渐宽终不悔，为伊消得人憔悴"，说的是衣带渐宽，指的是人因为思念自己的爱人而日渐消瘦；《旧唐书·魏征传》中的"以铜为镜，可以正衣冠"，说的是端正身上穿的衣服，指的是端正自己的言行。中国文化特有的含蓄内敛，在这些与"衣"有关的诗文上得到了体现。

如今，中国人的日常生活中早已不见古时的"绣罗衣裳""霓裳羽衣"，取而代之的是Ｔ恤衫、牛仔裤，这是现代社会服饰从繁复到便捷的进化，但是不管服装的式样如何变化，在中国人的心目中，传统文化的根基从未改变。1983 年，

字体演变

甲骨文

金文

小篆

隶书

楷体

有一首歌唱出了许多海外华人的心声："洋装虽然穿在身，我心依然是中国心，我的祖先早已把我的一切烙上中国印。"这首由张明敏演唱的《我的中国心》，直到今天，仍然是无数国人对祖国最深情的告白。服装是一个民族的文化标志，是植入人心灵深处的理念和情感。从民国时期救亡图存的中国人身上的"中山装"，到最能展现中国女性魅力、风靡世界的"旗袍"，再到今天点缀人们日常生活的一道道"汉服"风景，中国服饰像中国文化一样，海纳百川、兼容并蓄，在传统中寻求创新，在变化中始终保持稳固的精神内核。

·字词卡片·

由"衣（衤）"构成的汉字：
一级：衣
二级：装
三级：被、补、衬、初、裤、裙、衫
四级：袋、裹、袜、依
五级：裁
六级：裂、袖
高等：袂、裸、袍、袭、裕

由"衣"组成的词语：
一级：衣服
二级：大衣、洗衣机
三级：衬衣、上衣、衣架
四级：毛衣
六级：内衣、外衣、洗衣粉、雨衣
高等：更衣室、节衣缩食、衣食住行

麻

·汉字解析·

> 与枲同。人所治，在屋下。从广从林。凡麻之属皆从麻。——《说文解字·麻部》

"麻"，古代专指大麻。它的皮是古人重要的制衣原料，它的籽也可作为古人的粮食，从其金文字形可以看出，"麻"字本从"厂"，像山崖岩石，表示剥麻或放麻的地方，小篆开始写成"广"。"朩"是剥取麻皮的意思，后来变为"林"。以"麻"作声符的形声字有魔、磨、摩等。"麻"的构词能力较强，在生活中我们常见的有麻烦、麻辣、麻木、麻醉、芝麻、麻将等。

"麻"属于草本植物的一种。它的叶子表面不平整不光滑，有细碎的斑点。但是它在日常生活中具有极大的作用，是上古时期最早的制作绳索和织布的原料，比起昂贵的丝织品，麻制作的物品不仅成本低，还具有柔软、耐洗、耐晒、防腐、抑菌的特点，所以它成为普通人生活中的常用品，可以用来编织衣服、渔网，还可以造纸等。人们在劳动时穿上麻布做的衣服，不仅吸汗而且凉快。所以说，贵的不一定就是最好的，便宜也不一定没好货，只有适合自己的才是最舒适的，这也体现了中国人自古以来务实、朴素的特点。世界上已知最早的纸就是西汉时期中国古人用"麻"制作的，虽然纸质粗糙，但体现了劳动人民的智慧。造纸术传入欧洲后不仅改变了欧洲羊皮书写的历史，也在后来的宗教传播中起到了重要作用，对人类文明的发展具有重要意义。

"麻"是一种纤维植物，由于将纤维麻加工成织布的原料需要将麻纤维一根根剥离出来，所以"麻"有"纷乱"的意思。因此《北齐书·文宣帝纪》中有"快刀斩乱麻"一语，意思就是锋利的刀可以斩断乱麻，比喻办事果断，快速解决复杂的问题。在生活中，我们也常用带"麻"的词语形容忧愁、烦乱的心情，如心乱如麻、愁绪如麻。荀子在《劝学》中也写到了"麻"："蓬生麻中，不扶而直。""蓬"就是蓬草，意思是蓬草生长在麻地里，由于麻秆笔直向上，蓬草不用扶也能够直立生长。在这里荀子想强调的是生活在好的环境里，人就能成长为好人。类似的还有"近朱者赤，近墨者黑"。可见中国人特别强调环境对一个人的影响。

字体演变

麻 金文

麻 小篆

麻 隶书

麻 楷体

字体演变

甲骨文 → 金文 → 小篆 → 隶书 → 楷体

·字词卡片·

由"麻"构成的汉字：
三级：麻
五级：摩
六级：嘛、磨
高等：魔

由"麻"组成的词语：
三级：麻烦
高等：麻痹、麻将、麻辣、麻木、麻醉、芝麻

革

·汉字解析·

兽皮治去其毛，革更之。象古文革之形。凡革之属皆从革。——《说文解字·革部》

《说文解字》对"革"的解释是将兽皮上的兽毛脱去并加工好。"革"的甲骨文就像是一张被加工好的兽皮平铺在地上。除本义外，"革"字也引申为更改、去除之义，常用的有改革、革新、革命等。与"革"相关的字，都采用"革"作偏旁，如鞋、鞭、勒、靴等。

关于"革"，《盐铁论·非鞅》中有这样一句话："革法明教，而秦人大治。"这句话阐释了秦国强大的原因，这里的"革法"即商鞅变法。春秋战国时期，礼崩乐坏，奴隶制已经无法继续维持统治，因此逐渐走向末路，商鞅变法加速了中国历史从奴隶制向封建制过渡的进程。这也是春秋战国时期最为彻底、最为全面的变法。

首先商鞅剥夺了贵族的特权，贵族犯错一样被惩罚，严重者甚至会降为普通平民。除此以外，商鞅还实行了重农抑商的政策，这奠定了中国几千年来农业大国的基础。商鞅还取消

了官禄世袭的政策，设立军功爵制，只要立功就能授予官爵。在其他方面商鞅也做出了强有力的改革，使得秦国迅速强盛，加快了秦国统一全国的进程。

谈到改革，就不得不说20世纪80年代中国的改革开放。中华人民共和国成立之初，百废待兴，社会主义的道路应该怎样走？没有前人的经验，只有理论和实践探索，在这条社会主义改革的道路上，中国走了许多弯路。直到"改革开放"的提出，中国实现了从站起来到富起来的伟大飞跃。改革开放政策在农业上施行分田到户、农户自负盈亏的家庭联产承包责任制，由此增加了农民的收入，也推动了农业的发展。除此以外，加强经济改革，建立经济特区，深圳就是中国开放的第一个经济特区，我们可以明显看见今天的深圳早已不是以前的小渔村，转身一变成为国际化大都市。

改革开放政策直到今天依旧在发挥着重要作用，它所带来的成果造福着一代又一代的中国人。中国也将始终坚持改革开放，坚持和平共处，构建人类命运共同体，携手世界共同发展，积极参与全球治理体系的改革，用中国智慧、力量和担当守护世界人民和平发展的梦想。

·字词卡片·

由"革"构成的汉字：
二级：鞋
五级：革
高等：靶、鞭、鞠、勒、靴

由"革"组成的词语：
五级：改革
六级：革新
高等：变革、改革开放、革命

巾

·汉字解析·

佩巾也。从冂，丨象糸也。凡巾之属皆从巾。——《说文解字·巾部》

《说文解字》对"巾"的解释是佩带的饰巾。"巾"本义为手巾或者擦洗用的抹布，古人也将其用于裹头，称为"头巾"，类似于今天的帽子。用"巾"作偏旁的字都与织物有关，如帽、帜、帆、帕、帐等。"巾"在生活中也随处可见，如毛巾、围巾，前

字体演变

巾 甲骨文
↓
巾 金文
↓
巾 小篆
↓
巾 隶书
↓
巾 楷体

者用于擦拭，后者用于保暖。冬天，人们通常会在脖子上套上围巾，防止寒风侵袭。

《玉篇》中写道："巾，本以拭物，后人著之于头。"可见，巾最初是用布制作的，用于擦拭，后有人用来裹头，起到了遮阳、防风沙、御寒、装饰等作用。《释名·释首饰》中写道："二十成人，士冠，庶人巾。"这句话的意思是古代的男子在成年之后，士族即世代为官的名门望族佩戴冠，庶人即平民百姓佩戴巾。可见，巾的背后蕴含的是中国古代森严的等级制度。巾最早是百姓田间劳作时束头所用，因此其等级远低于冠。但因其具有方便易戴的特点，所以后期逐渐为官家所用，尤以武士居多，不过巾的等级依然低于冠。有资料显示，今天的帽子就是由"巾"演变而来的。《广韵》中记载，最早的帽子是南北朝时周武帝发明的。周武帝为了武士用巾方便，把"巾"制成四角形，非常方便实用，称之为"幞头"。后来，幞头取代了巾，逐步发展成为现在各种式样的帽子。

不过，一些信仰伊斯兰教的少数民族，如回族、维吾尔族等，依旧保留着戴头巾的习惯。除此以外，西南地区的苗族、彝族、景颇族等也有戴头巾的习惯。当然，年轻的一代受到美国嘻哈文化的影响，也会佩戴头巾表达自己的个性。

·字词卡片·

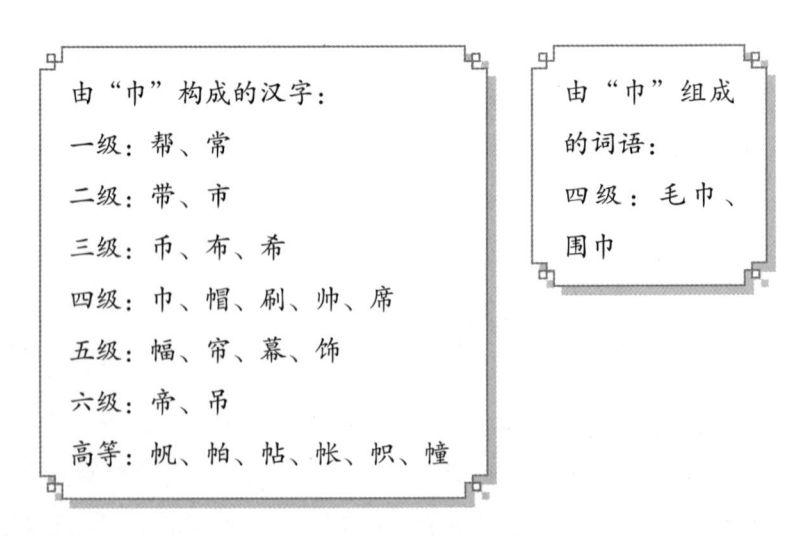

由"巾"构成的汉字：
一级：帮、常
二级：带、市
三级：币、布、希
四级：巾、帽、刷、帅、席
五级：幅、帘、幕、饰
六级：帝、吊
高等：帆、帕、帖、帐、帜、幢

由"巾"组成的词语：
四级：毛巾、围巾

素

·汉字解析·

> 白致缯也。从糸㐁,取其泽也。凡素之属皆从素。——《说文解字·素部》

"素"的金文字形就好像一条丝织品挂在一根棍子上并垂落下来,左右两边如同双手在拿着这条丝织品。"素"的本义是未染色的丝织品,因而又引申为白色、没有着色的,如素颜、素面朝天,就是指没有化妆。"素"还可以引申为质朴、向来以及事物的最基本构成成分,如朴素、素不相识、元素。除此以外,"素"与"荤"相对,我们常说的"素食"一般指非肉类的食品。"素"的构词能力较强,如素质、维生素、要素、因素、激素、素描等,都是我们在生活中常用常见的。

"素"的本义是未染色的丝织品,后又用来形容白色,而"素"字也体现了中国人对生活的态度。自古以来,中国人都追求简约、朴素的风格。比如在服饰上,强调素色,尤其是宋代,其色彩特征是质朴素雅,强调本色,如淡红、珠白、淡蓝、浅黄都是宋人最喜爱的颜色。

有视觉上的素,也有味觉上的素。素食就是饮食中没有肉类,中国人研究出了种类丰富的全素宴,这些素食不仅仅在造型上独具匠心,在口味上也不输荤菜,别有一番风味。尤其是在江南水乡,如有名的桂花糯米藕,在莲藕中放入生糯米再配上桂花酱,经过蒸煮之后,莲藕外表呈现出令人食欲大增的粉红色,闻起来不仅有桂花的芳香,也有糯米的米香以及莲藕的清香,吃起来香甜软糯。在现代社会中,素食者越来越多,素食人群也趋年轻化。素食者没有道德优越感,选择素食只是选择了一种饮食习惯。

人的修养也跟"素"有关,汉语中有个词叫"素质",

字体演变

金文
小篆
隶书
楷体

指的是人的修养,分为思想、文化、身体,即德、智、体三个方面,素质的高低不以人种而划分,任何地方都有素质高的人和素质低的人。素质提高代表着德、智、体的全面发展。中国十分关注学生的素质教育,素质教育不再简单强调学生在学业上的成绩,而是注重学识和品德的同时发展,强调一个人要全面发展,重视思想道德素质、学习能力、个性、身体健康、心理健康各方面的综合发展。素质教育实行以来,教师的作用也就越发明显。"学高为师,身正为范",教师不仅要有扎实的学识,也需要高尚的品德,只有这样才能够引导学生向好发展。

·字词卡片·

由"素"构成的汉字:
六级:素

由"素"组成的词语:
六级:素质、维生素、要素、因素、元素
高等:激素、抗生素、朴素、素不相识、素材、素描、素食、素养

皮

·汉字解析·

> 剥取兽革者谓之皮。从又,为省声。凡皮之属皆从皮。——《说文解字·皮部》

《说文解字》对"皮"的解释是被剥下的动物的外皮。其甲骨文及金文字形就像一个人正在用手剥动物的外皮。在"破""彼""波""疲"等中,"皮"起到提示读音的作用。"皮"具有较强的构词能力,如形容一个小孩子贪玩爱闹,可以说调皮、顽皮。还有一些常见的物品,如皮球、皮包、皮带、橡皮等。

在原始社会,人类祖先用兽皮为自己制作外衣以御寒。用动物外皮制作衣服的传统也从未停止,曾几何时,"貂皮大衣""皮草"一度风靡,价格飙升到几万一件,成为彰显一个人富裕的象征。而现在,人们的动物保护意识越来越强,很多环保主义者

提倡使用绿色环保的材料制作衣服，比如人造皮革。因此动物外皮制作的衣服虽然依旧存在，但越来越少了。

《左传·僖公十四年》中写道："皮之不存，毛将安傅？"这句话的意思是皮没有了，毛长在哪里？比喻事物失去了赖以生存的基础，就不能存在。皮与毛这一对事物如鱼儿离不开水、瓜儿离不开秧一样，结成了命运共同体。现实生活中人们常用这一经典的语句，来比喻和诠释生活中两种事物密不可分的关系，如国与家的关系。国是一个家庭赖以生存的地方，国泰则民安，国富则民强，有了强的国，才有安稳的家。清朝时期，统治者腐败无能，国家丧权辱国，割地赔款，大量真金白银被西方列强鲸吞。华夏民族民不聊生，过着颠沛流离的生活，外国租界的牌子上写着"华人与狗，不得入内"，这就是"皮之不存，毛将安傅"的最好例证。因此，作为一个公民，我们应该热爱自己的国家，提高自己的同时，也要推动国家的发展。国家强盛，人们就有了安居乐业的基础，世界也会处在一个相对稳定和平的状态中。

· 字词卡片 ·

由"皮"构成的汉字：
三级：被、皮、破
五级：彼、玻、披
六级：波、坡
高等：疲、颇、皱

由"皮"组成的词语：
三级：皮包
四级：调皮
五级：皮肤、皮鞋
六级：皮球、顽皮
高等：皮带、橡皮

字体演变

甲骨文

金文

小篆

隶书

楷体

第三章　汉字与服饰 | 043

字体演变

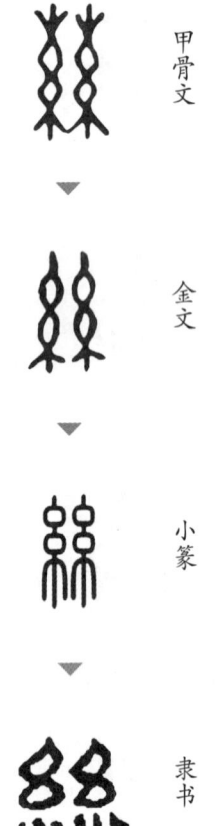

字体	
甲骨文	〰〰
金文	〰〰
小篆	絲
隶书	絲
楷体	丝

丝

·汉字解析·

> 蚕所吐也。从二糸。凡丝之属皆从丝。——《说文解字·丝部》

《说文解字》对"丝"的解释是蚕所吐的细线,字形像两根并列的丝绳。"丝"在古代也是琴、瑟、琵琶等乐器的总称。刘禹锡《陋室铭》中有"无丝竹之乱耳,无案牍之劳形",其中的"丝竹"便指称弹弦一类的乐器。与"丝"相关的字,大都采用"纟"作偏旁,如红、绿、线、结、绘、绳等。

养蚕吐丝始于嫘祖,史称"嫘祖始蚕",人类的丝织业便从嫘祖开始,这也是中国丝绸发展的源头。唐代著名诗人李商隐有这样一句诗:"春蚕到死丝方尽,蜡炬成灰泪始干",这里的"丝"与"思念"的"思"谐音,表达对友人、亲人或者爱人的思念,但我们更多地用它来形容坚守岗位、奉献自我的教师。

谈到"丝",就会想到历史上著名的丝绸之路。广义的丝绸之路包括陆上丝绸之路和海上丝绸之路,都是汉武帝时期开通的。而我们一般所说的丝绸之路指的是陆上丝绸之路,即张骞两次出使西域所开通的横贯亚洲内陆的交通要道。

丝绸之路在各朝各代有着不同的发展。西汉开辟丝绸之路,佛教文化传入中国。唐朝是丝绸之路发展的鼎盛时期,东西方相互传入和移植了一些物质文化,如医术、舞蹈、武学和动植物。思想文化的交流更是影响了双方的民族意识形态,拓展了彼此的视野。不过到了清朝,由于政府采取闭关锁国的政策,丝绸之路也全面走向衰落。

今天,中国在极力重建"丝绸之路",2013 年 9 月提出建设"新丝绸之路经济带"的战略构想。同年,"一带一路"提出,更是体现了古丝绸之路对今新丝绸之路的价值,其目的都是加强丝路沿线各国的经济沟通与友好交流。中国秉持共商共建共享合作原则,推动世界经济共同发展,体现出大国担当。

· 字词卡片 ·

由"丝（纟、糸）"构成的汉字：
一级：给、累、绍
二级：红、级、绩、结、经、练、绿、纸、组
三级：纪、继、紧、绝、线、续、约、终
四级：编、纯、纷、缓、缩、统、维、细、综
五级：纲、绕、绒、索、织、紫
六级：绘、纠、纳、素、绪、缘、纵
高等：绑、绷、辫、缤、缠、绸、绰、缔、纺、绯、缝、缚、缉、绞、缴、缆、缕、绵、缅、纽

由"丝"组成的词语：
高等：粉丝、螺丝、丝绸、丝毫

◎ 思考题

1. 你是否理解了"衣、麻、革、巾、素、皮、丝"的古文字形、字义之间的关系？请说说看。

2. "裁、魔、鞠、幅、疲、绘"这六个汉字分别是由我们今天讲解的哪些汉字构成的？你认为这些汉字和我们今天讲解的汉字之间有什么关系？

3. 解释下面词语的意思。你会使用这些词语吗？

节衣缩食　麻痹　变革　围巾　素养　顽皮　丝毫

4. 请通过具体的例子对比不同文化、不同时期人们服饰的变化。

视野扩展

第四章
汉字与饮食

学习目标

认识"食、瓜、禾、来、麦、米、齐、香"的古文字形,理解这些古文字形和字义之间的关系,了解与这些汉字有关的中国饮食文化,感知饮食与文化之间的紧密关系。

食

·汉字解析·

> 一米也。从皀亼声。或说亼皀也。凡食之属皆从食。——《说文解字·食部》

《说文解字》对"食"的解释是一种米饭。其甲骨文字形像一个盛放食物的器皿。另一种说法是"食"字上部像一个倒写的"口",下部是放食物的食器。因此,"食"除了本义食物,还有"吃饭"的意思。当表示"拿东西给人吃"时,读作sì。凡是以"食(饣)"作偏旁的字,都与食物和吃这一动作有关。

中华美食和中华文化一样,历史悠久。在广阔的中国大地,东西南北都有不同的美食。南方喜食米饭,北方喜食面食,但这并不是绝对的,随着交通的发达以及网络的传播,东西南北的美食深度交流、融合,在中国大大小小的城市都能吃到各地美食。不得不说在美食上,中国在全世界绝对是能拔得头筹的。民以食为天,自古以来"吃"在中国都是头等大事,上到宫廷贵族,下到普通百姓,都热衷于创作美食。远名海外的"饺子",便和"医圣"张仲景有关。据说张仲景告老还乡之时,在路边看见很多流浪的人,他们衣着单薄,在寒风中瑟瑟发抖,耳朵都被冻坏了,于是他研究出了抵御寒冷的"娇耳汤",也就是我们现在所说的饺子。吃上一碗"娇耳汤",人们的身体便开始发热,起到了驱除寒气的作用,所以每到冬至,人们都会吃上一碗饺子,这样的传统延续至今。

不同的节气有对应的食物,不同的节日也有自己的美食。元宵节吃元宵、清明节吃青团、端午节吃粽子、中秋节吃月饼……这些美食随着文化的传播,被带到了世界各地。除了华人爱吃,许多外国人也爱上了中国的美食。许多充满地方特色

字体演变

甲骨文
金文
小篆
隶书
楷体

的美食，受到了关注，比如广西螺蛳粉、北京烤鸭、陕西油泼面、新疆大盘鸡、武汉热干面、贵州羊肉粉等，数不胜数。中国美食由此形成了八大菜系，分别是鲁菜、川菜、粤菜、苏菜、闽菜、浙菜、湘菜、徽菜，各大菜系有不同的口味和风格，比如鲁菜咸香，川菜麻辣，苏菜清鲜，浙菜清淡，湘菜香辣，徽菜咸鲜，粤菜、闽菜较甜。除此以外，还发明了炒、爆、熘、烧、焖、烩、卤、煎、贴、炸、煮、炖、煲、蒸、烤、腌、熏、拌、淋等多种多样的烹饪方式。

·字词卡片·

由"食（饣）"构成的汉字：
一级：饿、饭、馆
二级：饱、餐、饺、食
五级：饼、饰、饮
高等：馋、饵、饥、馈、馁、饶、蚀、饲、馅

由"食"组成的词语：
二级：食物
三级：美食、食品
四级：粮食、零食、食堂
五级：饮食
六级：食欲
高等：废寝忘食、伙食、节衣缩食、膳食、食宿、食用、素食、衣食住行、主食

瓜

·汉字解析·

  㼌也。象形。凡瓜之属皆从瓜。——《说文解字·瓜部》

  《说文解字》对"瓜"的解释是象形字，其金文字形就像是藤蔓上结的椭圆形的果实。"瓜"的本义是挂在藤上像葫芦一样的果实。到了小篆，中间椭圆形的果实逐渐线条化，隶变以后就不再象形了。

  《诗经·豳风·七月》中有这样一句："七月食瓜，八月断壶。"意思是七月可以吃瓜，八月可以摘葫芦。在古代，瓜的品种并不丰富，不像现在，蔬菜的瓜有冬瓜、南

瓜、黄瓜、丝瓜等，水果的瓜有西瓜、木瓜、白兰瓜、哈密瓜等。有一句俗语叫"王婆卖瓜，自卖自夸"，讲的是一个叫王坡的新疆男人卖瓜的故事。由于王坡说话很像女性，就被人称作"王婆"，他为了躲避边境战乱，便带着哈密瓜来中原卖，但中原人没见过哈密瓜，所以他的瓜无人问津。有一次皇帝路过，听到王婆扯着嗓子叫卖，就上前尝了一口哈密瓜，顿时觉得这瓜香甜可口，于是就说："这做买卖还是当夸则夸，王婆卖瓜，自卖自夸，这不香吗？"于是越来越多的人来买王婆的瓜。不过随着历史的演变，这句俗语逐渐从褒义变为贬义，用来形容虚伪、自恋的人。

　　中国人喜欢吃瓜，并且有各式各样的烹饪方法，甚至连苦瓜都能吃得津津有味。而"吃瓜"一词，现在不光有字面含义，在网络上还有另一个用法，形容看热闹、围观。常说的"吃瓜群众"，就是从看戏、看电影、看表演时兜售瓜子果干的小贩口中演变而来的，曾经的电影院、剧院中有卖瓜子零食的小贩，他们常边走边喊"前排出售瓜子"，于是"前排吃瓜""吃瓜群众"就这样演变而来了。这里的"瓜"不是真正意义上的蔬菜水果小零食，而是某一个热点事件，"吃瓜群众"对于这一热点事件，往往是事不关己，也不发表意见，仅仅围观取乐。"吃瓜"一词由此被赋予了新的意义，一旦有新的八卦新闻或者新奇事件，网友们马上就会在网上围观，就像以前吃着瓜子看戏的群众一样，并通知自己的好友"吃瓜了，吃瓜了"，一起去围观这场好戏。

·字词卡片·

由"瓜"构成的汉字：	由"瓜"组成的词语：
四级：瓜	四级：黄瓜、西瓜
六级：孤	高等：瓜分、瓜子、南瓜、傻瓜
高等：瓣、弧	

字体演变

瓜 — 金文
瓜 — 小篆
瓜 — 隶书
瓜 — 楷体

字体演变

甲骨文 → 金文 → 小篆 → 隶书 → 楷体

禾

·汉字解析·

嘉谷也。二月始生，八月而孰，得时之中，故谓之禾。禾，木也。木王而生，金王而死。从木，从巫省。巫象其穗。凡禾之属皆从禾。——《说文解字·禾部》

《说文解字》对"禾"的解释是谷子。二月开始发芽生长，八月就成熟，生长在好的时节中，得到阴阳的调和，所以称它为禾。以"禾"作偏旁的字，有的与农作物有关，如秧、稼、稻；有的与农业生产或季节有关，如种、秋、税。"禾"的本义是谷子，后来泛指一切粮食作物。"禾"是一个象形字，甲骨文字形就像是一株庄稼成熟后，被沉甸甸的籽实压弯了杆。金文字形上部被压得更低，下面穗的部分也更粗壮更大。到了小篆以后，上部依旧保持着被压弯的形态，隶书也一样，保留了小篆的写法，只是线条变得平直。

五谷是支撑人类生存的根本，为身体提供能量。它主要包括稻、黍、稷、麦、菽。稻，多产于南方，不过由于技术的发展，在中国北方也广泛种植。黍，是黄米。稷，在古书中有三种不同解释：一是指"粟"，也就是谷子，去壳后叫小米；二是黍一类的作物；三是指高粱。麦，就是麦子，有大麦、小麦等，多产于北方。菽，是豆类的总称。

中国人自古以来就重视粮食节约问题，《锄禾》这首诗就展现出古代农民种植粮食的艰辛，开篇说"锄禾日当午，汗滴禾下土"，并倡导节约粮食，"谁知盘中餐，粒粒皆辛苦"，这一优秀的传统美德也延续至今。2013年国家提出"光盘行动"，其目的就是减少粮食的浪费。作为一个人口大国，在经济快速发展的同时，人们越来越觉得物质丰富，于是产生了极端浪费的现象。"光盘行动"就是一个很好的倡议，让人们知道一点一滴来之不易,养成珍惜粮食的好习惯。勤俭节约是中华民族的传统美德,"光盘行动"则是这一美德的实践,在传承文化的同时,也减少了铺张浪费,更是营造了一个健康的生活方式。

·字词卡片·

由"禾"构成的汉字:

一级:和

二级:称、科、利、秋、租

三级:程、积、香、种

四级:季、秘、稳、秀、移

五级:乘、秒、私、委

六级:税

高等:秉、秤、稠、稻、秃、秒、稽、稼、秦、酥、秃、秧、颖、秩、稚

由"禾"组成的词语:

高等:禾苗

字体演变

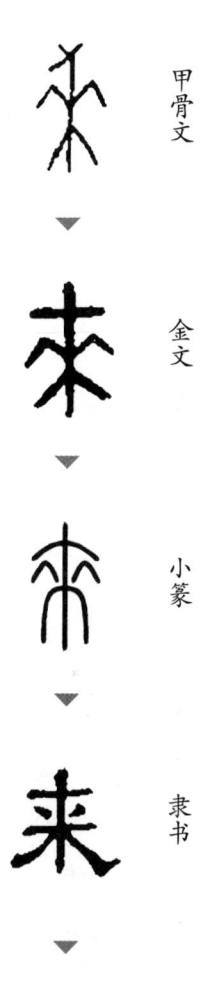

甲骨文

↓

金文

↓

小篆

↓

隶书

↓

楷体

来

·汉字解析·

周所受瑞麦来麰。一来二缝,象芒束之形。天所来也,故为行来之来。《诗》曰:"诒我来麰。"凡来之属皆从来。——《说文解字·来部》

《说文解字》对"来"的解释是西域人给周代人送来的麦子。"来"的甲骨文看上去像一株成熟的麦子,其本义就是麦子。"天所来也"是说它是上天送来的宝贵礼物,所以称这种

第四章 汉字与饮食 | 051

庄稼为"行来"的"来"。所有与"来"有关的字，都采用"来"作偏旁，如莱。"来"是象形字，甲骨文、金文字形像一株成熟的麦子，小篆字形变得线条化，隶变后楷书写作"來"，汉字简化后则写作"来"。

在古代，小麦被称为"麦"，大麦被称为"牟"。后来"来"字被假借为"来往"的"来"，本义"麦子"则渐渐消失不用。"来"与"去"相对，《尔雅》云："来，至也。"即由另一边到这一边，这里的"来"也是后来最常用的字义，如过来、来往、来回。其次"来"也可表示从过去到现在，如从来、向来。"来"还可以用在数词后面，表示估计，如三百来斤；用在部分数词后也可以表示列举，如"这部手机一来便宜，二来内存大，三来运行快"。用在动词前，则表示要做某事，此时常用"要来"，如"同学们要来上课"；用在动词后，表示做过某事，此时常用"来着"，如"你说什么来着"，也可以表示动作的趋向，如下来、上来。"来"也可以表示发生，此时常与"了"连用，如"台风来了"。"来"也可以表示语气，这种用法比较少见，多出现在古诗中，如归去来兮。"来"也是姓氏的一种，比较罕见，主要分布在中国河南、浙江、山东、陕西等省。

"来"还有另一个读音 lài，此时为动词，这种用法多出现在古文中，《孟子·滕文公上》中有"劳之来之"，这里的"来"是"使归顺"的意思，这句话的意思是慰劳百姓，使他们归顺。

·字词卡片·

由"来"构成的汉字：
一级：来

由"来"组成的词语：

一级：出来、回来、进来、来、来到、起来

二级：带来、过来、后来、接下来、来自、原来、越来越

三级：本来、传来、从来、将来、看起来、上来、下来、以来

四级：看来、来不及、来得及、来源、未来、一般来说

五级：到来、近来、来信、用来

六级：来往、前来、外来、往来、迎来、自来水

高等：长期以来、从来不、到头来、多年来、翻来覆去、反过来、归来、近年来、来宾、来电、来访、来回、来历、来临、来龙去脉、来年、来源于、历来、慢慢来、扑面而来

麦

·汉字解析·

> 芒谷，秋种厚埋，故谓之麦。麦，金也。金王而生，火王而死。从来，有穗者；从夊。凡麦之属皆从麦。——《说文解字·麦部》

《说文解字》对"麦"的解释是长有芒刺的谷物，秋种厚埋，因此称为"麦"。麦，属金。所以麦子金旺而生，火旺而死。"秋种厚埋"说明是冬小麦，并且按照传统文化"五行"配"四时"，春为木，夏为火，秋为金，冬为水，四季末月为土，麦属金。"麦"的古文字形上部就像麦子的形状，下部是一个倒写的"止"，表示由远及近的脚步，说明小麦是从很远的地方传到中国来的。后根据农史学家的研究，小麦原产地的确不在东方，而在西亚。

"麦"在古华夏有着举足轻重的地位，是五谷的一种，《本草图经》中更是称"麦"为五谷之最。关于五谷，《黄帝内经》中说"五谷为养，五畜为益，五果为助，五菜为充"，也就是说古人认为五谷是养生之本。关于五谷是哪些，有两种说法：一种是稻、麦、黍、稷、菽，另一种是麻、麦、黍、稷、菽。因为"麻"主要用于织布，所以人们比较倾向于选择第一种。起初，"麦"的种植面积并不广，但由于其耐寒，不用细心管理产量还极高，因此得到了快速推广，种植面积不断扩大。并且小麦粉富含面筋蛋白，这种蛋白让面团具有韧性，方便加工制作，口感也更加丰富。小麦磨成粉，制作成面、饼、馒头、饺子等，逐渐成为北方的一大主食，构成了中国"南稻北麦"的饮食特点。

现在，除了小麦，还有燕麦、黑麦等，品种十分丰富，随着科技的飞速发展，小麦的种植技术也有了质的提升，机械

字体演变

甲骨文 → 金文 → 小篆 → 隶书 → 楷体

字体演变

甲骨文 ⭣ 小篆 ⭣ 隶书 ⭣ 楷体

设备代替了人力劳作，大大提升了耕作效率。生物科技的发展带来了基因编辑技术、种子处理技术等，进一步提高了小麦的亩产。曾经西亚给中国带来了小麦，现在中国又将它高产的技术带给了全世界，为全人类的粮食安全提供了强有力的保障。

·字词卡片·

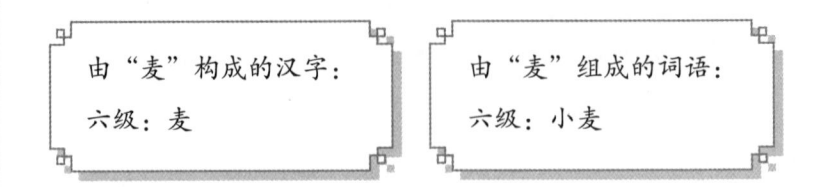

由"麦"构成的汉字：
六级：麦

由"麦"组成的词语：
六级：小麦

米

·汉字解析·

> 粟实也。象禾实之形。凡米之属皆从米。——《说文解字·米部》

《说文解字》对"米"的解释是粟结出来的果实，字形就像粟结果实的形状。"米"的甲骨文就像一株稻子上结满米粒。古人所称的"米"是粟子，即小米；今天我们说的"米"为稻子，即大米。"米"的本义是粟子，脱壳后为小米。后引申泛指粮食作物脱了壳或皮后的籽，如玉米、糯米、花生米。

在中国南方，长江中下游平原盛产水稻，湖南更是被称为"鱼米之乡"。湖南有广阔的洞庭湖、肥沃的土壤，加上雨水充足，因此成为全国重要的稻米生产基地。每到秋收时节，便能看见稻花"湘"里说丰年的盛景。层层叠叠的稻田，一望无际的金黄色，湖水里肥美的鱼，给萧条的秋天增加了一份活跃与生机。

柴米油盐是每个家庭的必需品。中国人自古以来就重视家庭，家庭里的烟火气息越浓厚，就越能说明这个家庭幸福温暖，人丁兴旺。米可以做成米饭、米粥、米粉、米饼、米糊等，不仅能让人饱腹，更是人们温暖的慰藉。中国人对米格外喜爱，许多人家一日三餐都有米。米还是国家重要的物资，在西周时期就有掌管米的官员，古时还会给官员发米作为俸禄。

著名诗人陶渊明在出任彭泽县令时，遇到上级检查，这位上级是一个远近闻名、不为民着想的贪官，所以陶渊明拒绝用上好的礼品讨好这位官员，并说出了"不为五斗米折腰"这句名言。这句话至今仍激励着人们为官要清廉，做人要正直，不要追名逐利，要有高尚的品格，有骨气。

·字词卡片·

由"米"构成的汉字：
三级：断、继、精、类、迷、糖
四级：粗、粮、料
五级：糕、糊、糟
六级：粉、粥
高等：奥、糙、粹、粪、粒、谜、渊、粤、粘、粽

由"米"组成的词语：
一级：米饭
四级：毫米、厘米、玉米
六级：大米、平方米
高等：立方米

齐

·汉字解析·

禾麦吐穗上平也。象形。凡齐之属皆从齐。——《说文解字·齐部》

《说文解字》对"齐"的解释是禾和麦吐穗时上端处于同一高度。它是一个象形字。"齐"的甲骨文字形就像三株麦子，一般田里的农作物都长得平整，所以"齐"的本义就是整齐。后引申为相同、一样、齐心协力、齐全等意思。

《礼记·大学》中有"修身齐家治国平天下"这一理念，这句话的意思是想要治理好国家就要先从自身修养做起，然后才能管理好自己的家庭，治理好国家，平定天下。

第四章　汉字与饮食

字体演变

- 甲骨文
- 金文
- 小篆
- 隶书
- 楷体

这句话是用来劝诫君王要以德治国的，但是也在提醒着个人，具有深远的社会价值。它是建立和谐社会的行为规范，人人都遵守了，社会将会获得更加有序、稳定的发展。在现代社会，一些人在利益的驱使下，逐渐被外在物质所迷惑，忽视了个人内在品质，造成了许多不良社会事件发生。所以，儒家思想经久不衰，在现代社会依旧发挥着重要作用。如《论语·里仁》云："见贤思齐焉，见不贤而内自省也"，这句话也浓缩成了成语"见贤思齐"。它告诉我们，面对优秀的人，我们要怀有敬仰之心，并向他学习；面对不优秀的人，我们就要思考自己有没有这样的缺点，并自行反思改正。这里的"齐"就是相同、等同、看齐的意思。

除此以外，中国人还讲究齐心协力，所谓"一方有难，八方支援"，可以看出中国人团结一致的民族情感。每当突发灾难时，国家及个人都会凝心聚力，共克时艰。全国各地能出钱的出钱，能出力的出力。没有食物，立马支援；缺乏医疗物资，赶工制造；各大企业也将自己的产品捐出，就连渺小的个人也在积极献爱心，这就是中华民族团结奋斗的精神。这不仅体现在国难上，在生活中，若是有人突发意外，周围的人也会积极伸出援助之手，齐心协力扶危救困。

·字词卡片·

由"齐"构成的汉字：
三级：济、齐
五级：挤
高等：剂

由"齐"组成的词语：
三级：整齐
五级：齐全
六级：一齐
高等：齐心协力

香

·汉字解析·

> 芳也。从黍从甘。《春秋传》曰:"黍稷馨香。"凡香之属皆从香。——《说文解字·香部》

《说文解字》对"香"的解释是气味芬芳,好味道。它是一个会意字,由"黍"和"甘"两个构件组成,表示食物味道好。其甲骨文字形上面是"黍"字,即黄米,下面是"甘"字,即味道甘甜,表示食物香甜好吃。"香"的本义是气味芬芳或味美。由本义引申出带有香味的东西,如蚊香、香包。有香味的东西受人们欢迎,因此又引申为受人追捧,如吃香、香饽饽。

香包是中国传统的民间刺绣工艺品,早在3000多年前就已经有了香包。它由青、赤、黄、白、黑五色线绣成,色彩斑斓。人们会在香包上绣荷花、牡丹、喜鹊、松鹤、石榴等图案。这些图案有不同的寓意,比如松鹤象征长寿,石榴象征多子。香包多用于装饰,佩戴在身上,既能达到美化的目的,又能陶冶情操。香包中含有多种中药药材,因此具有驱蚊、除菌、提神等功效。香包也是古代男女之间传递爱意的信物,不仅是人际交往中互相馈赠的礼品,而且是传统文化得以延续的载体。

香不仅是一种气味,也是一个传统的文化符号,中国从古至今,从宫廷到民间,都有焚香(图4-1)的习俗。故宫太和殿前后左右有四只香炉,皇帝升殿时,炉内焚起檀香,殿堂内香气四溢,使人精神振奋。古代文士淑女弹琴时焚香,也是为了营造一种幽静风雅的氛围。南宋爱国诗人陆游在读书时,室内常要焚香。他在诗中写道:"官身常欠读书债,禄米不供沽酒资。剩喜今朝寂无事,焚香闲看玉溪诗。"北宋大文豪苏

字体演变

甲骨文 → 金文 → 小篆 → 隶书 → 楷体

东坡，十分青睐焚香静坐和修身养性。他建了一个"息轩"，常在轩中焚香静坐，并作诗曰："无事此静坐，一日似两日。若活七十年，便是百四十。"可见焚香静坐的养生健体之功。现代国画大师齐白石也十分尊崇焚香作画的神奇作用，他说："观画，在香雾飘动中可以达到入神境界；作画，我也于香雾中做到似与不似之间，写意而能传神。"焚香不但可以醒脑清神，去浊存清，提高工作和学习效率，还有延年益寿的作用，更是一种生活的情趣。

图 4-1 焚香

·字词卡片·

由"香"构成的汉字：
高等：馨

由"香"组成的词语：
三级：香蕉
五级：香肠
高等：口香糖、香料、香水、香味、香烟、香油

◎ 思考题

1. 你是否理解了"食、瓜、禾、来、麦、米、齐、香"的古文字形、字义之间的关系？请说说看。

2. "饲、孤、种、粮、挤、馨"这六个汉字分别是由我们今天讲解的哪些汉字构成的？你认为这些汉字和我们今天讲解的汉字之间有什么关系？

3. 解释下面词语的意思。你会使用这些词语吗？

   伙食　傻瓜　禾苗　由此看来　小麦　平方米　齐全　香料

4. 请通过具体的例子对比中国南北饮食文化的异同。

视野扩展

第五章
汉字与建筑

> **学习目标**
>
> 认识"宫、穴、京、高、门、户、仓、井"的古文字形,理解这些古文字形和字义之间的关系,了解与这些汉字有关的中国建筑知识,感知中国传统的建筑文化和中国人的居住观念。

字体演变

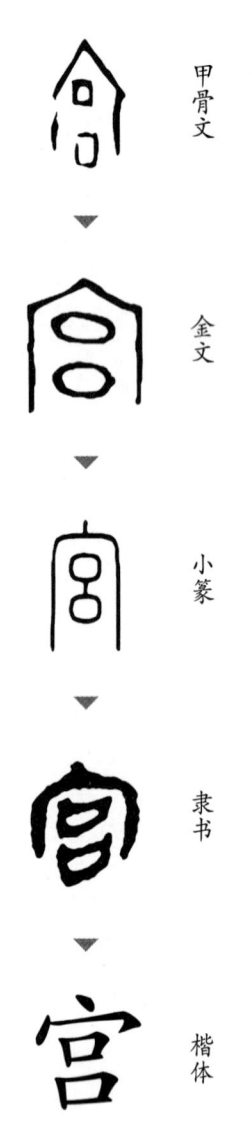

宫

甲骨文 → 金文 → 小篆 → 隶书 → 楷体

·汉字解析·

> 室也。从宀，躬省声。凡宫之属皆从宫。——《说文解字·宫部》

《说文解字》对"宫"的解释是人们居住的房屋。"宫"的甲骨文字形分为两部分，上面是房屋的围墙或者半穴居的洞窟，下面是不同的房间，说明在商朝之前就已经有了结构比较复杂的房屋，它是具有多个房间的建筑，不再像穴居时期的洞窟了。有的字形两"口"相连或相接（ 宫 ），表示房屋内部的构造相连相通。

> 上古穴居而野处，后世圣人易之以宫室。——《周易·系辞下》

从《周易·系辞下》的记载可以看出，上古时代人们住在旷野之中的洞穴里，后来聪明有才华的人创建了房屋，人们就住在房屋中了。这体现了中国从原始社会到文明社会建筑风格发生的变化，反映了人类从野外群居到以家庭为单位的生活状况，也代表着人类进一步走向了文明。

> 古者贵贱同称宫。秦汉以来，惟王者所居称宫焉。——《经典释文》

秦汉以前，人们住的房子都称为"宫"，是没有等级差别的，但是秦汉之后，统治者为了显示权力和等级的差异，规定只有皇帝的居所才能称为"宫"，这时，房屋就有了区分尊卑贵贱的作用。随着封建社会的解体，"宫"的词义也发生了变化，如"少年宫""文化宫"等，指人民群众进行文化活动或娱乐的场所。

说到"宫"字，就一定得说一说北京故宫（图 5-1）。北京故宫是中国明清两代的皇家宫殿，旧称紫禁城，位于北京中轴线的中心。故宫 1987 年被列为世界文化遗产，它是世界上现存规模最大、保存程度最完好的木质结构古建筑群之一。北京故宫代表了中国古代宫廷建筑的整体风貌，也反映了中国古代"天人合一"的思想观念，具有极高的艺术价值和历史文化价值。

图 5-1　故宫太和殿雪景

· 字词卡片 ·

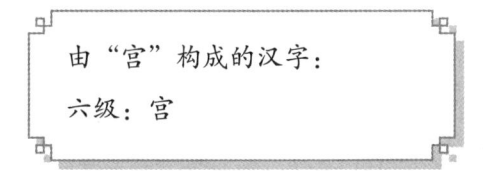

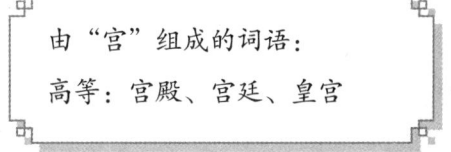

由"宫"构成的汉字：
六级：宫

由"宫"组成的词语：
高等：宫殿、宫廷、皇宫

穴

· 汉字解析 ·

土室也。从宀八声。凡穴之属皆从穴。——《说文解字·穴部》

《说文解字》对"穴"的解释是在土地上挖的用来居住的洞穴。"穴"的上部是"宀"，表示在土地上挖的洞穴的外部轮廓，"八"表示洞穴的内部构造。

古公亶父，陶复陶穴，未有室家。——《诗经·大雅·绵》

第五章　汉字与建筑　｜　061

字体演变

𠔿 小篆

↓

𠔿 隶书

↓

穴 楷体

周文王的祖父亶父在没有能力搭建房屋时，就挖地建造窑洞和洞穴。从《诗经·大雅·绵》中的这句话就可以看出，洞穴是一种简便的建筑，它是先于房屋宫殿等复杂形式的早期建筑。从这句话也可以看出中国人居住条件的变化，从原始时期的洞穴到先秦时期的房屋，再到后期的宫殿、楼阁，反映了人类生产技术的进步和文明的发展。

古之民，未知为宫室时，就陵阜而居，穴而处下，润湿伤民，故圣王作为宫室。为宫室之法，室高足以辟湿润，边足以围风寒，上足以待雪霜雨露。——《墨子·辞过》

从《墨子·辞过》的记载来看，中国原始先民的居住环境经过了从地穴式到半地穴式（图5-2）再到木架结构的演变过程。半地穴式房屋具有冬暖夏凉的优点，在中国分布广泛。如仰韶文化中的陕西西安半坡遗址，广泛采用半地穴式风格的房屋。时至今日，中国建筑形成了六大建筑风格：对称分布、如意吉祥的京派建筑，青石白瓦、高墙深院的徽派建筑，聚族而居、防御性强的闽派建筑，山水环绕、曲径通幽的苏派建筑，气势恢宏、天人合一的晋派建筑，因地制宜、实用性强的川派建筑。这些建筑均是在穴居式建筑的基础上逐渐演化而来，它们展现了中国建筑的历史流变和审美形态。

图 5-2 半地穴式房屋概述图

· 字词卡片 ·

由"穴"构成的汉字：
一级：穿
二级：空
三级：突
四级：窗、究、穷
五级：帘
高等：窜、窖、窟、窥、窍、窃、窝、穴、窑、窄、窒

由"穴"组成的词语：
高等：穴位

字体演变

甲骨文
↓
金文
↓
小篆
↓
隶书
↓
楷体

京

· 汉字解析 ·

> 人所为绝高丘也。从高省，｜象高形。凡京之属皆从京。——《说文解字·京部》

《说文解字》对"京"的解释是人工建造的最高的土堆。甲骨文的"京"由两部分构成，下部是用土堆起来的高台，上部是房屋的亭柱和突出的屋檐。"京"的本义就是最高、最大的建筑，后来随着词义的引申，"京"有了国家的首都这一常用义。

中国历朝历代的古都不尽相同，历史上有东西南北中五大"京"：

北京，历史上也叫燕京、北平。北京曾经只是帝王的陪都，1264年，元太祖忽必烈迁都北京，从此开始，北京便作为都城存在至今。

第五章 汉字与建筑 | 063

南京，历史上也叫金陵、建康等。三国时期，东吴大帝孙权在此建都；南朝时期，众多朝代在此建都；南宋时期，定建康为留都；1368 年，朱元璋建都南京。

东京就是现在的中原腹地开封，是北宋时期的都城，这里有着中国几千年的文化传承史，也是中华文化的核心发源地。

西京即长安，是十三朝古都，位列中国四大古都的首位。25 年，刘秀建立东汉王朝，在洛阳建都，西汉时期的长安正好在洛阳的西侧，于是便将长安更名为"西京"，此后改名"西安"，如今是陕西省的省会城市。

中京就是洛阳，也是中国四大古都之一。从地理方位上来说，洛阳居中，可谓天下的中心，也是"东西南北"京都的中间地带，在中国历史上曾有三个朝代将洛阳称为中京。

如今，首都北京是中国的政治、经济、文化中心。北京拥有七项世界文化遗产，是全世界拥有世界文化遗产最多的城市，是公认的中国科教第一城，拥有北大、清华等世界知名大学。此外，北京还是中国的对外交往中心，是中国国际化程度最高的城市，随着 2022 年北京冬奥会的成功举办，北京成为世界上唯一一个举办过夏季奥运会和冬季奥运会的城市。

·字词卡片·

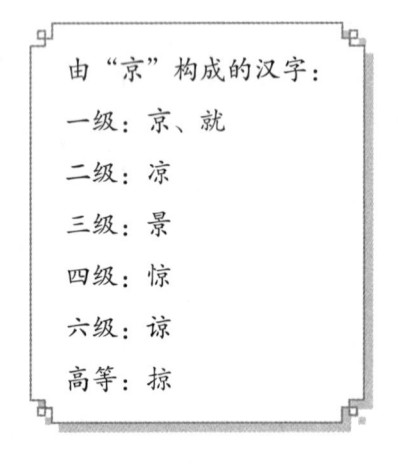

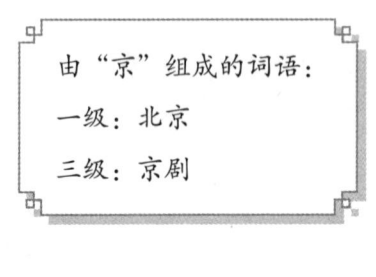

由"京"构成的汉字：
一级：京、就
二级：凉
三级：景
四级：惊
六级：谅
高等：掠

由"京"组成的词语：
一级：北京
三级：京剧

高

·汉字解析·

> 崇也。象台观高之形。从冂口。与仓、舍同意。凡高之属皆从高。——《说文解字·高部》

《说文解字》对"高"的解释是从下到上的距离较大。在甲骨文字形中"高"由三部分构成，上部与"京"字上部相同，表示房屋的亭柱和突出的屋檐；中部是"冂"，表示远大；下部是"口"，表示建筑之义。在地基广阔之处搭建的建筑才能离地面较远，从而表示楼台重叠很高的样子。

> 遥知兄弟登高处，遍插茱萸少一人。——《九月九日忆山东兄弟》

登高是我国很重要的一种民俗现象，孔子时代就有"君子登高必赋"的观念，文人们登临高处往往有感而发，由此产生了中国古典诗词的一个重要类别——登高诗。登高诗就是指因登高望远而写景抒情的诗歌。古人在重阳节这一天往往会团聚，一家人一起登临高处、赏美景、吃佳肴、喝美酒。但是诗人王维此时却身处异乡，独自一人，他想象着远方按照重阳的风俗而登高团聚的家人们，也在思念着自己。诗人想象家人思念自己，实际上表达的是自己思念家乡、渴望和家人团聚的情感。

谈及登高就不得不提重阳节。登高不限于重阳，也不是因重阳而起，人们可以在任何时间登高而赋。它的兴起与先民们的生产活动有关，蕴含着丰富的文化内涵，先民们认为登临高处就会与上天更加接近，从而更容易获得神灵的保佑。尽管登高不限于重阳，但"重九登高"的习俗在中国古代有着独特的地位，因而重阳节又叫作"登高节"。"重九登高"的习俗

字体演变

甲骨文
↓
金文
↓
小篆
↓
隶书
↓
楷体

源于此时的气候特点以及古人对山岳的崇拜之情。而现在，随着国家对老年人权益保障的重视，人们开始把重阳节和尊老、敬老、孝老、爱老联系起来。1989年，国家将九月九日定为"老人节"，取其祝愿老人长寿的意思。总之，重阳节的社会意义在新时代越来越丰富。

·字词卡片·

由"高"构成的汉字：
一级：高
五级：搞、敲
六级：稿
高等：膏

由"高"组成的词语：
一级：高兴
二级：高级、高中、提高
三级：高速、高速公路、跳高
四级：高潮、高价、高尚、高铁、身高
五级：高大、高度、高跟鞋、高温、高于、高原、升高
六级：高层、高档、高等、高峰、高考、高科技、高手
高等：崇高、高昂、高傲、高超、高低、高调、高额、高尔夫球、高峰期、高贵、高空、高龄、高明、高山、高效、高新技术、高血压、高压、高雅、高涨

门

·汉字解析·

> 闻也。从二户。象形。凡门之属皆从门。——《说文解字·门部》

《说文解字》对"门"的解释是双扇门。在中国古代尊卑秩序的影响下，古人对一些事物的划分非常细致，单扇门叫作"户"，双扇门叫作"门"，所以"门"的甲骨文字形是两"户"相对的样子。

门，闻也。从二户相对，象形。按，一扇曰户，两扇曰门。又，在堂室曰户，在宅区域曰门。——《白虎通》

不同材质、数量、颜色的门象征着不同的地位和身份，统治阶级的门一般都气势宏伟、装饰繁多，且常用红色和黄色，所以"朱门""黄门"是皇权至尊的象征。《白虎通》中这句话的意思是"门"的本义是房屋的门，是象形字，由两扇门组成的叫作门。一般来说，客厅和卧室的门叫作户，房子外围的门叫作门。这种划分体现了中国古代封建社会的尊卑秩序，贵族阶级的房屋建筑往往比较复杂，所以使用不同的称呼以示区别。

明月出天山，苍茫云海间。长风几万里，吹度玉门关。——《关山月》

含"门"字的关卡一般都是地理位置重要、具有重要意义的地方。《关山月》中的"玉门"是指玉门关，它是中国古代通往西域的重要交通枢纽，具有重要的战略意义，类似的还有"雁门关""剑门关"。

到了现代，门的阶层差别已经消失，所有出入房屋的通道都称"门"，不再因它们的数量而区别名称。随着城镇化的发展，越来越多的中国人住进了小区，同一小区的布局统一、户型相近，所以小区中门的形状也大致相同。同时随着科技的发展，门的种类也愈发丰富，除了常见的木门、防盗门，越来越多的人选择指纹锁、人脸识别等防盗功能强且更便捷的门。

字体演变

門 甲骨文
▼
門 金文
▼
門 小篆
▼
門 隶书
▼
门 楷体

第五章 汉字与建筑

字体演变

甲骨文 ▼ 金文 ▼ 小篆 ▼ 隶书 ▼ 楷体

户

·字词卡片·

由"门"构成的汉字：
一级：间、门、们、问
二级：闻
四级：闭、闹、闪、阅
五级：闯、闲
六级：阔
高等：阐、阀、阁、闺、阂、闷、阎、闸

由"门"组成的词语：
一级：门口、门票
二级：出门、大门
三级：部门、专门
四级：上门
五级：门诊、敲门、热门、入门
高等：爆冷门、串门、阀门、防盗门、冷门、门当户对、门槛、门铃、门路、窍门、五花八门、走后门

户

·汉字解析·

> 护也。半门曰户。象形。凡户之属皆从户。——《说文解字·户部》

《说文解字》对"户"的解释是半扇门。"户"的甲骨文字形就是半扇门的形状。随着字形的演变，"户"上面的形体

068 | 汉字与中国文化

发生讹变，先是与主体部分脱离，后经过简化就变成了现在的"户"字。

> 未有入室而不由户者。——《礼记·礼器》

先秦时期，以礼乐治天下，所以君主非常重视礼仪制度。《礼记·礼器》中这句话的意思是进入房间没有不经过门的道理，借来比喻做事情要合乎礼法和规矩。现在由于"门"指代所有种类的门，"户"作为半扇门这个意义便不再使用，"户"现在常用来指人家，如户口、户主。户籍制度是中国独具特色的管理制度，是国家用于对全国人口进行管理，并据此进行征税、征兵、协调发展的重要制度，由于古代中国以小农经济为主，所以中国历史上的户籍制度和土地制度直接相关。对于普通百姓来说，户籍制度决定着生产生活；对于达官贵人来说，户籍制度决定着自己能够享受多少利益特权，所以户籍制度在古代十分重要。

但是户籍制度的功能不是一成不变的，所以现在中国也在进行户籍制度改革，户籍制度改革被列为2013年四项重点工作之一，以期实现公民就业、教育等机会的平等，实现和谐社会下的公平正义。目前，中国许多城市都实施积分落户制度，以调节当地人口数量，如我们熟知的北京、上海等地。

·字词卡片·

由"户"构成的汉字：
一级：房
二级：护、所
四级：户
五级：肩、启、扇
六级：扁、炉
高等：妒、雇、沪、芦

由"户"组成的词语：
四级：窗户
五级：客户、用户
六级：户外、账户
高等：挨家挨户、家家户户、家喻户晓、落户、门当户对、千家万户、住户

字体演变

仓

甲骨文 ▽ 金文 ▽ 小篆 ▽ 隶书 ▽ 楷体

·汉字解析·

> 谷藏也。仓黄取而藏之，故谓之仓。从食省，口象仓形。凡仓之属皆从仓。——《说文解字·仓部》

《说文解字》对"仓"的解释是收藏谷物的粮仓。"仓"的甲骨文字形分为三部分，上部是粮仓的苫盖，即用草席做成的遮蔽风雨的盖子；中部是粮仓的门，夏商时期人们的粮仓是有围墙的，所以需要在围墙上建造大门；下部是粮仓的坎穴，早期的粮仓和住宅相似，都采用半地穴式，以利于粮食的储存。随着字形演变，"仓"字的门框被拉长，其他笔画也随之线条化。现在的"仓"字就是简化之后的字形。

> 仓廪实而知礼节，衣食足而知荣辱。——《管子·牧民》

民以食为天，粮食的收获、储藏是国家大事。上至天子王侯，下至黎民百姓，都要囤粮积食，粮仓是储藏粮食的重要地方，可见粮仓的重要地位。《管子·牧民》中记载，百姓只有粮仓充实，才会知晓礼仪和规矩；百姓只有衣食无忧，才会有光荣羞耻之心。可见只有满足了最基本的物质需求，人们才能有更高的精神需求，国家的治理才会如顺水行舟。虽然各个时代粮仓的建筑风格都不同，但是它的本质作用并没有发生变化，都是为了储存粮食。国家实行粮食征收制度，是为了保障民生。当粮食产量受到影响时，粮仓中的粮食便派上了用场，它的存在极大程度上解决了人民民生问题。

在当代中国，东北平原曾被称为"北大仓"，因为这个区域的粮食产量很高，为中国人民提供了大量的粮食。河南、山东是中国的农业大省，耕地面积多、产量高，被称为中国的粮仓。

· 字词卡片 ·

由"仓"构成的汉字：
三级：创
五级：枪、抢
六级：仓
高等：苍、沧、舱、呛

由"仓"组成的词语：
六级：仓库

字体演变

井 甲骨文

井 金文

井 小篆

井 隶书

井 楷体

井

· 汉字解析 ·

> 八家一井，象构韩形，·，罋之象也。古者伯益初作井。凡井之属皆从井。——《说文解字·井部》

《说文解字》对"井"的解释是像四木交错搭在井口组成围栏的样子。"井"的甲骨文字形就像搭在井口边的栏杆。到金文时期，除了上述形体，还有其他形体，如丼，"·"表示取水之物。在东汉之前，上面两种字形一直并存。

> 方里而井，井九百亩，其中为公田。八家皆私百亩，同养公田。——《孟子·滕文公上》

《说文解字》中的"八家一井"在《孟子·滕文公上》中有详细解释。在一里见方的土地设置井田制，一井有九百亩土地，将其划分为九块，每一块一百亩，中间的一块为公田，剩下的八块划分给八户人家，八户人家共同耕种公田。井田制是中国古代统治阶级方便管理农事的一种制度，兴起于商朝，成熟于周朝，在很大程度上促进了中国农业的发展。

> 坐井而观天，曰天小者，非天小也。——《原道》

井与人们的生活息息相关，由此产生了许多有关井的文化。《原道》中这句话的意思是从井里面看向外面的天空，会说天空很小，但其实不是天空小，而是自己的视野窄。所以中国有一个成语叫"坐井观天"，用来形容视野狭窄的人。但是，井的本义还是水井。人类的生存离不开水，但并非所有地方都有江河湖泊，所以古代人就在自己居住的地方发明了"井"。至今，在中国农村还能看到井的痕迹。近年来，中国积极与其他国家建立友好关系，帮助贫穷国家的人民提升生活水平。从2012年至今，中国政府出资为津巴布韦援建了1000口水井（图5-3），让40多万民众享受到"中国井"带来的福利，这也是中国以实际行动践行人类命运共同体理念的体现。

图5-3 津巴布韦鲁梅内村村民从中国政府援建的水井中取水

·字词卡片·

由"井"构成的汉字：

一级：进

二级：讲

六级：井

高等：耕

◎**思考题**

1. 你是否理解了"宫、穴、京、高、门、户、仓、井"的古文字形、字义之间的关系？请说说看。

2. "突、敲、闷、雇"这四个汉字分别是由我们今天讲解的哪些汉字构成的？你认为这些汉字和我们今天讲解的汉字之间有什么关系？

3. 解释下面词语的意思。你会使用这些词语吗？

　　宫廷　穴位　京剧　高尚　入门　落户　仓库

4. 请通过具体的例子说说中国传统建筑的特点以及中国人居住观念的变化。

视野扩展

第六章
汉字与交通出行

学习目标

认识"方、步、行、走、车、舟、足、履、止、此、出、入"的古文字形,并理解这些古文字形和字义之间的关系,了解与这些汉字有关的中国交通出行方式,感知中国交通出行方式的传承与演变。

方

·汉字解析·

> 并船也。象两舟省、总头形。凡方之属皆从方。——《说文解字·方部》

《说文解字》将"方"解释为并行的两条船。但是关于"方"的解释多种多样,除了《说文解字》中的"船舫说",还有"戴枷说",认为"方"的字形就像罪人肩颈处戴着枷锁或绑着绳索;"挑担说",认为"方"像人在行走,肩上还挑着担子,因此有四四方方的意思;"耒耜说",认为"方"像耒耜(古代翻土用的一种农具)。

甲骨文的"方",是"方向、方国"的意思。西周金文也常用"方"字,除了表示方向、方国,还有方圆的意思,与圆相对。

> 方若行义,圆若用智,动若骋材,静若得意。——《新唐书·李泌传》

在中国古人的哲学观中,有天圆地方一说。古人认为天动地静,天上的日月星辰持续运转,而地上的山河湖海位置不变,花草树木也只是静默生长。这种观念,影响到古人生活的很多方面。如在人格方面,形成了外圆内方的理想模式。天圆地方,道在中央;外圆内方,正义在中央。外圆,是效法天道;内方,是效法地道,天人合一,顺应自然。这句话中的"圆若用智"是说围棋子是圆的,下棋落子更是一个运用智慧的过程;"方若行义"则指人要始终保持正直,以义为先,方正不苟。其实对于人格而言,"方"本身就有所指,"方正"表示人的行为、品性正直。方形有棱有角,有规有矩,对应到人,就是为人正直,品行正派,有所为有所不为。

字体演变

𠂔	甲骨文
才	金文
方	小篆
方	隶书
方	楷体

再比如中国传统的建筑，更是讲究天圆地方。明清时期在北京修建的天坛（图6-1）和地坛（图6-2）就是遵循天圆地方的原则修建的。天坛为圆形，是古代皇帝祭天的地方；地坛为方形，是皇帝祭地的地方。

图 6-1　天坛

图 6-2　地坛

·字词卡片·

由"方"构成的汉字：

一级：方、房、放、旁

二级：旅

三级：防、访、族

四级：施

五级：仿

六级：旗、旋

高等：芳、妨、纺、愣

由"方"组成的词语：

一级：地方（dìfang）

二级：北方、东方、方便、方便面、方法、方面、方向、南方、西方

三级：对方、方式、另一方面、双方、一方面

四级：大方、地方（dìfāng）、方案、方针、官方、平方

五级：比方

六级：多方面、平方米、前方、远方

高等：处方、单方面、方方面面、方向盘、方言、立方、立方米、秘方、偏方、千方百计、全方位、上方、四面八方、想方设法、药方

步

·汉字解析·

> 行也。从止𠂇相背。凡步之属皆从步。——《说文解字·步部》

《说文解字》对"步"的解释是行走。从"步"的甲骨文、金文字形看,"步"由两只脚的象形符号构成,合在一起表示左右脚一前一后交替前行。

> 两脚进曰行,徐行曰步。——《释名·释姿容》

古人对走路的动作分辨得很细,这句话是说两只脚行进叫"行",慢慢地行进则叫"步"。也就是说,在《释名·释姿容》中,"行"是以正常速度走,"步"则是慢慢走的意思。

> 步者,人之所以为迟也。是步为徐行。——《淮南子·人间训》

这里的"步"也是缓行、慢慢走的意思。

> 不积跬步,无以至千里;不积小流,无以成江海。——《荀子·劝学》

这句话的意思是不积累半步的行程,就没有办法到达千里之远;不积累细小的流水,就没有办法汇成江河大海。它告诉我们:做一件事,如果不能持之以恒,就不可能成功。读书是一件需要长期坚持的事情,也是一个辛劳的过程。如果心浮气躁、浅尝辄止,是不可能做好学问的。其实不管做什么事,我们都应该锲而不舍、持之以恒、积少成多。

"步"字由两只脚构成,所以左右两只脚各跨一下为一步,这与今天跨出去一只脚为一步的标准不同,今天我们所说的一步在古代叫"跬"。这里的"跬步"在古代指的是"半步",表示脚所跨出的最小距离,是计步的最小单位。因此有

字体演变

甲骨文
↓
金文
↓
小篆
↓
隶书
↓
楷体

第六章 汉字与交通出行

了"五十步笑百步"的典故,这里的"步"既表示字面上的脚步,同时又指距离。正是因为双脚一步步地向前移动,与最开始行走的地点之间形成了一段距离,所以古人才用走了几步来表示这段距离的长度,"步"在古代也是一个长度单位。《司马法》记载:"六尺为步,步百为亩。"《礼记·王制》则写道:"古者以周八尺为步,今以周尺六尺四寸为步。"《史记·秦始皇纪》又说:"数以六为纪,六尺为步。"可见,"一步"到底代表多长的距离,并没有一个统一的规定。

·字词卡片·

由"步"构成的汉字:
三级:步
五级:频
六级:涉

由"步"组成的词语:
三级:初步、进步、进一步、跑步、散步
四级:步行、逐步
五级:脚步
高等:步伐、步入、步骤、地步、起步、让步、同步、徒步、止步

行

·汉字解析·

> 人之步趋也。从彳从亍。凡行之属皆从行。——《说文解字·行部》

"行"的甲骨文、金文字形都像四面通达的道路,从字形上看,它的本义应该是道路。《说文解字》说"行"就是人们在路上走或小跑,从彳(chì),从亍(chù),彳,小步也,亍,步止也,合起来是慢步走、走走停停的意思。

> 三人行,必有我师焉。择其善者而从之,其不善者而改之。——《论语·述而》

这句话出自儒家圣师孔子,简单来说就是几个人在一起行走,其中必定有可作为我老师的人,要选择他们的长处来学习,看到他们的缺点要反省自己有没有像他们一

样的缺点，如果有就要加以改正。它启发我们应该一直抱着"人皆我师"的谦虚态度，不断成长，不断完善自己。这里的"行"是行走的意思，与"步"同义，由本义道路引申为动词行走。

在词义变化过程中，由于词义转移，引申义越来越多，使用也更广泛，"行"的本义道路反而慢慢消失了。如我们现在常说的"寸步难行"，这里的"行"就是引申义行走的意思。从本义道路引申出行走义，再从行走义引申出流行、通行、行为等意义，这些意义的"行"都读 xíng。同时也从道路义引申出行列义，再从行列义引申出排行、行业等意义，这些意义的"行"读作 háng，如银行、同行、行行出状元等。

·字词卡片·

由"行"构成的汉字：
一级：行
二级：街
六级：衡
高等：衔、衍

由"行"组成的词语：
二级：不行、进行、举行、流行、旅行、行动、行人、行为、银行、自行车
三级：飞行、旅行社、实行、行李
四级：步行、行业
五级：发行、推行、行驶、运行、执行
六级：出行、飞行员、排行榜、盛行、送行、通行、同行、行程、一行、游行
高等：并行、行家、行列、行情、航行、可行、履行、内行、品行、强行、绕行、人行道、施行、通行证、外行、现行、行使、行政、行走、言行

字体演变

甲骨文

金文

小篆

隶书

楷体

第六章　汉字与交通出行

字体演变

夫（甲骨文）
→ 夯（金文）
→ 𧺆（小篆）
→ 走（隶书）
→ 走（楷体）

走

·汉字解析·

趨也。从夭止。夭止者，屈也。凡走之属皆从走。——《说文解字·走部》

《说文解字》中说"走"的本义是奔、跑。它的甲骨文字形是一个摆动着双臂的人，就像人在奔跑。直到后来"跑"字的出现，"走"才多指步行。

录毕，走送之，不敢稍逾约。——《送东阳马生序》

《送东阳马生序》是明代文学家宋濂写给同乡晚辈的一篇文章，主要介绍了自己的学习经历和学习态度，以勉励晚辈勤奋学习。宋濂小时候家里贫穷，没有书看，于是常常向有书的人家借，并亲手抄录，约定日期归还。冬天，即使砚池中的水冻成了冰，手指不能伸展，他也认真抄书。抄写完，就立即跑着去归还，不敢超过约定的期限。"录毕，走送之，不敢稍逾约"就是"抄写完后，立即跑着去还给人家，不敢超过约定的期限"的意思。这里的"走"就是本义跑。

同样地，"兔走触株"中的"走"也是本义跑，这个词出自《韩非子·五蠹》。原文是这样说的："宋人有耕者。田中有株，兔走触株，折颈而死。因释其耒而守株，冀复得兔。兔不可复得，而身为宋国笑。"从前，有一个宋国人，他有一块肥沃的田地。他每天都认真劳作，田地的收成也很可观。田地里还有一个树桩，干累了就坐在树桩旁休息会儿。有一天，他正在地里耕作，不知道从哪儿来了一只兔子，奔跑时撞到树桩上，结果撞断了脖子死了。于是，从第二天开始，他就放下农具每天守在树桩旁，希望能再得到一只兔子。时间就这样一天天地过去了，兔子是不可能再得到的，地里也长满了野草，而他自己也被其他人耻笑。这个故事后来演变为成语"守株待兔",它告诉我们:做人不要抱着侥幸心理,不要总想着不劳而获,我们的生活是要靠自己的双手去创造的,幸福也是靠奋斗创造出来的,要撸起袖子加油干,如果总想着不劳而获,那么我们的人生就会像这个宋国人的田地一样慢慢地荒废掉。

"饭后百步走,活到九十九"是中国广为流传的一句谚语。是说饭后缓慢行走可以帮助消化,健脾养胃,有益健康,进而达到长寿的目的。"饭后百步走"也是千百年来被广泛接受的养生观,这里的"走"就是步行的意思。

·字词卡片·

由"走"构成的汉字:	由"走"组成的词语:
一级:起、走	一级:走路
二级:超、越	二级:走过、走进、走开
三级:赶	五级:逃走
四级:趋、趣	六级:拿走、走私
六级:趟、徒	高等:出走、东奔西走、行走、走过场、走后门、走近、走廊、走投无路、走弯路
高等:趁、陡、赴、赵	

车

·汉字解析·

> 舆轮之总名。夏后时奚仲所造。凡车之属皆从车。——《说文解字·车部》

"舆"指车厢,"轮"指车轮。在车的构造中,车厢和车轮是最重要的两个部件,因此《说文解字》将"车"解释为以舆和轮为主要部件的交通工具的总称。据说"车"是夏后时代一个叫奚仲的人创造的。

甲骨文和金文字形中两个类似"田"的圆圈就代表着车的两个车轮,中间横竖交叉的地方就是"舆",即"车厢",是站人、坐人的地方,而上面延伸出去的则是古

字体演变

甲骨文 ⮟
金文 ⮟
小篆 ⮟
隶书 ⮟
楷体

车

代用来拴马的车辀、车衡等部件（图6-3）。金文的"车"调整了方向，在车辀、车衡等部件上也略有不同。总的来说，"车"字形繁多，有的字形只保留了车厢、车轴，写作 ⊕，后被《说文解字》所列"车"字的小篆字形（車）所继承。

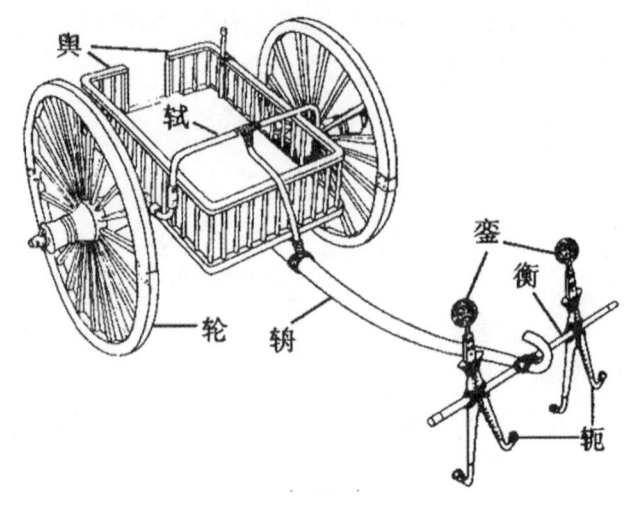

图 6-3 上古的车

上文提到的奚仲担任夏朝的"车正"一职，负责掌管车服等。到了春秋战国时期，车又被广泛应用于战争，这一时期的"车"就专指战车、兵车。值得一提的是，古代常用"乘"来表示战车的数量，而且战车的数量还直接代表一个国家国力的强弱，所以才有"千乘之国""万乘之国"等说法。到了战国后期，步兵和骑兵的发展才让车作为战车的用途逐渐减弱。

服车五乘：孤乘夏篆，卿乘夏缦，大夫乘墨车，士乘栈车，庶人乘役车。——《周礼·春官·巾车》

车是重要的陆地交通工具之一，古代的车多以动物为动力，按照种类的不同可分为马车、牛车、驴车等，按照车轮数量的多少又可分为独轮车、两轮车、三轮车和四轮车等。同时车的使用也反映了中国古代社会的尊卑等级，拉车的马匹数量和车的大小以及车轮数量都有严格的等级规定。"服车五乘"就反映了中国古代各等级人士所乘车的不同要求：公侯乘坐用红色带子捆绑车轮且有华丽装饰的五彩车；卿乘坐没有花纹雕刻的五彩车；大夫乘坐黑色不加纹饰的车；士乘坐的车由竹木制成，只做简单的漆装饰；而庶人只能乘坐兵车。

"车"表示陆地上有轮子的交通运输工具，这个意义从古代一直沿用至今。随着时代的发展，车所涵盖的范围不断扩大，形制发生了巨大变化。从古代专指战车，到后来成为陆地上有轮子的交通工具的统称；从古代以牲畜或人为动力的车，到今天的自行车、摩托车、汽车、火车、高铁乃至无人驾驶汽车等，体现了人的智慧和工业技术的发展。

·字词卡片·

由"车"构成的汉字：

一级：车

二级：辆、轻

三级：较、连、输、转

四级：轮、载、阵

五级：辈、辅、辑、军、库、软

六级：轨、辉

高等：辐、轰、轿、辖、舆、斩、辙、轴

由"车"组成的词语：

一级：车票、车上、车站、打车、火车、开车、汽车、上车、下车

二级：车辆、出租车、公共汽车、公交车、骑车、停车、停车场、自行车

四级：倒车、电动车、堵车、列车

五级：车主、乘车

六级：车号、车牌、车展、电车、机动车、开夜车、客车、快车、马车、慢车、修车、晕车

高等：超车、车道、车祸、车间、车轮、车速、车位、车厢、车型、车轴、二手车、公车、货车、驾车、轿车、警车、救护车、卡车、缆车、跑车

字体演变

(图)	甲骨文
↓	
(图)	金文
↓	
舟	小篆
↓	
舟	隶书
↓	
舟	楷体

舟

·汉字解析·

> 船也。古者，共鼓、货狄，刳（kū）木为舟，剡（yǎn）木为楫，以济不通。象形。凡舟之属皆从舟。——《说文解字·舟部》

《说文解字》说"舟"就是船。古代，共鼓、货狄两个人把树干掏空做成独木舟，同时砍削树木制成船桨。"舟"的甲骨文字形就是一个独木舟的形状，上下两边是船帮，中间三条线与上下两条线组成了船身，依次是船头、船舱、船尾。

"车"是重要的陆地交通工具，"舟"则是重要的海上交通工具，它与"车"一起构成了最原始的交通运输工具，并使用至今。从《说文解字》的记载中可以看出，黄帝时期就已经有了"舟"，前面提到的共鼓、货狄正是黄帝的手下，他们两个人负责教百姓建造房屋和制作农业用具。有一年，山洪暴发，正在山上砍树的共鼓、货狄被洪水卷进了一条大河中，两个人拼命抓住一棵漂浮在水上的大树，这才避免被洪水淹没。后来，他们发现这棵树大半都是空的，于是就把树翻过来，坐在空心树里，最终被人救起，他们再次利用这棵空心树成功横渡黄河，返回黄帝部落。正是通过这次洪灾，两人想到"刳木为舟，剡木为楫"，利用树木造成舟，作为水上的交通工具。

在新石器时代的河姆渡文化遗址中，人们发掘到 7000 年前的木桨，这进一步证明中国先民早在 8000 多年前甚至更早时代就已经开始使用独木舟了。[①] 秦汉时期是中国造船史上第一个高峰期，《汉书·地理志》记载了西汉时期从南海到印度洋的"海上丝绸之路"。《三国志》也写到，大秦的使臣和商

---

① 程晓.我国古代造船技术的兴衰及其启示[D].武汉：武汉科技大学，2007.

人通过海路贸易，买卖中国的丝绸、陶瓷和海外各个国家的金银制品、玻璃。唐宋时期在广州、泉州等地专门设立了"市舶使"，负责海外贸易。宋元以后，海上航行技术提高，舟船的航行能力增强，中外海上交往密切，直到明朝时期郑和七次下西洋，中外海上交往达到高峰。

海洋自古以来就是沟通各国经济文化交流的天然纽带，如今共建的"21世纪海上丝绸之路"，是海上丝绸之路沿线各国在当代全球政治、贸易格局下连接世界的新型贸易之路。在如今这个世界各国发展更加密切的时代，我们应同舟共济，携手重现海上丝绸之路繁荣，共同实现合作共赢。"同舟共济扬帆起，乘风破浪万里航"，尽管有时会遭遇风浪阻碍，但只要我们齐心协力、把准航向，人类社会发展的巨轮必将行稳致远，驶向更加美好的未来！

· 字词卡片 ·

由"舟"构成的汉字：
二级：般、船
四级：航、盘
六级：舰
高等：舶、舱、舵、艘、艇、舟

由"舟"组成的词语：
高等：刻舟求剑、龙舟、同舟共济

足

· 汉字解析 ·

人之足也。在下。从止口。凡足之属皆从足。——《说文解字·足部》

《说文解字》说"足"指人的下肢，是人身体的一部分。它的甲骨文字形也是由人的小腿和脚组成的，上面的"口"是膝盖，下面的"止"是脚。后来"足"又专指脚，例如足球是用脚踢的球。

《战国策》中记录了一个"画蛇添足"的故事：以前在楚国，有一群人得到了一壶好酒，他们觉得这么多人分一壶酒，还不如只给一个人，让他痛痛快快地喝。于是，

字体演变

᠊	甲骨文
足	金文
足	小篆
足	隶书
足	楷体

大家商量在地上画蛇，谁先画好，这壶酒就归谁。其中有一个人画得很快，于是他就把酒拿过来了，正准备喝时，突然看见其他人都没画完，他就说："那我再给蛇添上几只脚吧，反正大家都没画完。"边说边给画好的蛇画脚。没想到，他还没有给画好的蛇添上脚，酒壶就已经被旁边的人抢走了。原来，旁边的人把蛇画完了。给蛇画脚的人说："我最先画完蛇，酒应该归我！"旁边的人说："你现在还在画脚，但我已经画完了，酒当然是我的！"画脚的人说："我早就画完了，只是趁时间还早给蛇添几只脚而已。"旁边的人说："蛇本来就没有脚，你要给它添几只脚就添吧，酒反正是我的了！"给蛇添脚的人眼巴巴看着原本属于自己现在却被别人拿走的酒，十分后悔。

蛇本来就没有脚，先画成蛇的人却要给蛇添脚，结果因为这个多余的行为错过了自己原本应该得到的东西。后来人们就用"画蛇添足"来比喻无中生有，多此一举，告诉人们做任何事都要实事求是，不卖弄聪明，否则不但不能把事情做好，反而会把事情弄砸。这里的"足"指的就是脚。

千里之行，始于足下。——《老子》

千里行程，是从脚下迈出第一步开始的。无论你做什么事，都是一个由小到大、由少到多积累的过程，再困难的事情，只要能勇敢地迈出第一步，踏踏实实地走好每一步，并坚持到最后，就一定会得到想要的那个结果。这里的"足"指的也是脚。

"足"作为部首，所构成的汉字也多指用脚完成的动作，如跑、踢、跳、踩。"足"后来不仅仅专指人的脚，还可以指动物的蹄、爪，植物的根茎，或支撑器物的脚等。"足"也引申为充实、完备的意思，如足够、充足。还有完全的意思，如足以。还有富裕的意思，如富足。还有值得、够得上的意思，如微不足道。

随着人类的世代努力，我们逐渐过上了丰衣足食的日子，在每一处土地上都留下了人类的足迹。现在我们仍然在朝着更加光明的未来奋发前进，虽说不能安于现状，但也要懂得知足，"知足者常乐，能忍者自安"，除了成功的人生，我们还需要快乐的人生。

·字词卡片·

由"足"构成的汉字：
一级：跟、路、跑
三级：跳、足
四级：促、距
六级：踩、蹈、跌、蹲、跪、践、跨、踏、踢、跃、捉
高等：蹦、蹭、踹、蹬、跤、趴、踊、躁、踪

由"足"组成的词语：
三级：满足、足够、足球
五级：不足、充足、十足
六级：足以
高等：长足、富足、画蛇添足、立足、美中不足、微不足道、无足轻重、知足、足迹、足智多谋

履

·汉字解析·

> 足所依也。从尸从彳从夊，舟象履形。一曰尸声。凡履之属皆从履。——《说文解字·履部》

《说文解字》指出"履"是足所依赖的东西，也就是现在的鞋子。甲骨文的"履"是一个直立行走的人，上面的方形部分是人的头，腿下面的部分就是"履"。金文的"履"上半部分变成了"页"，下面是"舟"，舟的形状就像"履"。其中"页"最初指的是人头，含"页"的字一般都与头部有关，如额头的额，胡须的须，所以在金文"履"中用"页"指代人。小篆的"履"由尸、彳、舟、夊四部分组成，最外面的"尸"一般认为是亻（人）形的讹变，"彳"（chì）是行走的路，"舟"是穿的"履"，"夊"（suī）是脚趾。

第六章　汉字与交通出行　｜　087

字体演变

ᪿ	甲骨文
𩖰	金文
履	小篆
履	隶书
履	楷体

"履"最初是踩、踏的意思，作为动词使用。《诗经·小雅·小旻》就写道："战战兢兢，如临深渊，如履薄冰。"意思是君子做事讲究谨慎，就像是站在悬崖边，或者像是踩在薄薄的冰上。后来就用"如履薄冰"来形容一个人做事小心谨慎。君子是中国古代道德高尚的人的尊称，是历代文人所追求的最理想化的境界，也是当代中国人所向往的美好品格的代名词。如今，这句话也常用来告诫领导干部要尊重、敬畏自己的位置，地位越高，就越要谨慎，越要担起责任，要在工作中一直保持敬畏、谨慎的态度，要敬畏人民、心系人民、热爱人民、服务人民。

战国以后，"履"表示鞋子的用法才渐渐多了起来，并持续到现在。如出现在中国小学语文教科书中的《郑人买履》，讲的就是一个郑国人买鞋子的故事。

"履"最初是踩、踏，和人行走有关，也就和人的经历有了联系，例如清代学者戴震在《与方希原书》中写道："凡事履而后知，历而后难。"所有的事只有自己亲身经历了才能有所认识，才能了解其中的困难。"经历"表示以前做的事情，后来又引申出"实施"，也就是现在常说的"履行"中的"履"的意思，"履行"就是要根据合同、责任、义务等做自己应该做的事。如果我们在日常生活中答应了别人某件事，就一定要履行自己的承诺，努力去做。

· 字词卡片 ·

由"履"构成的汉字：
高等：履

由"履"组成的词语：
高等：履行

止

·汉字解析·

> 下基也。象草木出有址，故以止为足。凡止之属皆从止。——《说文解字·止部》

《说文解字》指出"止"在人体的最下面，正如地基是盖房子的基础，在房子的最下面，"止"也是人的基础。同时"止"也像草木从建筑下的地基长出来那样，所以"止"就是"足"，即脚。"止"的甲骨文字形就像人留在地上的脚印，上面是脚趾头，下面是脚掌和脚背。

"止"的本义是足，引申指脚趾。后来在"止"的左边加上"足"，构成"趾"字来专指脚趾，由此"止"包含的"脚趾"意思就不存在了。通过脚可以走到任何地方，因此"以止为足"的"止"又表示来临、来到。到了目的地后自然就会停下，所以"止"又表示停下、停止、静止。如《孔子家语》一书中写道："树欲静而风不止，子欲养而亲不待。"意思是树想要静止，可是风依旧在吹没有停止，子女想要孝敬父母，但是父母却已经不在人世了。这句话是想告诉我们孝顺父母要尽早，要趁着父母健在的时候，而不要等到父母去世的那一天才想起来去孝顺他们。这里的"止"就是停止的意思，同样地，"止步""止咳""止血"中的"止"也是停止的意思。由停止又引申出禁止、去除的意思，正如"禁止"一词，表示不允许。在公共场合我们经常看见一个红色圆圈内画着一根香烟，还打着一个斜线，这个标志就是禁止吸烟。同样地，在图书馆禁止大声说话，在加油站禁止打电话。

《礼记·大学》中有这样一句话："大学之道，在明明德，在亲民，在止于至善。"意思是大学的宗旨，在于让人彰显出自己光明的品德；在于提高自己的道德品质并推己及人，使人

字体演变

甲骨文 → 金文 → 小篆 → 隶书 → 楷体

人都能改过自新、弃恶从善；在于让天下人都能彰显自己光明的品德，从而使整个社会都能达到一个完美的道德之境并长久地保持下去。这里的"止于至善"是说整个社会都能达到一个完美的境界。社会里的每个人都能爱自己、爱他人，那么社会必定稳定，人民的生活也会幸福美满。

·字词卡片·

由"止"构成的汉字：
一级：正、走
三级：步、此、武、止
四级：企、延、址
五级：肯
高等：扯、齿、耻、歧

由"止"组成的词语：
三级：防止、停止
四级：禁止、阻止
五级：不止、为止、终止
六级：截止
高等：静止、举止、迄今为止、止步、止咳、止血、制止、中止

此

·汉字解析·

> 止也。从止从匕。匕，相比次也。凡此之属皆从此。——《说文解字·此部》

在"此"的甲骨文字形中，左边是"止"的甲骨文字形，也就是一只脚，右边是"人"，意思是一只脚踩在别人身上，最初的意思是踩、踏。除此之外，它还是一个表示近指的代词，意思是这、这个。就像刚提到的"除此之外"，意思是除了这个，还有其他的。除了"除此之外"，"此"所组成的词语，如因此、此外、从此、彼此、此时、此刻、由此、此处、此次、此事、为此、此起彼伏、岂有此理、由此看来、与此同时、诸如此类、至此等中的"此"都是这、这个的意思。例如，此时、此刻就是指现在这个时候；此事就是指这个事情；岂有此理就是指哪有这样的道理。

说到"此"就不得不提"此地无银三百两"，它是一个来源于中国民间故事的成

语。这个故事是说，在中国古代，有一个叫张三的人，他每天都认真工作，好不容易攒下了三百两银子。他非常高兴，但与此同时又很担心，害怕有人把他的钱偷走。于是他就找来了一个大箱子，把三百两银子锁在箱子里，然后又在房子后面的空地挖了个坑，把箱子深深地埋在了地下。做完这些后，张三准备回去休息。可是走之前他看了一眼埋箱子的地方，又害怕别人知道这里有银子，于是就在这里立了一块木板，上面写着"此地无银三百两"。意思是这个地方没有三百两银子。结果他的邻居王二刚好看见了张三的一举一动，就趁张三睡觉的时候跑进他家房后，看到了那块木板。王二一下子明白过来，于是就开始往下挖，偷走了银子。也不知道他是怎么想的，在木板背面还写了"隔壁王二未曾偷"。后来，人们就用"此地无银三百两"来比喻本来想隐藏、掩盖一件事，反而弄巧成拙，暴露了真相。

·字词卡片·

由"此"构成的汉字：

一级：些

二级：嘴

三级：此

五级：柴、紫

由"此"组成的词语：

三级：因此

四级：此外、从此

五级：彼此、此后、此刻、此时、如此、由此

六级：此处、此次、此前、此事、此致、为此

高等：除此之外、此起彼伏、据此、岂有此理、由此看来、由此可见、与此同时、至此、诸如此类

字体演变

甲骨文 ▼
金文 ▼
小篆 ▼
隶书 ▼
楷体

第六章　汉字与交通出行

字体演变

出

ᴗ	甲骨文
↓	
ᴗ	金文
↓	
ᴗ	小篆
↓	
出	隶书
↓	
出	楷体

· 汉字解析 ·

> 进也。象草木益滋，上出达也。凡出之属皆从出。——《说文解字·出部》

《说文解字》对"出"的解释是进，就像地里的小草在往上长，露出了地面。在房子出现以前，中国人是住在地穴里的，"出"的甲骨文字形最外围的部分就代表着地穴，上面的部分则是"止"字，也就是脚的意思。因此，"出"代表着走出地穴，从里面到外面，有离开、出去、出现的意思。

> 日出而作，日入而息，逍遥于天地之间，而心意自得。——《庄子·让王》

这句话是说太阳出来了就去田地里耕作，太阳下山了就回家休息，在这天地之间自由自在、无拘无束也就很满足了。"日出而作，日入而息"就是中国古代人民的农耕生活，简简单单、平平淡淡。"生活不止眼前的苟且，还有诗和远方的田野"，在如今这个追求更高更快更强的时代，平淡的农耕生活依旧让人向往。土地对中国人来说，有着特别的情感，中国人经常在网络上调侃，看见哪里有空地就会觉得可惜，总会想着在那里种点什么。现在中国的许多年轻人更是表明想回归田园生活，养养鸡、喂喂鸭，再也不需要时时刻刻盯着手机，处理各种文件。

同时"出"也有出行的意思，中国古代的出行主要依靠步行、马车、船等，而现在我们的出行更加便捷，方式也多种多样，有电动车、轿车、火车、高铁、飞机等。值得注意的是，如果你在中国想要自己骑车或者驾车，那就一定要靠右行驶。"出游"的"出"也有出去、出行的意思，其实"出游"

就是"旅游",现在每逢假期,中国人总会出游,但是中国有 14 亿人,不管去哪个地方旅游,人都很多。因此,中国网友会说,出门旅游看的不是景色而是人头。在中国古代,因为出行不便,再加上当时并没有这么多的人,他们出游不会和现在的中国人一样,光看人头而看不见景色了。在中国古代,到处都是未被开发的自然景观,好山好水,令人赏心悦目,所以会有超高的出游体验。但是古代出行不便,还要忙着农耕,有许多人一辈子也没有机会出游,因此古代和现代的出游可谓是各有利弊。

· 字词卡片 ·

由"出"构成的汉字:
一级:出
三级:础
高等:屈、拙

由"出"组成的词语:
一级:出来、出去
二级:出发、出国、出口(名)、出门、出生、出现、出院、出租、出租车、得出、拿出、提出、找出
三级:播出、发出、认出、突出、退出、演出、指出
四级:出口、出色、出售、出席、付出、作出
五级:出版、出差、出汗、出于、看出、输出、支出
六级:查出、超出、出场、出动、出访、出路、出面、出名、出入、出事、出台、出行、传出、杰出、派出、推出、外出、显出
高等:层出不穷、出版社、出厂、出丑、出道、出发点、出风头、出境、出局、出具、出口成章、出卖、出毛病、出难题、出人意料、出任、出山、出身、出示、出手

字体演变

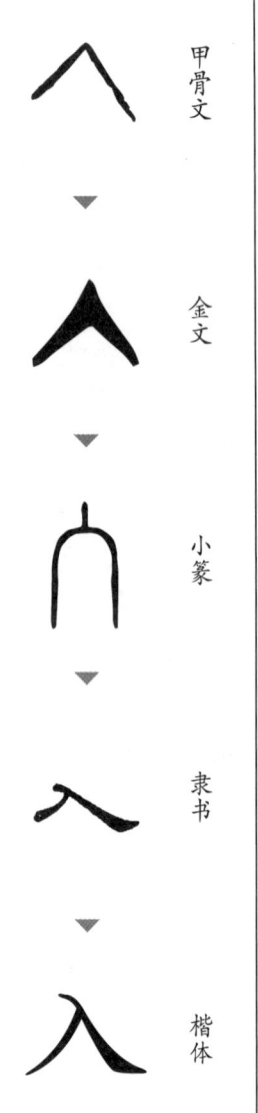

入

入 (甲骨文字形)	甲骨文
入 (金文字形)	金文
內 (小篆字形)	小篆
入 (隶书字形)	隶书
入 (楷体字形)	楷体

·汉字解析·

内也。象从上俱下也。凡入之属皆从入。——《说文解字·入部》

"入"的甲骨文和金文字形就像一个尖锐的器物，《说文解字》说"入"就是"内"。"内"的甲骨文字形（內），就是用一个尖锐的器物向下刺入这个半包围符号中，表示进入里面。慢慢地，"内"字中这个尖锐的器物就用来指"入"，同样是进入的意思。

禹伤先人父鲧功之不成受诛，乃劳身焦思，居外十三年，过家门不敢入。——《史记·夏本纪》

禹是夏朝的第一位君王，这句话说的是他成为君王以前治理水患的故事。上古时期，中原洪水泛滥，严重影响百姓的生活，于是当时的部落首领尧就让鲧去治水。鲧在岸边建了河堤，但水却越涨越高，都9年了鲧还是没能把洪水问题解决，所以首领尧就把鲧杀了，接着任命鲧的儿子禹继续治理水患。父亲鲧因为没有治理好水患被杀后禹很难过，因此他就不顾劳累，殚精竭虑，在外治理水患，13年了，就算经过自己家他也不敢进，最终成功治理水患。为了治水，大禹三过家门而不敢入，从此"三过家门而不入"被传为美谈，人们经常赞赏大禹这种舍小家为大家的精神。这个故事也体现出了中国人强调的责任和献身精神，直到今天，中国依旧在说"责任与担当"。当今世界正在经历百年未有之大变局，但中国将始终不渝走和平发展道路，始终不渝奉行互利共赢的开放战略，不仅致力于中国自身发展，也强调对世界的责任和贡献；不仅要造福中国人民，更要造福世界人民。

我同孙猴子一样，早练得刀枪不入啦！——《野火春风斗古城》

《野火春风斗古城》是中国作家李英儒创作的一部小说，这里的"刀枪不入"的意思是刀砍不进去，枪刺不死。最早用来形容一个人是铜皮铁骨或者说某一个物体十分坚硬结实，现在经常用来比喻一个人固执，思想僵化，不管别人说什么，他都听不进去，很难被说服。这里的"入"也是进入的意思。

·字词卡片·

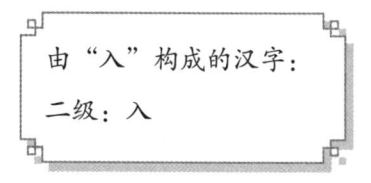

由"入"构成的汉字：
二级：入

由"入"组成的词语：
二级：进入、入口、收入
三级：深入、输入
四级：加入、列入、投入
五级：入门
六级：出入、融入、入学、陷入
高等：步入、格格不入、介入、卷入、流入、纳入、入场、入场券、入境、入侵、入手、入选、深入人心、引人入胜、引入、涌入、注入

◎**思考题**

1. 你是否理解了"方、步、行、走、车、舟、足、履、止、此、出、入"的古文字形、字义之间的关系？请说说看。

2. "涉、越、辑、舰、趴"这五个汉字分别是由我们今天讲解的哪些汉字构成的？你认为这些汉字和我们今天讲解的汉字之间有什么关系？

3. 解释下面词语的意思。你会使用这些词语吗？

大方　逐步　行李　走开　打车　龙舟　知足　履行　举止　至此　出色　格格不入

4. 请通过具体的例子对比不同文化、不同时代交通出行的异同。

视野扩展

第七章
汉字与人体（上）

学习目标

　　认识"人、久、印、包、交、立、士、老、思、心、死、骨、筋、页、首"的古文字形，理解这些古文字形和字义之间的关系，了解这些汉字反映的中国人对于人自身的认识，感知从古至今的中国人如何看待人自身。

人

·汉字解析·

> 天地之性最贵者也。此籀文。象臂胫之形。凡人之属皆从人。——《说文解字·人部》

《说文解字》将"人"解释为天地之间最尊贵的生命。"人"是象形字，撇画像人的手臂，捺画像人的小腿，二者组合在一起像一个侧身站立的人。"人"字从古至今都是汉语中最基本、使用最频繁的字词之一，所以字形和字义的变化都不大，各个阶段的字形基本都由一撇一捺两个笔画构成。

中国古人对自我的观察是十分细致的，人与其他动物在外形方面的主要区别在于四肢。"人"的甲骨文正是根据人侧身站立、手臂自然下垂的样子形成的。

> 惟天地万物父母，惟人万物之灵。——《尚书·泰誓》

将"人"与天地相提并论，认为人是世间万物中最有灵性的，体现了中国古人对"人"自身重要性和独特性的认识。作为具有自主思考能力的生命体，与其他生物相比，人的地位更崇高。古希腊哲学家普罗泰戈拉有一句名言："人是万物的尺度。"中国古人对"人"的独特性的推崇，也与他的观点不谋而合。

既然人的存在是有价值、有意义的，那么就要求人要爱惜自己的生命。

> 身体发肤，受之父母，不敢毁伤，孝之始也。——《孝经·开宗明义》

这句话的意思是人的身体以至每一根毛发、每一块皮肤，

字体演变

丨 → 甲骨文

ㄟ → 金文

尺 → 小篆

人 → 隶书

人 → 楷体

都是父母给予的，应当谨慎爱护。正是因为早就意识到"人"的独特地位，中国人才十分珍视健康和生命，"身体发肤，受之父母，不敢毁伤"的教诲才传承至今。如今中国政府高度重视人民的卫生健康，积极发展医疗卫生事业。近年来，中国政府不断加大对公共医疗卫生支出的财政预算，这体现了中国政府对人民生命、人民价值的重视，也体现了古代中国的人类观和生命观在当今社会的延续。

·字词卡片·

由"人（亻）"构成的汉字：
一级：从、大、个、候、会、介、们、你、人、认、什、他、太、体、天、休、住、作、坐、做
二级：便、但、倒、低、队、份、合、件、健、借、例、全、使、停、位、像、信、亿
三级：保、传、代、夫、付、何、化、价、仅、任、仍、伤、似、伟、修、优、值、众
四级：伴、倍、促、供、伙、俩、企、伞、俗、依、余
五级：偿、倡、仿、傅、估、俱、奈、偶、欠、傻、伸、偷、仔
六级：傲、傍、仓、侧、储、佛、佳、偏、侵、倾、伍、仰、仪、债
高等：伯、侈、仇、催、俄、伐、伏、俯、佥、僵、伛、俊、侃、僚、侣、伦、佩、僻、仆、侨

由"人"组成的词语：
一级：别人、病人、工人、家人、老人、男人、女人
二级：爱人、大人、好人、坏人、客人、人口、人们、人数、商人、行人、有人、主人
三级：动人、个人、华人、亲人、人才、人工、人类、人民、人民币、人群、人生、人员、熟人
四级：成人、敌人、夫人、名人、穷人、人家、诗人
五级：本人、负责人、机器人、军人、迷人、人间、人力、人士、人物、私人
六级：残疾人、恩人、发言人、富人、感人、惊人、盲人、人权、新人、艺人、游人、主持人
高等：常人、仇人、传人、丢人、古人、后人、巨人、猎人、聋人、路人、美人、能人、骗人、情人、人次、人道、人格、人均、人品、人气

久

·汉字解析·

> 以后灸之，象人两胫后有距也。《周礼》曰："久诸墙以观其桡。"凡久之属皆从久。——《说文解字·久部》

《说文解字》认为"久"跟腿部的动作有关，字形像人两腿后面有东西支撑抵住的样子，因而将"久"解释为从后面支撑着的意思。有学者认为，"久"表示从后面为卧病在床的人用药草灼烤穴位的样子，本义是用药草灼烤人体穴位。后来"久"经常被借去表示时间久的意思，人们就为"久"的本义造了新字"灸"。"久"的基本义和常用义是长时间的，因此由"久"组成的词语常跟时间有关，比如"多久""很久""长久"。

> 迟景那能久，芳菲不及新。——《折杨柳》

这句诗的意思是夕阳不能长久，落花也不可能再重新开放。古代中国人在岁月的流逝和自然界的变迁中，认识到时间与变化是永恒的，人和万物的生命却是有限的。既然人生如此短暂，人们更应该珍惜活着的每一刻，珍惜身边的人和事。于是古人在文学作品中频繁表达对生命、美好情感长久留存的渴盼与祝愿。

> 但愿人长久，千里共婵娟。——《水调歌头·明月几时有》

"久"字蕴含了中国人希望亲人平安健康，情谊长长久久的美好祝愿。中秋节是中国四大传统节日之一，这一天的月亮又大又圆，象征着家人团圆。但是在这团圆的日子里，苏轼却和家人相隔千里，几年未见，所以写下"但愿人长久，千里共

字体演变

𠃌 小篆

↓

久 隶书

↓

久 楷体

字体演变

甲骨文 𠂇
↓
金文 𠃋
↓
小篆 𦥑
↓
隶书 印
↓
楷体 印

婵娟"的诗句来表达自己对远方亲友的思念，以及对亲友平安长久的美好祝愿。直至今日，"久"仍是中国社会生活中最常见的祝福之一，例如祝福新婚夫妇"爱情长长久久""幸福长长久久"。

· 字词卡片 ·

由"久"构成的汉字：
二级：久
高等：灸

由"久"组成的词语：
二级：不久、多久、好久
六级：长久
高等：持久、经久不息、久违、久仰、前不久、天长地久、永久、悠久

印

· 汉字解析 ·

> 执政所持信也。从爪从卩。凡印之属皆从印。——《说文解字·印部》

根据《说文解字》的解释，"印"是掌管政事的人所使用的印章。"印"的甲骨文字形像一只手按着一个人的头迫使其跪下的样子，因此"印"的本义是按压。使用印章时要用力按压让印章留下印记，就引申出了印章和印记的意思，后来这两个引申义成为"印"的基本义和常用义，本义按压反而不常用了，就另造了新字"抑"专门来表示按压。

印章种类繁多，基本上可以分为官印和私印两种，官印是官方所用的印章，私印是官印以外印章的统称。

> 往昔先王，配天垂则。乃设印章，作信万国。——《印铭》

这句话中的印显然是官印，因为要在政事中充当信物。印章具有独一性和公信力，能重复使用，代表印章使用人的身份。直到今天，印章仍是中国人最常用、最重要的凭证信物之一，政府发布的公文、颁布的法令都会盖上印章，以示政府对文件有效性的认可。

> 凡写诗文，名印当在上，字印当在下。——《古今印史》

从春秋战国到唐宋时期，印章的使用都以实用价值为主，而到了宋元时期，中国文人将目光投向印章，品味出了印章之美，逐渐发掘出印章的艺术价值。印章上的汉字风格各异，又需要用工具雕刻下来，因此有人将它称为"立体化的书法"。宋元及其之后的书画家们，比如米芾、赵孟頫等人，将极具观赏性的印章与书画结合，使印章成为与书法、国画具有同等地位的艺术门类。

印章的出现、发展与传承，不仅代表了中国古人卓越的智慧，也体现了中国文人独特的审美趣味。正因如此，印章在当今社会仍有着强大的生命力，是社会工作中的重要工具，也是众多文人墨客珍爱的艺术瑰宝。

·字词卡片·

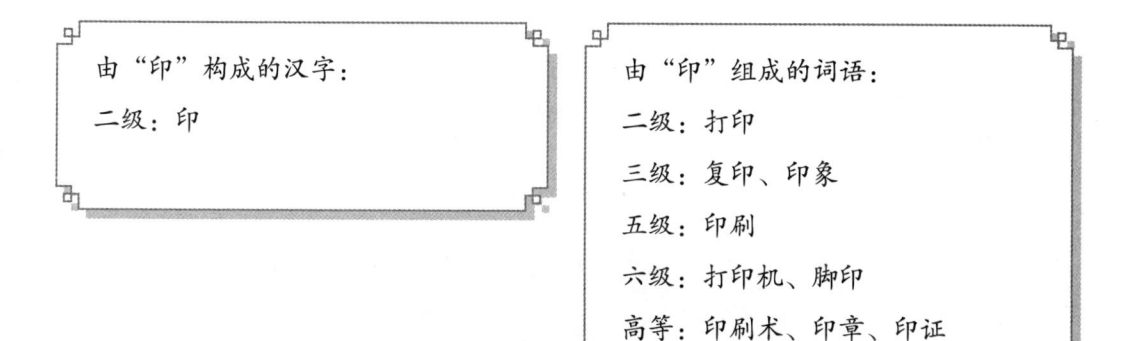

由"印"构成的汉字：
二级：印

由"印"组成的词语：
二级：打印
三级：复印、印象
五级：印刷
六级：打印机、脚印
高等：印刷术、印章、印证

字体演变

囟 小篆

▼

包 隶书

▼

包 楷体

包

·汉字解析·

> 象人裹妊，巳在中，象子未成形也。元气起于子。子，人所生也。……凡包之属皆从包。——《说文解字·包部》

许慎认为"包"表示人怀孕的样子，由"勹"和"巳"组成，"巳"是还没有出生的胎儿，"勹"是包裹胎儿的膜，"巳"在"勹"中，所以"包"的本义是胎衣。但经过词义演变，"包"的本义已不常用了，由本义引申而来的动词义"包裹"以及名词义"包好了的东西"是"包"的基本义和常用义。动词义包裹指的是用纸或布等薄而平的物体把东西裹起来，比如包饺子、包粽子。饺子是由又薄又圆的面皮包裹馅料制成的，粽子则是由薄薄的粽叶包裹糯米制成的。

在中国饮食文化中，"包"是重要的食物制作手法。包子是中国的传统面食，顾名思义，"包子"的名字就来源于其用面皮将馅料包裹起来的制作方法。

> 仁宗诞日，赐群臣包子。——《燕翼诒谋录》

包子历史悠久，深受中国人喜爱。早在宋朝时，包子就很受人们喜爱了，连宋仁宗过生日都要赏赐包子给大臣。

> 诸葛亮南征，取面画人头祭之。——《事物纪原》

相传，包子由诸葛亮发明。三国时期，诸葛亮率领军队打败了南蛮，班师回朝时经过泸水，泸水波涛汹涌，军队无法渡河。为了平息波浪，顺利渡河，就要用蛮军的头颅进行祭祀。诸葛亮心善，不忍心牺牲无辜的生命，于是命令厨师用面粉做皮，包裹牛羊肉制成的肉馅，捏成人头模样投入江中。祭祀后，军队才顺利渡河。这种祭品被称作"蛮首""蛮头"，后来称为"馒头"，并逐渐演化成今天的"包子"。

· 字词卡片 ·

由"包"构成的汉字：
一级：包、跑
二级：饱
四级：抱
六级：胞、泡、炮
高等：刨、袍

由"包"组成的词语：
一级：包子、面包、钱包、书包
三级：皮包
四级：包裹、包含、包括、红包
五级：包围、包装、背包、打包
高等：包袱、包容、包扎、承包、大包大揽

交

· 汉字解析 ·

> 交胫也。从大，象交形。凡交之属皆从交。——《说文解字·交部》

"交"是象形字，甲骨文字形像一个人两腿交叉的样子，因此"交"的本义是交叉、交错。比如"交通"意为"交错通行"，就是取的本义。根据本义，"交"引申出人与人之间的交往、人和人交换物品的意思，这些也是"交"的常用义。

人是社会中的人，身处其中就免不了跟其他人产生交集，难能可贵的是在与人交往的过程中结交到真正的朋友。中国自古就很重视交友和友谊，认为和朋友相处应该有"信"。《论

字 体 演 变

甲骨文
▼
金文
▼
小篆
▼
隶书
▼
楷体

语·学而》说："与朋友交而不信乎？"认为跟朋友交往时应诚实守信，用真心换真心，虚情假意交到的朋友只是暂时的，不会长久。真正的友情是纯洁的，没有杂质，就像水一样。

　　君子之交淡若水，小人之交甘若醴。——《庄子·山木》

　　君子，是有修养的人。"淡若水"不是说君子之间的感情淡得像水一样，而是指君子之间的交往不虚伪，他们的友谊像水一样清澈透明。小人指人格卑下的人，他们的交情像甜酒一样，虽然甘甜，但浑浊不堪。小人往往只讲利益，不讲道义，他们把友谊建立在利益的基础上，如果对方满足不了自己的需求时，友谊很容易断绝。

　　关系好到极点的朋友叫作"至交"，和至交相处不一定有多么亲密，但他们一定是最了解、最懂自己的人。然而，再好的朋友也有可能因为矛盾而渐行渐远，最后形同陌路。友谊破裂，两个人断绝了关系，就叫"绝交"。在日常生活中，大多数人是用不上绝交的，一旦绝交，就说明感情彻底破裂，再无回旋的余地了。

　　古之君子，绝交不出丑言。——《与吕长悌绝交书》

　　君子即使同别人断绝交往，也不说人坏话。辱骂对方，就是在否定过去的自己和过去的情谊，有修养的人不会这样做。这种思想实际上体现了中国人对品行修养的看重，认为人要善待他人，对生命中出现的人常怀感恩之心。现在中国人常说的"好聚好散"也是这个道理。

·字词卡片·

由"交"构成的汉字：
一级：校
二级：交、饺
三级：较、效
五级：郊、胶、咬
高等：跤、狡、绞

由"交"组成的词语：
二级：公交车、交给、交朋友、交通
三级：交费、交警、交流、交往、交易、外交
四级：交换、交际、外交官
五级：成交、交代
六级：提交
高等：打交道、递交、建交、交叉、交锋、交付、交集、交接、交界、交纳、交情、交涉、交谈、交替、交头接耳、交响乐、立交桥、社交、移交、杂交

立

·汉字解析·

> 住也。从大立一之上。凡立之属皆从立。——《说文解字·立部》

许慎将"立"解释为站住不动、站立的意思，指事字，上半部分像人形，其下"一"为地面，是人站在地上的样子。以"立"为部首的字大都与站立有一定关联，比如站、竖是与站立有关的动词。不止人体的站立称为"立"，物体的竖立也可以叫"立"，如立柜、立领。"立"也引申出抽象意义的树立、建立、成就等意思，如立志、立功、立意。另外，汉语中表示时间的词语往往借用作表示空间的词，因此"立"也被假借为副词，表示时间上的立刻、马上，如立即、立刻、立时。

> 且人患志之不立，亦何忧令名不彰邪？——《世说新语》

一个人只怕不能树立远大的志向，又何必担忧自己的美名不能远扬四方呢？这是在劝诫人们应该立志，人无志不立，以远大的志向为目标，才能成就一番事业。

一个人站立或一个物体竖立在某处，可以保持一定的时间，并且占有一定的位置，因此"立"又喻指占有一定位置，取得某种成就。

> 子曰："吾十有五而志于学，三十而立，四十而不惑，五十而知天命，六十而耳顺，七十而从心所欲，不逾矩。"——《论语·为政》

孔子说："我15岁立志学习，30岁能够有所成就，40岁不再迷惑，50岁认同自己的命运，60岁自然地容受各种批

字体演变

甲骨文
▼
金文
▼
小篆
▼
隶书
▼
楷体

第七章 汉字与人体（上） | 105

评，70岁心想做什么便做什么，却不违反规矩。"

　　这是孔子对自己人生每个阶段的总结。"三十而立"的"立"为有所成就的意思，但并不是说到了30岁就一定能成家立业，更多的是指内在的"立"。人到30岁会逐渐明白自己想要的究竟是什么，变得通透、从容。这种"立"，更是一种心灵的、人格的独立。

　　在中国传统文化中，"立"表示人生的一个阶段，这一阶段脱离了年少的稚嫩而有所成就，有自己的一套处事准则，可以在天地间站稳脚跟。正如"立"这一动作显示的那样，人站立着并站得很稳，也就是说在社会中占有一席之地。能够"三十而立"，事业有所成就并在生活或精神上得以安定，是中国人追求的一种生活状态。

·字词卡片·

由"立"构成的汉字：
一级：站
二级：拉、位、音
三级：立、亲、章
四级：竟、垃、童
五级：竞、辛
六级：端
高等：竭、竣、粒、泣、竖

由"立"组成的词语：
三级：成立、建立、立刻、设立
四级：独立、立即
五级：创立、对立、立场、确立
高等：订立、独立自主、公立、孤立、鹤立鸡群、立方、立方米、立功、立交桥、立体、立足、树立、私立、耸立、屹立、站立、中立、自立

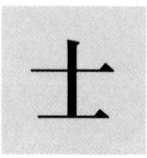

士

·汉字解析·

　　事也。数始于一，终于十。从一从十。孔子曰："推十合一为士。"凡士之属皆从士。——《说文解字·士部》

　　许慎认为"士"是会意字，由"一"和"十"组成。数字从一开始，到十结束。孔子说，将十变为一，能从众多复杂的事物中推演出简单规律的人就是"士"，因此"士"的本义是会做事的人。而学者吴其昌认为，"士"是象形字，字形像用于战争和刑罚的斧头，"士"表示使用这种斧头的人，即司法官。虽然这两种观点对"士"造字理据的认识不同，但对其意义的看法大同小异："士"都表示某一类人。

"士"跟一般的人不一样，含有"士"的词语通常都带有敬意，比如有品德的人是"义士""志士"，有技术的人是"护士""方士"，有学识的人是"学士""硕士""博士"。中国从古到今都十分重视教育，"士"在古代也特指读书人。

> 学校，所以养士也。——《明夷待访录》

学校是用来培养读书人的地方。培养读书人就是在培养建设国家的人才，因此各国都很重视学校教育。而从人类文化的角度看，读书人是追求知识和真理的人，人类文化的发展和科学技术的进步离不开他们的贡献。正因为读书人如此重要，中国社会对读书人提出了道德要求，勉励读书人应该有高尚的品德。

> 士不可以不弘毅，任重而道远。——《论语·泰伯》

这句话的意思是有抱负的人不可缺乏刚强勇毅的品质，因为承担的责任很重，而实现目标的前路漫长，需要长期艰苦奋斗。中国古代读书人关心时事，将天下苍生视为己任，他们读书不仅是为自己而读，更是为人民谋福祉，这句话体现了读书人主动承担社会责任的坚定信心和决绝勇气。

现代中国人依然认为受过教育的人跟其他人不一样，读书人经过文化知识的熏陶，应该文质彬彬、品行可靠。如果一个高学历人才做了违反公序良俗甚至触犯刑法的事情，人们常常批评他"书都读到哪里去了"！

字体演变

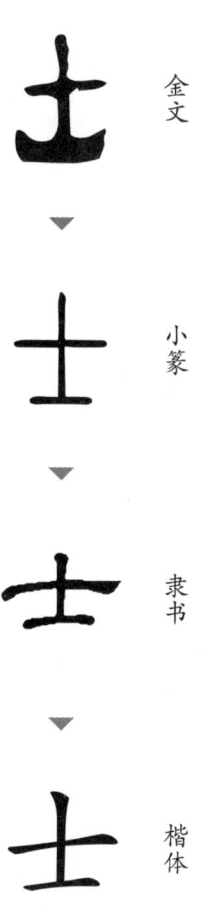

士 金文

↓

士 小篆

↓

士 隶书

↓

士 楷体

· 字词卡片 ·

由"士"构成的汉字：
二级：声
三级：志
四级：士
六级：壶、吉、壮
高等：壳

由"士"组成的词语：
四级：巴士、护士、男士、女士、士兵、战士
五级：博士、人士、硕士
高等：爵士、烈士、绅士、士气、学士、院士、芝士

老

· 汉字解析 ·

> 考也。七十曰老。从人毛匕。言须发变白也。凡老之属皆从老。——《说文解字·老部》

《说文解字》认为"老"由人、毛和匕组成，甲骨文字形像一个手撑拐杖的老人，因此"老"的本义是老人，《说文解字》中将"老"规定为70岁以上的老人。根据本义，"老"也引申出年龄大的、时间长的、程度深的、有经验的等常用义。

每个人的经历与机遇不同，成功的时间往往也不同，年少得志的人固然不在少数，但古往今来也有许多大器晚成的人。年龄不是成功的阻碍，没有志气才是。

> 丈夫为志，穷当益坚，老当益壮。——《后汉书》

男子汉应该这样立志：处境越是艰难，意志就越要坚定；年纪越大，志气应该越大。衰老是不可抗拒的自然规律，那么每一个今天都是未来日子里最年轻的一天。这体现了中国人不畏老、不服老的昂扬进取精神。

中国人认为老人拥有年轻人没有的智慧和博学。随着年龄的增长，人的学识和阅历越来越丰富，性格变得越来越豁达，对事物的看法也越来越通透，所以年长者受人尊敬，"长老"这个词就是对老年人的一种敬称。一个年轻人如果为人稳重，做事成

熟，人们就会用"少年老成"夸赞他，认为他对事物的理解很透彻，做事很老练。

"老"意味着有经验的、熟练的，中国人认为历史久远或者从古代流传下来的道理或东西，经受了时间的考验，带着深厚的文化底蕴，应该被推崇。比如要听"老"祖宗的话，办事要按"老"规矩来，买东西要认准中华"老"字号。

尊老敬老从古至今一直是中国的传统美德，在当代社会，尊重长辈、孝敬长辈、赡养老人，被认为是中国人的基本修养。中国人从小就被教育要尊敬老人，比如在公交车上给老人让座，遇见长辈要问好。

·字词卡片·

由"老"构成的汉字：
一级：老
高等：姥

由"老"组成的词语：
一级：老人、老师
二级：老年、老朋友、老是
三级：老百姓、老板、老太太、老头儿
四级：老公、老家、老婆、老实
五级：古老
六级：老乡、养老
高等：老伴儿、老大、老汉、老化、老人家、老实说、老远、老字号、衰老、说老实话、养老金、养老院、元老

字体演变

甲骨文

金文

小篆

隶书

楷体

第七章　汉字与人体（上）

字体演变

思 金文

↓

思 小篆

↓

思 隶书

↓

思 楷体

思

·汉字解析·

容也。从心囟声。凡思之属皆从思。——《说文解字·思部》

许慎认为"思"由"囟"和"心"组成,"囟"既表义也表声。如今的"思"由"田"和"心"构成,是因为"囟"被误写成"田"并传承了下来。"囟"指婴儿颅骨结合不紧所形成的缝隙。在中国古人看来,心是思考的器官,头脑也是思考的器官,因此"思"的本义是思考,引申出了思念、想念、相思等意思。

子曰:"学而不思则罔,思而不学则殆。"——《论语·为政》

孔子说,如果只学习知识却不加以思考,就会陷入迷惑,学不到真正的东西;如果只思考却不学习,就会精神倦怠,也学不到真正的东西。孔子作为中国著名的教育家,提出了很多学习的方法。孔子强调学思并重,对于学习和思考二者关系的看法十分先进,即使在2000多年后的今天仍然有指导意义。这启发我们若想在学业上取得进步,学习和思考二者必不可少。

"思"的另一个基本义是思念。当一个人与他已经产生感情的人、事、物分离,便会开始思念。中国诗歌自《诗经》《楚辞》开始,形成了一个千古传唱的文学主题——思乡。思念故乡是中国人最真挚、最永恒的情感之一,无数诗文抒发了远在异乡的游子的思乡之情。

举头望明月,低头思故乡。——《静夜思》

寂静的夜空中挂着一轮明月，诗人不由得低头沉思，想起了远方的家乡。这首诗通俗易懂，感情真挚，是所有思乡诗歌中最广为人知的一首，也是中国古代儿童的启蒙诗。如今，它也被选入中国的小学教材，几乎每一个中国人都能倒背如流。

玲珑骰子安红豆，入骨相思知不知。——《新添声杨柳枝词》

红豆嵌入小小的骰子中，就像相思深入骨髓，难以克制。心思细腻的中国人十分重视精神世界和情感世界的探索，一个"思"字蕴含了中国人对世界和人生的思考，也蕴含了中国人思念故乡、思念亲友爱人的美好情感。

·字词卡片·

由"思"构成的汉字：
二级：思

由"思"组成的词语：
二级：不好意思、意思、有意思
三级：思想
四级：思考
五级：思维
高等：不假思索、不可思议、沉思、反思、构思、胡思乱想、没意思、深思、思路、思念、思前想后、思索、心思

心

·汉字解析·

人心，土藏，在身之中。象形。博士说以为火藏。凡心之属皆从心。——《说文解字·心部》

"心"是象形字，其甲骨文字形像一颗心脏，所以"心"的本义是人的心脏。孟子说"心之官则思"，也就是说心脏是思维的器官，因此与思维、心理活动有关的字大多以"心"为部首，如思、想、感。从本义思维出发，"心"也引申出了思想、意念和

字体演变

甲骨文
↓
金文
↓
小篆
↓
隶书
↓
楷体

情感的意思。

> 蚓无爪牙之利,筋骨之强,上食埃土,下饮黄泉,用心一也。蟹六跪而二螯,非蛇鳝之穴无可寄托者,用心躁也。——《荀子·劝学》

蚯蚓没有锐利的爪子和牙齿、强健的筋骨,却能向上吃到泥土,向下喝到泉水,这是由于它用心专一。螃蟹有六条腿,两个蟹钳,但是没有蛇、鳝的洞穴它就无处藏身,这是因为它用心浮躁。荀子运用比喻法,强调学习需有端正严肃的态度,治学应该专心致志,刻苦钻研。做事情专一认真就叫"专心",做事情分散了注意力就叫"分心"。

每个人有不同的内心世界,但对美好情感的理解是相通的,对亲情、友情、爱情的珍惜不分国界、不分人种。

> 只愿君心似我心,定不负相思意。——《卜算子》

这是一句表露心中爱意的诗,一对恋人相隔两地,饱受相思之苦,其中一方不由得许下心愿盼望两人心意相通,表达了对恋人的真挚思念。

中国人认为婚恋必须用"心"。当两个人相遇,一方生出爱慕之心叫"心动""心仪",心中非常喜爱叫"心爱"。"心"成了男女双方互诉衷肠的表白,显示了爱情的忠贞。

把心跟人的思想、情感联系起来,体现了中国人擅长具象思维的特点。意志、人格、情感、思想是看不见、摸不着的,但是中国古人将这些抽象概念附着在具体意象"心"上,通过"心"表达意志、人格、情感、思想,甚至整个人。不同于西方分析性的逻辑思维,中国人更倾向于综合性的整体把握,于是就有了"身心合一"的说法。

·字词卡片·

由"心（忄）"构成的汉字：
一级：快、慢、忙、您、忘、息、想、怎
二级：必、感、惯、忽、急、怕、情、思、态、心、意、愿
三级：怪、恐、念、性、志、总
四级：恶、怀、惊、虑
五级：悲、愁、德、恨、慌、恢、悔、惠、怜、恋、悄、忍、悉、惜、忆、怨
六级：惨、恩、愤、憾、患、慧、懒、怒、悟、悬、隐、忧、愉、忠
高等：怠、怖、惭、惩、慈、怠、悼、恬、惰、恒、恍、惑、忌、惧、慨、慷、恳、愧、愣、闷

由"心"组成的词语：
二级：放心、关心、开心、小心、心里、心情、心中、信心、中心
三级：爱心、决心、内心、伤心
四级：粗心、担心、恶心、热心、心理、专心
五级：耐心、心态、心疼、虚心
六级：背心、核心、心灵、心愿、心脏、心脏病、用心、忠心
高等：安心、操心、痴心、存心、当心、点心、多心、甘心、好心、黑心、灰心、精心、苦心、良心、留心、忍心、身心、顺心、死心、遂心

死

·汉字解析·

澌也，人所离也。从歺从人。凡死之属皆从死。——《说文解字·死部》

"死"由"歺"和"人"组成，其中"歺"表示尸体、残骨。"死"的甲骨文字形像一个人跪拜在尸骨前，表示人的灵魂离开肉体或者活着的人在跪拜死者，因此"死"的本义是生命结束、死亡。由"死"的本义引申出尽头的、至死不放弃的、呆板的等意义。表示尽头的、走不通的词语如"死路""死胡同"，表示至死不放弃、意志很顽

字体演变

甲骨文 → 金文 → 小篆 → 隶书 → 楷体

强的词语如"死战""死拼",表示呆板不灵活的词语如"死板""死脑筋"。

> 未知生,焉知死。——《论语·先进》

孔子认为,活着的事情都还没有完全了解,就急着去研究死亡的事情,这是本末倒置的。人生在世,重要的是活在当下,而不是活在对未知的臆想中。因此,孔子拒绝谈论死亡,不是他忌讳或惧怕死亡,而是因为相对于探讨死亡,他更愿意去谈论生的意义。这句话体现了孔子以人为本的人本主义精神和对人生采取的积极态度。

受孔子影响,中国人向来避讳死亡这个话题,当说到人死亡,中国人通常会采用一些含蓄委婉的说法,比如过世、辞世、逝世、仙逝、去世、亡故、长眠、谢世。此外,四游、登仙、作古、百年、长逝、羽化、安息、驾鹤西去等词语也可以表示人的死亡。

死亡终究令人害怕,为了对抗死亡恐惧,人们自然希望灵魂是存在的。中国古人认为人的灵魂不灭,虽然肉体死亡了,但是灵魂会去往另一个世界,并一直存在着。

> 事死如事生,事亡如事存,孝之至也。——《礼记·中庸》

如何像生前一样对待死者,中国古人会从物质方面着手。为了让灵魂在另一个世界能够安稳地生活,死者的亲人们会为其修建坟墓作为灵魂的住所,这种住所是对现实世界的模仿与再造。

由于"事死如事生"的观念存在,中国逐渐形成了独特的丧葬文化,如清明节扫墓、踏青、烧纸,亲人去世后披麻戴孝,给客死他乡的亡者招魂、送魂等。

·字词卡片·

由"死"构成的汉字：	由"死"组成的词语：
三级：死	六级：死亡
高等：毙、葬	高等：生死、死心、死心塌地

骨

·汉字解析·

> 肉之覈也。从冎有肉。凡骨之属皆从骨。——《说文解字·骨部》

许慎认为"骨"由"冎"和"肉"两部分组成，意思是身体中附有肉的核，即带肉的骨头。但观察其甲骨文、金文字形可以发现，最初的"骨"是象形字，像骨架相互支撑之形。有学者认为"骨"之所以多了"肉"，是晚周时期累加而成的。"骨"的本义为支撑人体的主干，常用来表示支撑事物内部的架子，而后引申出人或物所具有的品格、性质、灵魂等。

骨的作用主要是支撑身体。表示骨骼主干的"骨干"一词，指在总体中起重要作用的人或物。物体中起支撑作用的架子也称为"骨"，比如支撑伞的架子叫"伞骨"。由于骨质非常坚硬，故而用骨形容人或物的品格和风格。如把人不随俗浮沉、不趋炎附势的精神称为"骨气"，把具备刚正气概的品格叫"风骨"，把具备高傲自尊、刚强不屈的性格叫"傲骨"。

"骨"和"肉"是相辅相成、互相依附的，因此"骨肉"这个词比喻两个人之间的关系密切。有骨有肉，才能构成活生生的丰满的机体，只有骨没有肉就没有生命，所以"骨"又有尸骨义。

字体演变

甲骨文 → 金文 → 小篆 → 隶书 → 楷体

第七章 汉字与人体（上）

> 朱门酒肉臭，路有冻死骨。——《自京赴奉先县咏怀五百字》

豪门贵族家里酒肉多得吃不完而腐臭，穷人们却在街头冻死。诗人杜甫注意到了贫富悬殊和民间疾苦的社会现实，不由得发出沉痛的慨叹，流露出悲天悯人的仁民爱物、忧国忧民情怀。

在纸张发明之前，动物的骨头也可以作为记载文字的工具。甲骨是中国古代占卜时用的龟甲和兽骨，其中龟甲又称为卜甲，多用龟的腹甲；兽骨又称为卜骨，多用牛的肩胛骨，也有羊骨、猪骨、虎骨。卜甲和卜骨合称为甲骨。清朝学者王懿荣最先发现了甲骨与甲骨文的文字学价值，至今，殷墟出土的甲骨多达15万片，是世界文明史上的瑰宝。对甲骨的研究已成为一门学科，即甲骨学。研究甲骨，对中国古代社会史、科技史和古文字学、语言学具有重要意义。

·字词卡片·

由"骨"构成的汉字：
四级：骨
五级：滑
高等：猾、髓

由"骨"组成的词语：
四级：骨头
高等：刺骨、骨干、骨气、骨折

筋

·汉字解析·

> 肉之力也。从力从肉从竹。竹，物之多筋者。凡筋之属皆从筋。——《说文解字·筋部》

《说文解字》认为"筋"是会意字，由"力""肉"和"竹"三个部件组成，本义是肌腱或者骨头上的韧带。韧带常常与肉相连，"力"表示力量、力气之义，古人认为"竹"为多筋之物，因此取此三字会意。后来引申为表示形状或作用像筋的事物，如面筋、钢筋、橡皮筋等。

中国传统医学认为"筋"在人体中起着十分重要的作用。中医认为人的身体有485道大筋，婴儿身体十分柔软是因为他们的筋腱分外柔软。而随着年岁的增加，筋开始收缩，四肢没有以前柔软，因此导致人的活动受限，甚至会引起人身体的疼痛。中医说"筋长一寸，寿延十年"，经常拉筋能起到畅通经络的作用，从而延长寿命。这种形容虽显夸张，但也显示了筋的重要性。因此，中国人常常通过"筋"来表达自己的身体状况。

> 不知筋力衰多少，但觉新来懒上楼。——《鹧鸪天·鹅湖归病起作》

辛弃疾用"筋力"表示自身十分虚弱及疲惫，身体衰弱到连登梯上楼都费劲。在很多情况下，"筋"的状态就代表了人体的状态，比如成语"筋疲力尽"形容精神和身体极度疲劳，一点力气也没了。

筋也能和骨组成词语"筋骨"，指筋肉和骨头，泛指人的身体、体格，比如筋骨强健，形容人的身体强壮。"筋骨"也被借进书法艺术中，指字体的骨架和格局。

> 故书以筋骨为先。——《书学捷要》

这是说书法需写得敦厚沉稳、瘦劲有力。"筋骨"的审美倾向揭示了中国人关于书法艺术的美学特征，彰显了东方美学特有的内涵与魅力，是书法生命之美的重要体现。

· 字词卡片 ·

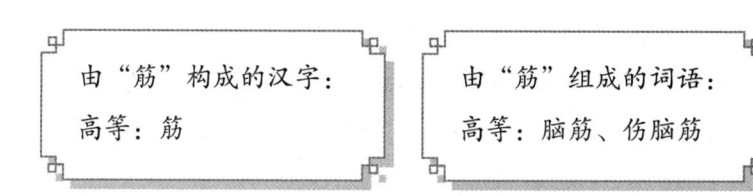

由"筋"构成的汉字：	由"筋"组成的词语：
高等：筋	高等：脑筋、伤脑筋

字体演变

筋 小篆

▼

筋 隶书

▼

筋 楷体

第七章　汉字与人体（上）

字体演变

页

甲骨文 ▼ 金文 ▼ 小篆 ▼ 隶书 ▼ 楷体

·汉字解析·

头也。从百从儿。古文䭫首如此。凡页之属皆从页。百者，䭫首字也。——《说文解字·页部》

许慎认为"页"的本义是头。其甲骨文字形像人跪坐着，突出头部来表示意义，金文在甲骨文的基础上加上了人的头发，小篆与隶书的象形意味则逐渐减弱。表示"头"的古字有"百""首""页"，三个字虽然在字形上略有不同，但表达的却是同一个意思。"页"字在发展过程中逐渐变成了偏旁，不再单独使用。以"页"作偏旁的字很多，且多与头部有关，如颅、须、项、颈。

"页"表示本义头部时，读为xié，而现在表示书页的含义是由"叶"字引申而来的，人们借"页"字记录书页的"叶"，读为yè。如今"页"的基本义指双面印刷的书册、纸张的一面。比如，书翻开后的第一页，印有书名、出版者名、作者名的单张页叫"扉页"。网站的每一画面称为一页，叫作"网页"。"页"也从书页引申为量词，用来计量书籍、报刊的纸张数，比如"一页纸"。

万本澄心堂纸，千页大观楼帖，百幅李营邱。——《水调歌头·画楼诗为西陵吴子玙赋》

明末清初，陈维崧在词中分别用"本""页""幅"来计量澄心堂纸、大观楼帖和李营邱画，说明在当时"页"表示书籍中的纸张的含义已经广泛应用。

实际上，"页"的出现不早，其与造纸术的发明密切相关。先有了纸质书，才会有书页的产生。但纸张发明后，"页"不是立即就诞生了。在唐朝以前，中国的书籍、字画多数是卷轴，也就是卷起来的书。阅读时，将卷起来的纸张舒展开即可。后来，书籍形态由卷轴转变为折叠，折叠起来的纸张虽未分割开，但类似于页，这便是"页"的雏形。

> 屏风里一张金漆桌子，堆着经卷书籍、文房四宝、图书册页多般玩器。
> ——《禅真逸史》

册页是中国传统书画作品的一种装裱形式，由一张张对折的硬纸板组成，可以左右或上下翻阅，跟现代的书本翻页十分相似。

·字词卡片·

由"页"构成的汉字：
一级：页
二级：顾、顺、题、须、颜
三级：顿、烦、领、预
四级：顶、项
五级：颗、频、硕
六级：额、顽
高等：颁、颤、颠、频、颈、颇、顷、颂、颡、颖

由"页"组成的词语：
六级：网页
高等：主页

首

·汉字解析·

> 百同，古文百也。《《象发，谓之鬓，鬓即《《也。凡首之属皆从首。——《说文解字·首部》

许慎认为"首"是"百"的古字，象形字，像人头的形状，本义为头部。字形中的"《《"表示人头顶的头发，下面是面部，主要突出眼睛的形状。有人认为"百"

字体演变

甲骨文 → 金文 → 小篆 → 隶书 → 楷体

首

是"𩑠"的简写，是"首"的异体字，因为人们倾向于使用"首"字，很少使用的"𩑠"字就消亡了。头是身体最顶部、最重要的部分，因此"首"逐渐引申出领导、第一的、最先的、最重要的等常用义。

> 爱而不见，搔首踟蹰。——《诗经·邶风·静女》

男子在约好的地方等待，心上人却故意躲藏起来，惹得他挠头又徘徊。这是一首描写男女约会的爱情诗，生动描画出男女恋爱的情趣。

> 令尹享赵孟，赋《大明》之首章，赵孟赋《小宛》之二章。——《左传·昭公元年》

这句话的意思是令尹设宴招待赵孟，赋了《大明》的第一章，赵孟赋了《小宛》的第二章。这里的"首"意为"第一"，即《大明》的第一章。"首位"意为第一位，"首功"是第一等功劳的意思。

> 一匡天下，九合诸侯，为五伯首。——《战国策》

齐桓公统一天下，合并各诸侯国，最终成为春秋五霸的领头人，这是在说齐桓公在春秋五霸中的重要作用及地位。

中国古代社会等级制度森严，统治者权力巨大。因此，往往用"首"来称呼国家或社会组织的领导者，如"元首""首领""首脑"，表示这类人所处的位置很重要，具有统领全局的作用。这一意义在成语中也有所体现，成语"群龙无首"指众人之中没有一个掌管全局的统领者，形容场面十分混乱。

除此之外，"首"还可以作量词，这一用法是基于古代人们数人时常以人头计数。现在，"首"只用于计量诗歌的篇数。有人认为，诗歌在古代生活中具有重要作用：诗起源于劳动，歌是人类对神明唱出的赞歌，诗歌对古人来说意义重大，因此用"首"作为诗歌的量词，具有意义深厚之意。

· 字词卡片 ·

| 由"首"构成的汉字：
一级：道
三级：首 | 由"首"组成的词语：
三级：首都、首先
六级：首次、首脑、首席、首相
高等：俯首、回首、首创、首府、首批、首饰、首要、元首、罪魁祸首 |

◎ 思考题

1. 你是否理解了"人、久、印、包、交、立、士、老、思、心、死、骨、筋、页、首"的古文字形、字义之间的关系？请说说看。

2. "休、灸、跑、较、站、志、髓、顶"这些汉字分别是由我们今天讲解的哪些汉字构成的？你认为这些汉字和我们今天讲解的汉字之间有什么关系？

3. 解释下面词语的意思。你会使用这些词语吗？

常人　久仰　印刷术　包袱　交情　屹立　士气　老字号　心思　用心

死心塌地　骨气　脑筋　主页　首席

4. 请通过具体的例子对比不同文化中人们对身体部位所包含文化内涵的异同认识。

视野扩展

第八章
汉字与人体（下）

学习目标

　　认识"自、耳、须、眉、见、亡、古、哭、可、言、甘、旨、齿、手、共"的古文字形，理解这些古文字形和字义之间的关系，了解这些汉字反映出的中国人对人生所持的观念，感知中国人从古至今对人体及人生的认识。

自

·汉字解析·

> 鼻也。象鼻形。凡自之属皆从自。——《说文解字·自部》

许慎认为"自"是象形字，其甲骨文字形像鼻子正面的形状。由于人们指称自己时，常指向鼻子部位，所以逐渐用"自"表示自己，"自"也就被借作第一人称代词，后来"自"还引申出自然、从等意义，比如表示"从"的"来自""出自""自从"。其本义则用新造字"鼻"来表示。虽然现在"自"的常用义和本义鼻已经没有多大关系，但以"自"为部首的字还与本义有一定关联，比如"臭"的本义是用鼻子辨别气味，"息"的本义是呼吸的气息。

> 知人者智，自知者明。——《老子》

中国古人十分珍视人类自身的价值。老子这句话的意思是认识别人是一种智慧，而能认识自己才算得上真正的聪明。雅典阿波罗神庙的柱子上刻着一句名言："人啊，认识你自己！"古希腊著名哲学家苏格拉底十分推崇这个观点，并把它作为自己哲学研究的核心命题。中国古代圣贤自然不知道希腊神庙上的箴言和苏格拉底，但东西方先贤对人类自我的思考和对自我意识的肯定，均体现了人类对自我主体性的共同追求。

人很难对自身有清晰的认知，总会不自觉地宽于待己。如果一个人了解自己的情况，对自己有正确的估计，中国人就会用成语"自知之明"来表扬他。从老子"知人者智，自知者明"的论述中还发展出一句谚语——"人贵有自知之明"，中国人常用这句话鞭策、警醒自己要正确认识自我，戒骄戒躁。

字体演变

甲骨文 → 金文 → 小篆 → 隶书 → 楷体

人必自侮，然后人侮之。——《孟子·离娄上》

孟子认为，一个人如果不修养品德，先做了有辱自己人格、名誉的事情，别人才会轻视他、侮辱他。孟子是在强调内因发挥决定作用，主张人要修养美德，自尊自爱，奋发图强。中国人常说不要"自取其辱"，警示人们存心养性，也是这个道理。

· 字词卡片 ·

由"自"构成的汉字：
一级：息
二级：咱、自
五级：鼻、臭

由"自"组成的词语：
二级：大自然、来自、自己、自行车、自由
三级：各自、亲自、自从、自动、自觉、自然、自身、自主
四级：独自、自信
五级：自豪、自杀、自愿
六级：自来水、自我、自学、自言自语、自在
高等：出自、擅自、私自、自卑、自称、自发、自费、自负、自理、自立、自然界、自如、自私、自卫、自行、自责、自助、自尊、自尊心、自信心

耳

· 汉字解析 ·

主听也。象形。凡耳之属皆从耳。——《说文解字·耳部》

许慎将"耳"解释为主管听觉的器官，是象形字，像耳朵的形状。耳朵是其本义，随后引申出形状像耳朵的物品，比如木耳、银耳等，耳朵在头的侧面，因此引申出侧面的意思，如耳房、耳门等。耳朵是听觉器官，"耳"也有听觉的意思。以"耳"为部首的字大多与耳朵有关，如人丧失了听觉是"聋"；"耳聪目明"是说听力很灵敏，视力也很好。

声音是人类交流十分重要的媒介，中国古人十分重视听觉感官的作用，认为拥有奇特耳朵和不俗听力的人会做出瞩目的成就。《三国志》记载刘备"顾自见其耳"，民间就戏称他为"刘大耳朵"；道家学派创始人老子，本名叫李耳；中国神话里甚至还有一位叫"顺风耳"的神灵，他的耳朵能够听到随风而来的一切声音。中国人常说"耳朵大有福"，可见耳朵大还有吉祥的含义。

人非圣贤，谁能无过？人们难免会听到一些自己不爱听的建议和劝诫，有一句话是这么说的：

> 良药苦口利于病，忠言逆耳利于行。——《史记·留侯世家》

好药大多是苦的，却有利于治病；忠实的劝告多数是不太动听的，但有利于人们改正自身的缺点。这句话是在教育人们不能自以为是，应该虚心接受批评，改正自己的错误和不足。

> 子曰："吾十有五而志于学，三十而立，四十而不惑，五十而知天命，六十而耳顺，七十而从心所欲，不逾矩。"——《论语·为政》

孔子说，他60岁时才能明了别人话里话外的意思，才能听得进各种不同的意见，可见"耳顺"的境界不能轻易达到。人活到60岁，经历了许多坎坷曲折，已经练就一颗宠辱不惊、坦然自若的心，遇事才能冷静思考，才能有足够的自信和从容解决难题。有的人也许人生阅历丰富，小小年纪就能"耳顺"；有的人或许一生都困于他人的闲言碎语。但不管人多少岁才能真正理性对待他人的议论，拥有"耳顺"的精神状态与生活方式，一直是中国人的不懈追求。

字体演变

甲骨文
↓
金文
↓
小篆
↓
隶书
↓
楷体

第八章　汉字与人体（下）

·字词卡片·

由"耳"构成的汉字：
二级：取、闻
三级：联、职
四级：耳、聚、聊
五级：聪、辑
六级：聘
高等：耻、耽、饵、耿、聋、耸

由"耳"组成的词语：
四级：耳机
五级：耳朵
高等：刺耳、耳光、耳目一新、耳熟能详、耳闻目睹、交头接耳、面红耳赤、悦耳

须

·汉字解析·

> 面毛也。从页从彡。凡须之属皆从须。——《说文解字·须部》

《说文解字》认为"须"是会意字，由"页"与"彡"构成，表示面部的毛发，即胡须。但观察字形可以发现，在小篆字形之前，"页"与"彡"两部分始终连在一起，不能将其看作分开的两部分。因此有人认为"须"是象形字，一侧是毛发，另一侧是人的头部，表示人脸上的胡须。其中三根毛发不是只有三根，而是表示多数。

"须"字引申为其他物体上像须的东西，如植物的"根须"，后来"须"还被假借表示等待、必须、应该义。

在中国古代，人们非常在意自己的仪表，其中有个审美标准叫"美须髯"，要求男子打理好自己的胡须。

> 高祖为人，隆准而龙颜，美须髯。——《史记·高祖本纪》

这句话描述汉高祖刘邦的外貌，意思是他的鼻子高高的，眼睛周围的眉骨很突出，长着很漂亮的胡子。中国历史上有一位著名的武将关羽，《三国志》记载他"美须髯"，他也长了一副漂亮的胡子，被诸葛亮与后人称为"美髯公"。在描述他人模样时特意提及胡须，可见古人对男性浓密胡须的看重。不过，不同的朝代对"美须髯"的评价标准不一定相同，比如魏晋时期，士人追求阴柔之美，不蓄胡子，把留胡须看作蛮夷的象征。

"须"也表示应当、应该，比如"必须"就是按道理来说一定要、必要的意思。

> 一年好景君须记，最是橙黄橘绿时。——《赠刘景文》

一年中最好的光景你一定要记住，那就是橙子金黄、橘子青绿的秋末冬初时节。为什么苏轼说深秋初冬是最好的光景呢？这跟他写诗的初衷有关。苏轼的朋友刘景文一生坎坷，仕途不顺，58岁了却还未得到赏识，只做了一个很小的官。古代人均寿命不长，到了50多岁，人自然会觉得很多事情有心无力，靠自身努力难以实现人生理想，所以很容易变得颓废消沉。苏轼感慨朋友人生际遇坎坷，特意写下此诗勉励他不要灰心丧气。

秋天是果子成熟的季节，也是人生的收获季。人一天天变老，心态却不能跟着老去，大好时光更要乐观向上、努力不懈。也许"橙黄橘绿"的期盼并没有真正温暖到刘景文，但这首诗乐观向上的精神却深深感染了后世的读者。

· 字词卡片 ·

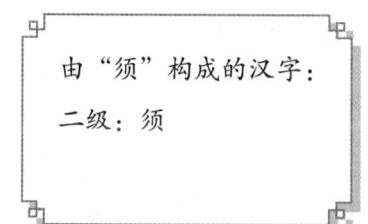

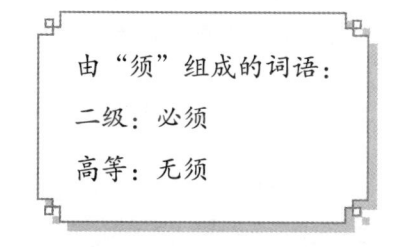

由"须"构成的汉字：
二级：须

由"须"组成的词语：
二级：必须
高等：无须

字体演变

甲骨文 → 金文 → 小篆 → 隶书 → 楷体

第八章　汉字与人体（下）

字体演变

甲骨文
金文
小篆
隶书
楷体

眉

·汉字解析·

目上毛也。从目，象眉之形，上象额（é）理也。凡眉之属皆从眉。——《说文解字·眉部》

许慎认为"眉"为会意字，本义是眼睛上的毛发，即眉毛。由于眉在眼睛上方，引申出书页上方的空白这一意义，比如书页的上端叫"书眉"，电子文档的页面顶端叫"页眉"。另外，由于老者眉毛较长，"眉"也引申出长寿义，"眉寿"就是长寿的意思。

当人们心情改变时，眉毛的形状往往会跟着改变，因此眉毛能在一定程度上展示人内心深处的情感变化。眉间皮肤皱起来可以表示不满、怀疑或者忧郁，这叫"皱眉"。总是皱眉的人，好像一直被什么事情困扰似的，通常比较忧愁，成语"愁眉苦脸"就形容人忧愁得眉头紧锁，哭丧着脸，愁苦的心情在外表上显露无遗。如果眉毛伸展开，则表明人没有烦心事，心情也很舒展，"伸眉""扬眉"描述人物眉毛伸展，形容人心情舒畅的得意神态。眉毛伸展还伴着笑容叫"眉开眼笑"，形容人十分高兴的样子。

中国古代文人常常通过"眉"来表现人的外在神态，揭示人的内心情感。其中，对女性各种眉毛的描写尤为突出。

低眉信手续续弹，说尽心中无限事。——《琵琶行》

这句诗描写女子弹琵琶的神态：她眉目低垂随手弹个不停，用琴声诉说心中的忧愁往事。

懒起画蛾眉，弄妆梳洗迟。——《菩萨蛮·小山重叠金明灭》

女子懒得起来画一画蛾眉，梳洗打扮也慢吞吞的。"懒"

128 | 汉字与中国文化

和"迟"生动地体现了女子倦怠的情态。"蛾眉"指女子的眉毛，因为细长弯曲像蚕蛾的触须，故称蛾眉。早在《诗经》中就有对"眉"的描写，如"螓首蛾眉"形容女子容貌美丽，额头饱满眉毛细长。对于女性而言，不同的眉形以及眉形的变化，可以为容貌大大添彩，造就不同的神态，展现情感变化。因此，"蛾眉"在诗歌中常常代表美丽的女子。

总之，眉不仅是女子样貌的展现，也寄托着深厚的情感内蕴。"眉"文化蕴含在中华悠久的文化以及审美艺术中，"眉"也成为文学作品中寄托作者情思的重要意象。

·字词卡片·

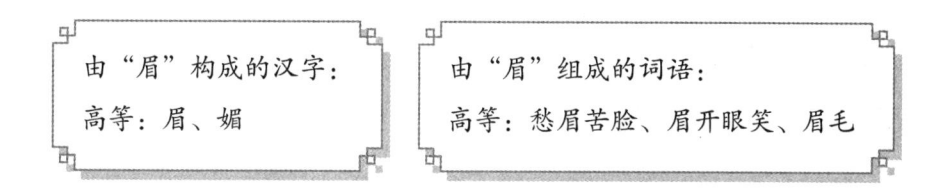

由"眉"构成的汉字：	由"眉"组成的词语：
高等：眉、媚	高等：愁眉苦脸、眉开眼笑、眉毛

见

·汉字解析·

> 视也。从儿从目。凡见之属皆从见。——《说文解字·见部》

《说文解字》认为"见"是会意字，由"儿"和"目"组成，目表示眼睛，儿表示人形，本义是看、看见。从其甲骨文字形可以看出，"见"字突出人的眼睛形状，目下面的人跪坐着。自金文开始，跪坐的人慢慢转为站立的人，后来表示眼睛的目字也由横向转为竖向。以"见"为部首的字大都与看、看见有关，如观、览、视都有用眼睛看的意思。"见"后来还引申出了会面、看法等意义。

> 心不在焉，视而不见，听而不闻，食而不知其味。——《礼记·大学》

心不在那里，虽然在看，但什么也看不到；虽然在听，但什么也听不到；虽然在吃东西，但吃不出什么味道。这句话告诉我们，做事情要认真专心，一心一意。"视而不见"中"见"和"视"同时出现，但意思不同。"视"是用眼睛看，强调人看的动作，"见"是看见，表示视的结果。成语"耳闻目见"，意为亲耳听见和亲眼看见，包括听

字体演变

甲骨文 → 金文 → 小篆 → 隶书 → 楷体

到和看到两个方面，因此所谓"见闻"就是指看到和听到的事情。随着年龄、阅历的增长，人的见闻也会更广博。

人和人互相看到也用"见"，叫作"见面"。

> 一日不见，如三秋兮。——《诗经·王风·采葛》

虽然只有一天不见面，却好像分别了三年那么漫长。一对恋人相约见面，但心上人久等不至，女子挂念着对方，情不自禁发出"一日不见，如三秋兮"的相思之情。

人与人见面有许多类别：事先约定的叫"会面"，偶然相见的叫"遇见""碰见"，有拜访性质的叫"拜见"，引导他人互相见面叫"引见"。如果两个人初次见面时聊天就很投缘，像老朋友一样，叫"一见如故"。分别时，中国人常说"再见"，"再见"既是礼貌用语，也是客套话，表示希望以后再次见面。

人看到身边的事情，就会产生一定的看法和自己的理解，这种看法叫"意见"或"见解"。成语"各抒己见"的意思是各人充分发表自己的意见。"意见"也有各种各样的：有独创性的见解叫作"创见"，有预料性的见解叫作"预见"，正确而透彻的见解叫作"真知灼见"。

·字词卡片·

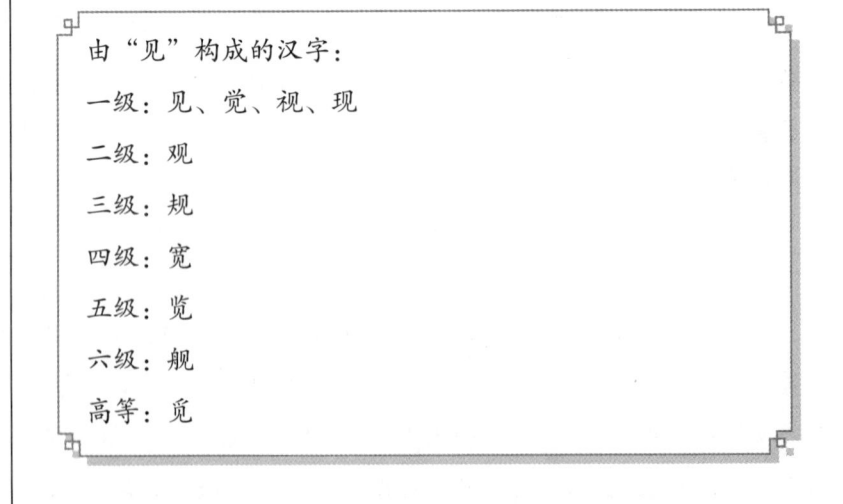

由"见"构成的汉字：

一级：见、觉、视、现

二级：观

三级：规

四级：宽

五级：览

六级：舰

高等：觅

> 由"见"组成的词语：
> 一级：见面、看见、听见、再见
> 二级：常见、见到、见过、碰见、意见
> 四级：可见、梦见、遇见
> 五级：只见
> 六级：不见、会见、看得见、望见
> 高等：拜见、不见得、参见、罕见、见解、见钱眼开、见仁见智、见识、见外、见效、见义勇为、见证、接见、难得一见、偏见、少见、司空见惯、随处可见、显而易见、预见

亡

字体演变

甲骨文 → 金文 → 小篆 → 隶书 → 楷体

·汉字解析·

> 逃也。从入从乚。凡亡之属皆从亡。——《说文解字·亡部》

《说文解字》将"亡"解释为逃亡，由"人"和"乚"两个部件组成，是会意字，意思是人进入了一个隐蔽的地方。也有学者认为，"亡"应是指事字，其甲骨文字形是在刀刃上加一个指示符号，表示刀刃的锋芒，这才是"亡"的本义，逃亡义实为假借而成。不管他们对"亡"的字源分析有多么不同，"亡"的最初常用义仍是逃亡，在逃亡义的基础上又逐渐引申出失掉、失去的意义，"亡书"就是散失的书籍。失去意味着原有的人、事不存在了，由此引申出如今常用的消亡、死亡义。

> 今亡亦死，举大计亦死，等死，死国可乎？——《史

第八章　汉字与人体（下）

记·陈涉世家》

这句话的意思是现在逃跑被抓了回来是死，发动起义也是死，同样是死，为国而死可以吗？"亡"与"死"同时出现，但意义不同，根据上下文能推断出"亡"应是逃跑的意思。"亡羊补牢"为中国人皆知的成语，其中的"亡羊"是逃跑的羊的意思，字面意思是羊逃跑了再去修补羊圈，还不算晚，用来比喻做事出了问题以后想办法补救，可以防止损失扩大化。

人、物的死亡叫"亡"，朝代的衰亡、国家的消失也叫作"亡"。

天下兴亡，匹夫有责。——《日知录·正始》

国家的兴盛、灭亡，关乎所有人的利益，因此，每一个人都有义不容辞的责任。呼吁全体民众关心国家、民族的前途和命运，体现了强烈的社会责任感和爱国精神。近代中国之所以饱经沧桑仍立足于世界大国之列，离不开"天下兴亡，匹夫有责"的无畏勇气和爱国情怀。

受儒家思想的影响，中华传统文化呈现出"向生而死"的价值取向，即比起恐惧死亡，更重视活着的时候创造的价值，认为人生意义可以超越生死。因此，汉语中表示死亡的词汇，大多是为实现崇高理想而献身，如"马革裹尸""舍生取义"，表示为了国家利益或者道义而献身。其次，中国人避讳死亡，当说到人死亡时，常常使用含蓄、委婉的词语，这类词语中有的还表达了对长者逝世的尊重祝愿意味，如"与世长辞""千古""仙逝"。

·字词卡片·

由"亡"构成的汉字：
一级：忙、忘
三级：望、赢
六级：盲、亡
高等：荒、芒、氓、茫、妄

由"亡"组成的词语：
六级：伤亡、死亡
高等：灭亡、逃亡、亡羊补牢

古

·汉字解析·

> 故也。从十口。识前言者也。凡古之属皆从古。——《说文解字·古部》

许慎认为"古"是会意字,由"十"和"口"两个部件组成,"十"表示许多,"口"表示传言,意思是众口相传,以此记录前代的言语,"古"表示往昔、过去的时间。也有学者认为,在甲骨文、金文中,"古"的十字中间有口形或粗短的横线符号,是"盾"的象形,下面加上区别符号"口"构成指事字,表示盾的坚硬、坚固义。因此,"古"是"固"的本字,坚固是其本义。许慎以小篆字形解释"古"的字义,他所解释的时代久远义也是合理的。"古"后来又引申出古代的事情、古人、古朴、陈旧等常用义。

> 酒债寻常行处有,人生七十古来稀。——《曲江二首》

诗人杜甫担忧国事,但仕途不得志,内心满是苦闷,不免发出慨叹:人生苦短,壮志难酬,不如及时行乐,开怀畅饮。古时寿命达到70岁的人很少,所以叫"古稀","古稀"也就代称人70岁。"古稀之年"指人70岁,"古稀寿"指70岁寿辰。

中国人重视古人传承下来的传统,注重历史,主张把过去的经验和教训作为现在行事的重要参考。

> 以古为镜,可以知兴替。——《旧唐书·魏征传》

把历史作为镜子,可以知道历代的兴衰更替。当今发生的某些事件,古时也可能有类似情形,了解过去,把历史当作认识社会的一面镜子,能从中吸取教训,解决当下与未来的

字体演变

甴	甲骨文
甴	金文
古	小篆
古	隶书
古	楷体

第八章 汉字与人体(下)

难题。

　　前人的经验固然重要，但一味推崇古代，轻视甚至贬低现在的物质精神创造，犯了"厚古薄今"的毛病。重视过去的价值取向固然有助于文化传承，但无疑会使人过分沉溺于往日辉煌，认为古代优于现代，更有甚者主张当今的制度、思想等都应套用古代准则。以此类推，"厚今薄古"也是一种错误的历史观。

　　中华传统文化是一个复杂的文化体系，博大精深而良莠不齐。对待中国古今文化，正确的做法是既不能厚今薄古，也不能厚古薄今，而应做到"古为今用"。"古为今用"不是硬搬照抄古代文化，而是吸收其优点，摒弃其缺点，使它为当今时代服务。

·字词卡片·

由"古"构成的汉字：	由"古"组成的词语：
二级：故、克	三级：古代
三级：姑、古、苦	五级：古老
四级：固、居	六级：古典
五级：估、胡、摘	高等：古董、古怪、古迹、古今中外、古朴、古人、前无古人、万古长青
六级：滴	
高等：沽、菇、辜、枯	

哭

·汉字解析·

　　哀声也。从吅，狱省声。凡哭之属皆从哭。——《说文解字·哭部》

　　《说文解字》将"哭"解释为悲哀的声音，"吅"为形旁，"狱"为声旁，声旁只保留了"犬"这一部件。有学者认为"哭"是会意字，由"吅"和"犬"两个部件组成，犬吠是其本义，引申出人声泪俱下，再由此引申出吊唁、哭诉的意思。

　　哭泣常常是因为感到悲伤痛苦，痛苦难以排解，人们才会"号啕大哭""痛哭流涕"。

但见新人笑，那闻旧人哭。——《佳人》

丈夫眼里只有新人的笑容，哪儿听得到我的悲伤啼哭。这首诗描写了一个在战乱时被丈夫抛弃的女子的不幸遭遇。新与旧、笑与哭的对比，揭示了男子喜新厌旧的薄情与女子悲哀凄怨的处境。这句诗不仅仅是佳人的心声，也是古今无数女子被爱人背叛的心声。

中国人认为男子汉不应哭哭啼啼，动不动就流泪的男人会被众人耻笑。但也有一句话叫"男儿有泪不轻弹，只因未到伤心处"，人生困顿不得意时，即便是铁血男儿也会流下热泪。

哭泣不一定出于悲伤，对不同的场合、不同的人来说，哭的意义、内涵不尽相同。只有哭声没有眼泪的哭是"干哭"，边哭边偷看别人装模作样的哭是"假哭"。中国有一句有趣的歇后语叫"猫哭耗子——假慈悲"，比喻不怀好意的人假装悲伤和同情。

亲朋好友离世，人们难免恸哭。回家奔丧叫"归哭"，抚尸而哭叫"抚哭"，吊祭、守灵的人大声号哭叫"哭丧"，在死者灵柩或灵位前痛哭叫"哭灵"，哭吊祭奠叫"哭奠"，送葬时哭泣叫"送哭"。在中国众多节日中，清明节与"哭"字相关。清明节通常笼罩着感伤的氛围，人们扫墓祭祖，缅怀先人，体现了中国人重视孝道、传承礼敬祖先、慎终追远的文化传统。

· 字词卡片 ·

由"哭"组成的词语：
高等：哭泣、哭笑不得

字体演变

哭 小篆
▼
哭 隶书
▼
哭 楷体

第八章　汉字与人体（下）　135

字体演变

可 甲骨文
↓
可 金文
↓
可 小篆
↓
可 隶书
↓
可 楷体

可

·汉字解析·

> 肯也。从口丂，丂亦声。凡可之属皆从可。——《说文解字·可部》

许慎将"可"解释为许可之义，由"口"和"丂"两个部件组成，"丂"兼表声旁。也有人认为"可"是形声字，"口"是形旁，"丂"作声旁表音，表示与说话、发声有关。因此"可"的本义为唱歌、歌咏。不论其本义究竟是什么，古代文献中"可"的基本义是可以、能够，后来引申为肯定、值得、许可、适合等意义。表示能够的词如"可能""不置可否"，表示许可的词如"认可""模棱两可"，表示值得的词如"可爱""可怜""可歌可泣"，表示适合的词如"可口""适可而止"。

> 子曰："温故而知新，可以为师矣。"——《论语·为政》

孔子说，在温习旧的知识时，能有新的收获和体会，凭此就可以当老师了。他将"温故而知新"视为一种良好的学习态度和方法，这说明人们的新知识在过去所学知识的基础上发展而来，学习与创新不可分割。

> 人之性，善可变为恶，恶可变为善。——《论衡·率性》

人的品性，良善可变为丑恶，丑恶可变为良善。人性究竟是善是恶，古今中外的先哲众说纷纭，莫衷一是。有的认为人性本善，有的认为人生来邪恶。而王充认为，生而性善或性恶的人很少，绝大多数人则无所谓善恶，因此善恶可以通过外界引导而改变。实现这种改变的关键在于教育，他在《论衡》中多次阐述自己的教育理念，强调教育在立德树人、治理国家中的重要作用。不论是孔子还是王充，都十分重视教育的作用，充分展示了中国悠久的教育历史和优良的教育传统。

·字词卡片·

由"可"构成的汉字：
一级：哥
二级：啊、河、可
三级：何、奇
四级：阿、寄
高等：呵、苛

由"可"组成的词语：
二级：可爱、可能、可怕、可是、可以
三级：可靠、可乐、认可
四级：可见
五级：尽可能、可怜、可惜、许可
高等：必不可少、不可避免、不可思议、大有可为、即可、可悲、可不是、可乘之机、可耻、可观、可贵、可口、可谓、可恶、可笑、可信、可行、可疑、宁可、许可证

言

·汉字解析·

直言曰言，论难曰语。从口辛声。凡言之属皆从言。——《说文解字·言部》

字体演变

甲骨文
↓
金文
↓
小篆
↓
隶书
↓
楷体

《说文解字》将"言"解释为直接说，如"自言自语"，与表示辩论的"语"区别开来，认为"言"为形声字，口是形旁，辛是声旁。但观察其甲骨文字形，"言"实际上是在"舌"上加了指事符号"一"而成的指事字，表示舌头发出的声音，而舌头是重要的说话器官，因此其基本义是说话、说出的话。以"言"为部首的字，意义大都与言语相关。"言"处于字的下方时，仍写作"言"，如誉、誓、警；在左边时，简写为"讠"，如讲、论、话、谈。中国古人说"言为心声"，认为言语反映一个人的思想感情，因此有些"言"部字的意义与思维活动相关，如计、认、记、识。

言和语虽有细微区别，但常常共同构成词语。如"花言巧语"指用来骗人的虚假动听的话；"流言蜚语"是凭空产生没有根据的话，即谣言；"豪言壮语"指充满英雄气概的话。

语言在人们日常交际中具有媒介作用，是传递信息、沟通感情的重要工具。孔子注重礼仪，君子应注意自己的形象，行为不失礼统，仪表不失庄重，言语不失谨慎。

食不言，寝不语。——《论语·乡党》

嘴里嚼着东西的时候不要说话，到了该睡觉的时候就按时睡觉，不要发出声音吵到别人。君子的言谈举止都应遵守规矩，一言一行都有讲究。

说容易，行动却不容易。"言"常常与"行"联系起来，所谓"察言观行"指考察其言行而知其人，根据他的所说所为判断他的秉性。说的和做的完全一样叫"言行一致"，不一样就叫"言行不一"。

中国人自古就重视言而有信、信守承诺，认为诚信是治理国家的重要思想，是人们交往应遵守的基本道德规范。

与朋友交，言而有信。——《论语·学而》

与人交往时，说话要讲信用，否则就会失去他人的信任。可见在中国传统文化中，言语足以表现一个人的品行与素质。中华民族自古就有以诚信为本的文化传统，认为如果人不讲诚信，就无法安稳立足于社会。如今，诚信被纳入社会主义核心价值观，成为全体社会成员都应遵守的准则。

· 字词卡片 ·

由"言（讠）"构成的汉字：
一级：读、话、记、课、请、认、识、试、谁、说、诉、谢、语
二级：词、该、计、讲、论、让、讨、许、言
三级：调、订、访、警、评、设、谈、误、训、议、证
四级：辩、诚、诗、谓、译
五级：罚、详、询、谊、诊
六级：诞、谅、谋、诺、谦、谐、讯、誉、诸
高等：谤、诧、谍、讥、诽、讽、谎、讳、讥、诫、谨、诀、谜、谬、譬、谱、遣、誓、讼、诵

由"言"组成的词语：
二级：语言
三级：发言
五级：言语
六级：传言、发言人、留言、自言自语
高等：代言人、方言、换言之、谎言、名言、诺言、相对而言、宣言、言辞、言论、言行、谣言、一言不发、一言一行、预言、寓言、怨言、总而言之

字体演变

甲骨文 ▼
金文 ▼
小篆 ▼
隶书 ▼
楷体

甘

· 汉字解析 ·

美也。从口含一。一，道也。凡甘之属皆从甘。——《说文解字·甘部》

第八章　汉字与人体（下）　139

《说文解字》将"甘"解释为香甜美味，会意字，口中含有食物不舍得咽下去，整体表示所含之物的味道。也有人将"甘"理解为指事字，舌中一横为指事字标志。其本义为美味，后来引申为美味的食物，并引申出美好、满意、乐意等含义。

中国古人将各种味道统称为"五味"，即咸、苦、酸、辛、甘。"甘"是不带任何刺激的正味。董仲舒在《春秋繁露》中说："甘者，五味之本也""五味莫美于甘"，将甘放在首要位置，认为甘能够令人满足，是一种使人愉悦的味道，如"甘味"即美味，"甘馐"指美味精致的食物。后来，"甘"也指甜味，如"甘之如饴"意为感到像糖一样甜，形容为了从事某种工作而愿意承受艰难和痛苦。有个成语叫"同甘共苦"，意思是一同承受生活的甜美与苦难。"甘"直接孳乳出的"甜"，专指甜味。可见"甜"与"甘"有所区别。现代的五味与古代有细微差别，一般指甜、酸、苦、辣、咸。"甜"取代了"甘"，成为味道类别的一员。

> 甘其食，美其服，安其居，乐其俗。——《老子》

使人民有美味的食物可吃，有舒适的衣服可穿，有安适的房屋可住，有令人愉悦的风俗可供享受。人民安居乐业，顺其自然，这就是老子认为的美好社会，也是数千年来中国人民的不懈追求。

"甘"在使用过程中逐渐从美味引申出好的含义。

> 久旱逢甘霖，他乡遇故知。洞房花烛夜，金榜题名时。——《四喜》

以上四句话在古代被认为是人生的四大喜事。"久旱逢甘霖"是说古代中国作为农业社会，重视粮食收成。长久干旱后突然下了一场雨，农作物的收成就有所保证，人们的生存就有所保障。这场雨对于以种田为生的农民来说十分重要，因此用"甘"来形容。另外三句则分别指在友情、家庭、事业方面获得幸福。这四句极言人生之乐事，描绘出的美好愿景令人神往，成为古代读书人奋斗的目标。直到今天，这首诗还广受人们喜爱。

·字词卡片·

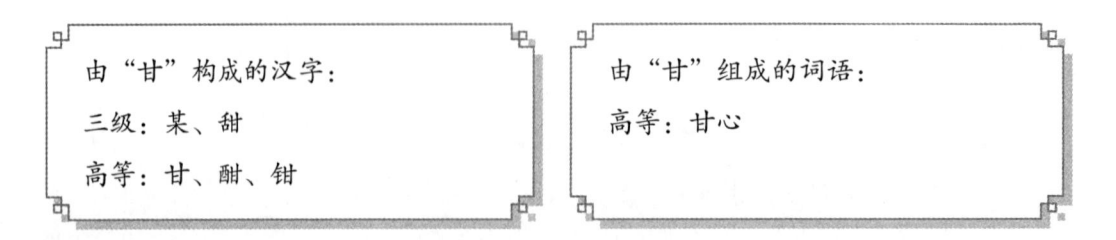

由"甘"构成的汉字：	由"甘"组成的词语：
三级：某、甜	高等：甘心
高等：苷、酣、钳	

旨

字体演变：甲骨文 ▼ 金文 ▼ 小篆 ▼ 隶书 ▼ 楷体

·汉字解析·

> 美也。从甘匕声。凡旨之属皆从旨。——《说文解字·旨部》

许慎将"旨"解释为味道甘美，形声字，甘为形旁，匕为声旁。但有人认为"旨"是会意字，上半部分是匕，代表进餐的勺子，下半部分是口，整体表示用勺子向嘴里送食物，从而表示味美之义。后来本义味美逐渐引申出美好的事物这一含义，由于古代社会皇家地位至高无上，因此常把皇室成员的指令或命令称作"旨"。现在，"旨"常用于表示目的、意图、思想主张等含义。

> 夫君子之居丧，食旨不甘，闻乐不乐，居处不安。——《论语·阳货》

君子守丧的时候，吃美食不觉得香甜，听音乐不觉得快乐，住在家里不觉得舒服。孔子认为，孩子从出生到3岁，无时无刻不受到父母的细心呵护，君子是有血有肉的人，懂得感恩，父母去世后自然也会守丧3年。亲人离世，谁能不心有戚戚呢？因此君子居丧期间茶饭不思，食不知味。孔子的观点影响深远，后世甚至将其写进律法：做官的人若父母离世，需辞官回家守丧3年。现代中国早已没有这种制度，但怀念亲人的哀伤从古到今都相同，这体现了中国人对亲情的重视、珍惜，以及对父母深深的感恩之情。

"旨"还有意思、意义的常用义。

> 言约旨远，足畅彼我之怀。——《世说新语》

这句话的意思是言辞简练，含意深远，足够彼此敞开胸

怀。成语"言近旨远"意为语言浅显而含义深远，用来形容话语或文章不空洞，言之有物。"主旨"意为主要的意义或目的，比如文章的主旨指文章的主要意思。

中国古代封建社会等级森严，皇室至高无上，皇帝更站在权力的顶峰。他发布的命令属于国家最高决策，民间一般将皇帝发布的命令称为"圣旨"。帝王的命令谁敢不从？遵守皇帝的旨令叫"奉旨"，比如"奉旨行事"指官员遵照皇帝的命令做事情。然而，也有冒着被处罚的风险而敢于不遵从皇帝命令的，这叫"抗旨不遵"，通常是官员出于正义或为大局利益挺身而出。如今，"圣旨"常用于比喻，比如人们幽默地称父母的命令为"圣旨"，听从父母好好读书的教诲叫作"奉旨读书"。

· 字词卡片 ·

由"旨"构成的汉字：	由"旨"组成的词语：
三级：指	高等：旨在、宗旨
高等：稽、脂、旨	

齿

· 汉字解析 ·

> 口龂骨也。象口齿之形，止声。凡齿之属皆从齿。——《说文解字·齿部》

《说文解字》将"齿"解释为口中的牙齿，形声字，止为声旁，下半部分为形旁，像口中牙齿的形状。在字形演变中也可以看出，"齿"最开始为象形字，金文字形加上了"止"，成为形声字。"齿"的本义为人的门牙，后来泛指人的牙齿。排列像牙齿形状的东西也用"齿"来形容，如"梳齿""齿轮""锯齿"。

> 舜举乎童土之地，年齿长矣，聪明衰矣，而不得休归。——《庄子·徐无鬼》

在中国古代，常用"齿"表示人的年龄，因为牙齿的数量随着年龄的增长而增长，因此用"年齿"来代表年龄，如"同齿"就是同岁。《庄子·徐无鬼》中的"年齿长矣"是说舜年岁渐长。

后来，从"齿"字孳乳出"龄"字，"龄"是形声字，"齿"是形旁，"令"是声旁，本义是年龄。形容人年龄的词语有龆龄、妙龄、高龄、暮龄。"龆龄"指七八岁时的童年时代；"妙龄"形容女子的美好年华，大约从十几岁到二十多岁；"高龄"称老人的年龄，一般指60岁以上；"暮龄"指人已到晚年。

口腔是说话发声的器官，"齿"作为口腔的一部分，也引申为谈到、提及。"齿及"是谈及、谈到的意思，"挂齿"指挂在嘴上，即说到。

关公曰："区区微劳，何足挂齿。"——《三国演义》

关羽说："我这细小的功劳，哪里值得挂在嘴上。"也就是不值得说、不值得一提的意思。现在，人们常用"何足挂齿"表示客套，用来回应别人对自己伸出援手的感激之情。

"齿疏唇反，必是讪谤之人。"这句话是说牙齿稀疏而嘴唇外翻的人，必定善于说三道四，诋毁他人。中国传统文化范围十分广泛，包含相面术。相面术指通过一个人的面部特征来预测其身体、性格状况及人生经历，例如拥有一口形状方正、洁白光亮牙齿的人往往生活幸福。实际上，这显示的是牙齿的阶层差距。富人注重口腔健康和外表，自然牙齿美观；穷人忙于生计，自然不关注牙齿。

从外表预测某人的未来命运则显得十分神秘。传统相面术认为，牙齿整齐好看的人，往往讲孝道、重义气；而牙齿稀疏难看的人，则意志不坚定、自私小气。这种说法难免有"以貌取人"的嫌疑。

通过牙齿来判断人的性格及运势是古人的一种探索与尝试，并没有科学依据，相面术作为传统文化的一部分，我们也应该理性看待。

字体演变

甲骨文
▼
金文
▼
小篆
▼
隶书
▼
楷体

第八章　汉字与人体（下）

·字词卡片·

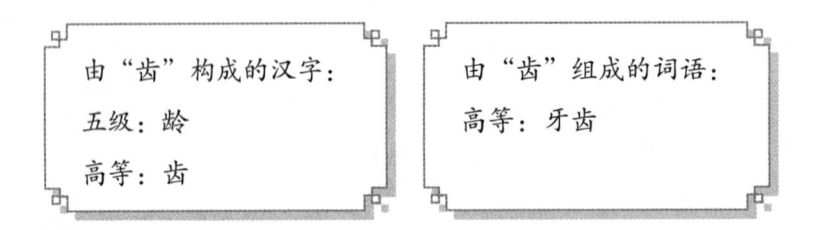

由"齿"构成的汉字：	由"齿"组成的词语：
五级：龄	高等：牙齿
高等：齿	

手

·汉字解析·

> 拳也。象形。凡手之属皆从手。——《说文解字·手部》

《说文解字》将"手"解释为握拳的部分，象形字，像手指和手掌的形状，后来将弯曲的手指写成横画，象形意味逐渐减弱。由于拿东西都是凭借手，因此引申出拿着、持着的意义，"人手一本"就是每个人都拿着一本的意思。又在此基础上引申出亲自、亲手的意义，比如"手抄""手记"。除此之外，手还用来描述一个人的技艺、本领高超，如"妙手回春"形容医生医术高明。擅长某种技能的人也用"手"形容，比如"歌手""高手"。

从猿到人的进化过程中，直立行走解放了人类的双手，使人可以用手从事其他活动，从此手成为人类最主要的劳动器官。因此，以"手"为部首的字，意义大都与手或手的动作有关。"手"作为偏旁在左边时，大都写作"扌"，如扔、打；在右侧或下方时，仍写作"手"，如拳、拿。

手是人体最灵活的部分，人类用双手改造自然，并创造了灿烂的文明，手几乎贯穿人类整个物质文明和精神文明的发展史，因此中国人对手十分重视，对手部动作也寄予十分重要的意义。

> 死生契阔，与子成说。执子之手，与子偕老。——《诗经·邶风·击鼓》

这句千古流传的名句，多用于夫妻或恋人之间，表达相爱之人生死相随的誓愿。"执子之手"意味着想要和对方永远在一起，它代表着一种约定，一种永不分离的信念。

中国人对手的重视还体现在与手部动作相关的礼仪上。拱手礼是中华民族礼仪独特的组成部分，自西周时期就开始使用，人们用拱手表达问候以及对他人的尊重。如今，中国人很少拱手，而代之以握手。除了表示问候，汉语中"握手言欢"还表示发生过不愉快事情的人们之间关系缓和、重新和好。

中国人对手文化的重视，无不来源于对劳动的尊重。无论是农业时代、革命年代还是和平年代，都有一批又一批人用劳动去改善人们的生活，保卫家园，创造一个又一个奇迹，用双手托举着中国梦。

字体演变

甲骨文 → 小篆 → 隶书 → 楷体

·字词卡片·

由"手（龵、扌）"构成的汉字：

一级：打、看、拿、手、找

二级：报、掉、护、换、接、拉、排、提、挺、推

三级：按、把、搬、播、持、挂、技、据、拍、批、握、指、抓

四级：摆、抱、擦、操、抄、抽、措、担、挥、扩、括、描、扫、授、挑、投、扬、摇、择、招

五级：拔、扮、插、拆、挡、扶、搞、挤、拒、控、摩、披、拼、抢、扰、扔、摄、拾、摔、搜

六级：挨、拨、捕、撤、撑、搭、抵、拐、捡、揭、捐、抗、扣、扭、扑、探、掏、拖、挖、援

高等：扒、掰、扳、拌、搏、扯、揣、捶、摧、搓、挫、捣、抖、抚、搁、拱、捍、撼、拣、搅

第八章　汉字与人体（下）

字体演变

甲骨文 → 金文 → 小篆 → 隶书 → 楷体

共

由"手"组成的词语：

一级：手机、洗手间

二级：举手、手表

三级：对手、歌手、手续、手指、握手、选手

四级：二手、分手、手工、手里、手术、手套、随手

五级：动手、手段、双手、招手、助手

六级：高手、联手、两手、手续费、凶手

高等：爱不释手、把手、帮手、插手、出手、措手不及、得手、第一手、舵手、二手车、黑手、棘手、接手、拿手、亲手、人手、杀手、伸手、手臂、手册

共

·汉字解析·

> 同也。从廿廾。凡共之属皆从共。——《说文解字·共部》

《说文解字》将"共"解释为一同、共同，由"廿"和"廾"两个部件组成，是会意字。"廿"是众多的意思，"廾"是双手，二者结合起来表示众手齐举物品，以此表示共同之意。也有人认为"共"是形声字，"廾"为声旁，"廿"为形旁，表示器物，意为人的双手恭敬地捧起器物，本义应是供奉、供给。

> 尔贡包茅不入，王祭不共，无以缩酒，寡人是征。——《左传·僖公四年》

这句话的意思是你们应当进贡的包茅没有交纳，周王室

的祭祀供不上，没有用来渗滤酒渣的东西，我特地来征收贡物。周王朝实行分封制，即周王把国土分给各位诸侯王，各位诸侯王需按时上供。"王祭不共"是在批评楚国没有履行给周王上供的义务。

古人通常恭恭敬敬地举物供奉祖宗或者长辈，就由供给引申为恭敬。由于"共"字承担了太多意义，后世就新造了"供"字表示供给义；表示对他人恭敬有礼貌，就在"共"下加"心"，写作"恭"；本字"共"则承担常用义共同、一共。中国古代神话里有一位水神，名叫"共工"。他的母亲姓"尧"，父亲姓"邰"，双方对孩子"工"的姓氏拿不定主意，舜帝提出了解决方案：孩子是两家共有的，就让他姓共。可见"共工"的姓取共同之义。

> 越王为人长颈鸟喙，可与共患难，不可与共乐。——《史记·越王勾践世家》

越王颈长而鸟嘴，只可同他一起共患难，而不能同他一起享受欢乐。越王"长颈鸟喙"，实际上是形容越王长得十分阴险。越王之所以能成为春秋时期最后一个霸主，离不开各位谋臣的帮助，但成功之后他却开始清洗身边的功臣。

"同甘共苦"指共同享受欢乐幸福、共同承担祸患苦难。现实中，能一起吃苦的多，愿一起享福的少。最艰难的"共苦"日子都熬过去了，为什么事态扭转人们反倒没法"同甘"呢？可见人性复杂难辨。不管未来怎样，能在艰难时相伴，中国人都很感激对方，因而也非常珍视曾一起"共苦"的真挚情谊。

·字词卡片·

由"共"构成的汉字：	由"共"组成的词语：
二级：共	二级：公共汽车、一共
四级：戴、供	三级：公共、共同、共有
六级：暴、港、洪	四级：总共
高等：殿、粪、恭、拱、哄、烘、巷、撰	五级：共计、共享
	高等：公共场所、共鸣、共识、共同体、共性、和平共处、同舟共济

◎思考题

1. 你是否理解了"自、耳、须、眉、见、亡、古、哭、可、言、甘、旨、齿、手、共"的古文字形、字义之间的关系？请说说看。

2. "息、闻、媚、视、忙、姑、河、信、甜、指、龄、拿、供"这些汉字分别是由我们今天讲解的哪些汉字构成的？你认为这些汉字和我们今天讲解的汉字之间有什么关系？

3. 解释下面词语的意思。你会使用这些词语吗？

　　自强不息　耳目一新　必须　愁眉苦脸　司空见惯　灭亡　古典　哭笑不得

　　即可　言辞　甘心　宗旨　牙齿　人手　同舟共济

4. 请通过具体的例子对比不同文化的人对人生是如何认识的。

视野扩展

第九章
汉字与自然

> **学习目标**
>
> 认识"日、旦、月、夕、云、气、雨、水、火、炎、金、石、土、山、川、小、重、支"的古文字形,理解这些古文字形和字义之间的关系,了解与这些汉字有关的中国自然环境及传统文化,感知中国自然环境的特征。

字体演变

日 甲骨文
↓
〇 金文
↓
⊖ 小篆
↓
日 隶书
↓
日 楷体

日

·汉字解析·

> 实也。太阳之精不亏。从口一。象形。凡日之属皆从日。——《说文解字·日部》

《说文解字》对"日"的解释是能量充盈的太阳，它的精华永远不会枯竭，光芒也永远照耀着大地。"日"的本义就是太阳，象形字，由"口"和"一"组成，像一个闪闪发光的太阳。里边的"一"代表着实心，古人认为太阳是实心的，而不是空心的。

> 夏之日，冬之夜，百岁之后，归于其居。——《诗经·唐风·葛生》

上面这句话中的"日"表示白天，它的意思是夏日的白天与冬日的夜晚如此漫长难熬，你要等着我，百年之后与你相聚。"日"的本义是太阳，而有太阳的时候就有光，人们把有太阳的时候叫作白天，所以渐渐地用"日"表示白天，和夜晚相对。"夜以继日"就是夜晚接着白天，形容辛勤地连续劳作。

后来"日"由白天引申为时间单位"一天"的意思，也就是地球自转一周的时间。

> 我住长江头，君住长江尾。日日思君不见君，共饮长江水。——《卜算子·我住长江头》

李之仪这首诗中的"日日"就是每天，表达了诗人对所爱之人的强烈思念。明代诗人钱福作了一首《明日歌》，劝人们要珍惜时间，今日事情今日做，不要拖到明日，"明日复明日，明日何其多"。如果总是等到明日再做，那么就会浪费一生,"我生待明日,万事成蹉跎"。想做成一件事,就需要"日复一日"地坚持努力,自己的能力和水平才能"与日俱增","有朝一日"一定会成功。

生活中值得纪念的重要日子是"节日"。中国历史悠久,文化源远流长,有很多传统节日及相应习俗。比如农历正月初一的春节,家家户户过新年;农历正月十五的元宵节,吃元宵或汤圆庆团圆;清明节要祭祖扫墓;农历五月初五的端午节,吃粽子纪念爱国诗人屈原;农历八月十五的中秋节,举家团圆吃月饼等。

·字词卡片·

由"日(日)"构成的汉字:
一级:得、间、明、日、时、是、晚、星、早、最、昨
二级:晨、春、量、普、晴、阳、音、照、者
三级:曾、朝、景、旧、显、宣、易
四级:暗、厚、晒、暑、替、映、智
五级:旦、暂
六级:暴、昌、昏、旺、晓、宴、晕
高等:昂、曹、旱、恒、晃、晋、晶、旷、昆、鲁、昧、莫、曙、昔、旭、旬、卓

由"日"组成的词语:
一级:日期、生日、星期日
二级:节日、日报、日子
三级:日常
四级:日记、日历
五级:工作日、今日
六级:假日、节假日、近日、明日、日夜、日语
高等:次日、当日、风和日丽、改日、过日子、纪念日、末日、平日、日程、日复一日、日后、日前、日趋、日新月异、日益、往日、昔日、旭日、夜以继日

字体演变

甲骨文 ☉
↓
金文 ☉
↓
小篆 旦
↓
隶书 旦
↓
楷体 旦

旦

· 汉字解析 ·

明也。从日见一上。一，地也。凡旦之属皆从旦。——《说文解字·旦部》

《说文解字》对"旦"的解释为天刚刚亮。"旦"的甲骨文字形上面是一个太阳，下面是太阳的影子，也有人认为是大地。整个字形表示太阳刚从大地升起、天色初明。"旦"的金文字形、小篆字形与甲骨文字形构形方式一致，金文字形下面由 ◯ 演变为 ●，小篆字形下面由 ◯ 演变为 ━。小篆字形更突出太阳从地平线升起之意。"旦"常和"暮""夕"相对，表示早晨和傍晚。如《乐府诗集·木兰诗》："旦辞爷娘去，暮宿黄河边。"早晨辞别父母离开家，傍晚就驻扎在黄河边。唐代元稹《秋夕远怀》："旦夕天气爽，风飘叶渐轻。"清晨和傍晚都是那么凉爽。由"旦"字组成的成语较多，"只争旦夕"指要抓住早和晚的宝贵时间，用来形容分秒必争，也作"只争朝夕"。"危在旦夕"形容危险就在眼前，"旦夕"表示时间短。"通宵达旦"则指从天黑到天亮整整一夜。

"元旦"中的"元"为开始的意思，"元旦"是指新一年的第一天，是世界多数国家通称的"新年"。古代中国的"元旦"指农历正月初一，现如今"元旦"为农历1月1日，是国家的法定节日。不同国家有不同庆祝"元旦"的方式。在中国，有举行元旦联欢晚会、贴祝福标语等活动。"旦"也表示某一天。"一旦"就是一天，"毁于一旦"就是在一天之间全部毁灭。某一天是不确定的时间，所以"一旦"也有了如果、突然的意思，可以作副词。

· 字词卡片 ·

由"旦"构成的汉字：
二级：查、但
四级：担
五级：胆、旦、坦
高等：昼

由"旦"组成的词语：
五级：一旦、元旦

字体演变

月 — 甲骨文

↓

月 — 金文

↓

月 — 小篆

↓

月 — 隶书

↓

月 — 楷体

月

· 汉字解析 ·

> 阙也。大阴之精。象形。凡月之属皆从月。——《说文解字·月部》

《说文解字》对"月"的解释是像天空的大门，并且有阴晴圆缺的变化。"月"的甲骨文是一个象形字，形状就像一轮挂在天空中的弯月。古人观察月亮时发现，完整圆形的时间比较少，有缺口也就是弯月的时间比较多，于是比照着弯月的样子创造出"月"的字形。"月"的本义就是人们口中的月亮，即地球的一个卫星。

"月"是汉字的部首之一，以"月"为部首的字，一类与月亮有关，如"朔"指农历每月的初一、"望"指农历每月的十五。另一类与月亮无关，而与肉或身体有关，如肥、胖、肚、肠等。

> 露从今夜白，月是故乡明。——《月夜忆舍弟》

"月"是经常用来表达思念故乡的意象。上边这句出自杜甫的诗句，它的意思是从今天晚上开始就进入了白露时节，还

第九章 汉字与自然

是家乡的月亮最为明亮。诗人在写这首诗的时候不在家乡，乱世中自己的家人朋友也不在身边，抬头望着月亮，觉得还是自己家乡的月亮最明亮。诗人通过月亮表达了自己浓浓的思乡之情，希望自己能够早日回到家乡和家人团圆。用月亮寄托感情的诗句还有很多，比如李白《静夜思》中的"举头望明月，低头思故乡"。

·字词卡片·

由"月（冃）"构成的汉字：
一级：服、脑、能、朋、期、前、有、月
二级：背、脚、脸、腿、阴、育、脏
三级：朝、胖、胜、望
四级：肚、肥、骨、脱、胸、腰
五级：肠、脆、胆、肤、胡、肌、肩、胶、肯、朗、脾、胃
六级：胞、肺、肝、股、捐、膜、愉、肿
高等：臂、脖、膊、惰、腹、膏、胳、脊、腊、脉、朦、腻、膀、膨、腔、臊、膳、肾、溯、胎

由"月"组成的词语：
二级：月份、月亮
四级：上个月、下个月、月底
五级：岁月、月饼、月球
高等：腊月、蜜月、日新月异、月初、月票

夕

·汉字解析·

> 莫也。从月半见。凡夕之属皆从夕。——《说文解字·夕部》

"莫"即日落草木之间，《说文解字》将"夕"解释为太阳下山。从"夕"的甲骨文字形可以看出，它和"月"的甲骨文字形近似，但两个字的意义有所不同。"月"指月亮，"夕"的字义是太阳下山月亮刚刚升起的时候。随着字形字义的不断变化，到小篆字形时，"夕"和"月"才分化为两个形音义都不同的字。

> 今夕何夕，见此良人。——《诗经·唐风·绸缪》

"夕"的本义是太阳下山、傍晚月亮初升的时候，后来引申为夜晚。《诗经·唐风·绸缪》中的这句诗表示见到了一个美好的人，整个夜晚都变得更加美好了，所以诗人不禁感叹今天是一个什么夜晚啊！在后代的一些诗词歌赋中经常出现"今夕何夕"，多表示今天晚上是不可多得的美好夜晚。"朝"和"夕"经常相对出现，分别表示早上和晚上。成语"朝令夕改"就是说早晨发布的命令，晚上就改变了，比喻经常改变主张和办法。后来"朝夕"演变成副词，表示时时刻刻、天天，例如成语"朝夕相处"就是天天都生活在一起。

"除"是交替的意思，"除夕"是农历腊月最后一天的晚上，除夕的第二天为中国的春节。除夕在中国文化中意味着团圆，远离家乡的亲人都团聚到一起，共度一年当中最美好幸福的一个夜晚。人们会吃团圆饭、看春晚等，喜气洋洋地交流这一年经历的事情，跟家人分享自己对他们的思念和爱意。有些人在这天夜晚不睡觉一直到天亮，来迎接新的一年，这种做法叫"守岁"或"跨年"。过了除夕这个美满的夜晚就到了中国农历新年的第一天，万象更替，人们以崭新的面貌迎接更加美好的明天。

·字词卡片·

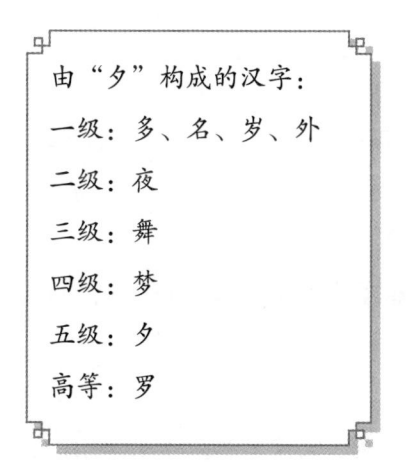

由"夕"构成的汉字：
一级：多、名、岁、外
二级：夜
三级：舞
四级：梦
五级：夕
高等：罗

由"夕"组成的词语：
五级：除夕
高等：前夕、朝夕相处

字体演变

甲骨文
▼
金文 
▼
小篆 
▼
隶书 
▼
楷体 

第九章 汉字与自然

字体演变

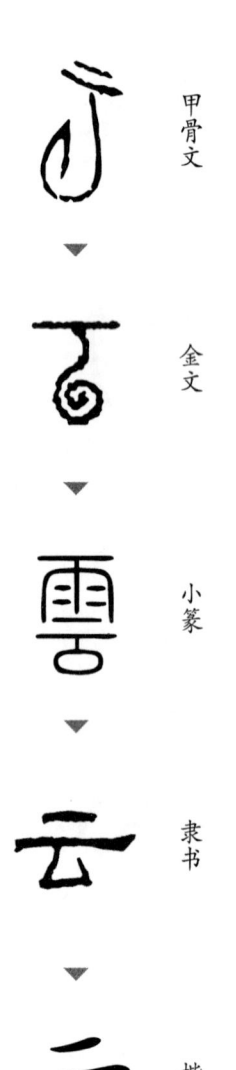

甲骨文 ㄅ
↓
金文 ㆕
↓
小篆 雲
↓
隶书 云
↓
楷体 云

云

·汉字解析·

> 山川气也。从雨，云象云回转形。凡云之属皆从云。——《说文解字·云部》

"云"是象形字，甲骨文字形就像天上回转的云朵。《说文解字》中对"云"的解释是山河蒸发出的水气。"云"的本义是悬浮在大气中由水珠等物质组成的聚合体，也就是人们口中的云朵。

地表的水分因为受到阳光的照射，温度升高，水分不断蒸发变成水蒸气。水蒸气升高遇冷变成小水珠，小水珠凝聚形成云。

> 云蒸雾起。——《书梦中靴铭》

"云蒸雾起"是自然界的一个物理现象，意思是空气中的水蒸气遇冷，在低处形成接触地面的雾，在高处形成不接触地面的云。

"多云"是一个气象学术语。在中国气象学中，"晴""少云""多云""阴"等预报用语都和云量有关，有各自的特定含义，例如：

晴——天空无云或虽有零星的云层，但云量不足天空面积 1/10 者称为"晴"，有时天空中出现很薄的高云，但能透过阳光的也称为"晴"。

少云——中、低云的云量占天空面积的 1/10 到 3/10 或高云的云量占天空面积的 4/10 到 5/10 的情况称为"少云"。

多云——中、低云的云量占天空面积的 4/10 到 7/10 或高云的云量占天空面积的 6/10 到 10/10 的情况称为

"多云"。

阴——凡中、低云的云量占天空面积的 8/10 及以上者，阳光不能透过或很少透过云层则称为"阴"。

——《天气预报用语解释》

"风云"可以指风和云，也用来比喻时势。"风云变幻"是像风和云一样变化不定，也比喻事物变化复杂或局势动荡不安。"风云"还有风流超群的意思，"风云人物"就是言论行为能影响大局的人物。

云还是网络、互联网的一种比喻说法。随着网络技术的发展，人们可以享受很多云服务，如云盘就是一种专业的互联网存储工具，人们可以将资料存储在云盘中，随时随地通过网络查找和提取，不再受到硬件限制。

·字词卡片·

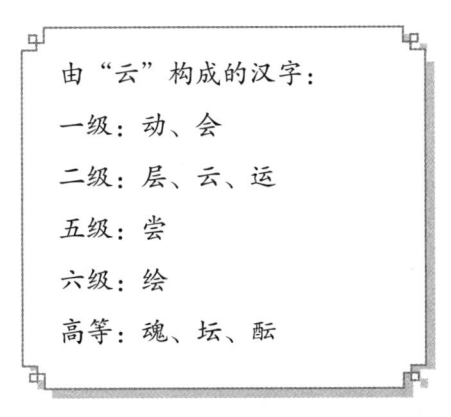

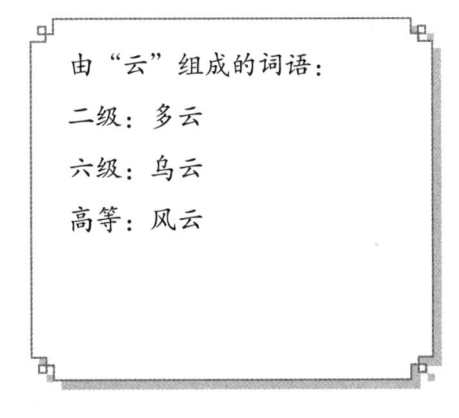

由"云"构成的汉字：	由"云"组成的词语：
一级：动、会	二级：多云
二级：层、云、运	六级：乌云
五级：尝	高等：风云
六级：绘	
高等：魂、坛、酝	

气

·汉字解析·

> 云气也。象形。凡气之属皆从气。——《说文解字·气部》

《说文解字》对"气"的解释是云气。云气无色无味，形状也是不规则的。为了描绘它的形状，甲骨文字形用三横表示，上下两横比较长，中间一横比较短。长短不一

字体演变

三 → 气 → 气 → 气 → 气

甲骨文 → 金文 → 小篆 → 隶书 → 楷体

的横表示变化多端的云气，后金文字形演变为中间为一横，上下两部分为弯曲的线条，金文字形更接近现在的"气"字。小篆字形的上中下三部分相似，如同图9-1中的一团云。

图 9-1 云气

空山新雨后，天气晚来秋。——《山居秋暝》

"气"的本义是云气，由于古人对自然科学的认识还没有那么准确，会把生活中没有固定形态的气体当作和云气一样的物质，也就是"空气"。王维的《山居秋暝》描绘了一幅初秋时节天气凉爽的画面。空气也有冷暖之分，温度高的是暖气，温度低的是冷气。"气"是飘浮在空中的，经常用来组词表示天象，如"气候""气象""气温"等。随着科技的发展和进步，人们对空气了解得越来越深入，对气体进行了多种分类，如"氧气""氮气""煤气""天然气"等。

"气"由本义逐步引申为一种运气，或是指一个人的精神状态和品格特质。有"福气"是获得好的运气，人生旅途十分顺畅和幸运，如在日常生活中经常说到的"这个人好有福气"。"神气"是形容一个人意气风发，带有一些得意和骄傲的样子。"人气"是指被其他人认识和了解的程度很高，受到大家的欢迎，如"歌手周杰伦的人气一直很高"。"气"不仅形容一个人的精神状态，还可以形容一个人的品格特质，"骨气"多指这个人正直、坚强、不屈不挠，如"陶渊明是一个有骨气的人，他不为五斗米折腰"。我们在日常生活中还经常用到"小气"和"大气"来形容一个人的特质，"小气"表明一个人不愿意向他人分享自己拥有的资源，或不愿意给予他人帮助；"大气"则表明一个人很大方，不拘小节。

· 字词卡片 ·

由"气"构成的汉字：
一级：气、汽
六级：氛、氧

由"气"组成的词语：
一级：不客气、生气、天气
二级：空气、气温
三级：气候
四级：力气、暖气、气球、勇气、运气
五级：客气、煤气、脾气、气体、气象、天然气、一口气
六级：冷气、气氛、叹气、氧气
高等：不服气、不景气、垂头丧气、大气、发脾气、风气、福气、骨气、和气、娇气、节气、口气、理直气壮、名气、气愤、气管、气馁、气派、气泡、气魄、人气、神气、小气

雨

· 汉字解析 ·

水从云下也。一象天，冂象云，水霝其间也。凡雨之属皆从雨。——《说文解字·雨部》

《说文解字》对"雨"的解释是从云层往下降落的水。"雨"的甲骨文是一个象形字，字体中上边的一横就像天空，

字体演变

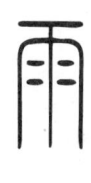

⾬ 甲骨文

⾬ 金文

⾬ 小篆

⾬ 隶书

⾬ 楷体

第九章 汉字与自然 | 159

字体中的几个点就像一个一个雨滴，整个字就是描绘下雨的景象。"雨"有动词和名词两种词性。以"雨"为部首的字多与水气有关，如雪、露、霜、雾等。

　　雨我公田，遂及我私。——《诗经·小雅·大田》

　　"雨"在农业生产中的作用十分重要。上面这句话中的"雨"用作动词，是降雨的意思。中国古代的"公田"由农民共同耕种，但是收获的农作物要全部上缴给国家。"私"指的是私田，是农民自己家的地。这句话是说雨降到公田里，也要降到我家的私田里。

　　农作物的生长受自然条件的影响非常大，天气条件是否有利于农作物生长，成为保障农业生产和粮食安全的关键。"雨水"是灌溉农作物最好的工具，下不下雨、雨量是多是少直接关乎农作物的生长情况和农民的收成。不管是古代还是如今农民都希望可以"风调雨顺"，也就是雨水量和风势都刚刚好，可以让农作物健康成长。

　　"风雨"指风和雨，如"风雨大作"；也可以指刮风和下雨，如"风雨无阻"。"风雨"还可以比喻艰难困苦，象征生活中的挫折与挑战，如"历经风雨，方能见彩虹"。在人生的道路上，我们常常会遇到各种困难和挑战，只有勇敢地面对，才能不断成长和进步。

·字词卡片·

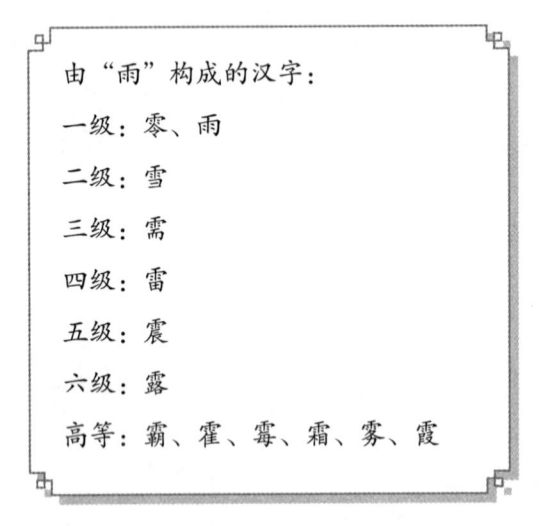

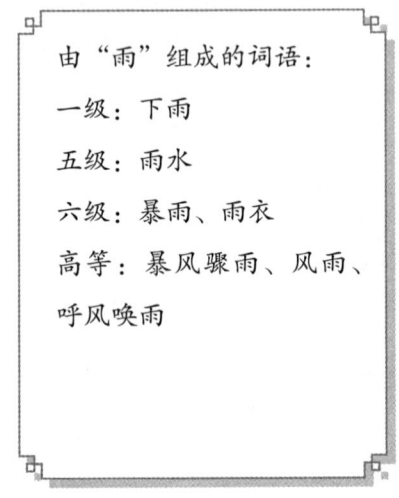

由"雨"构成的汉字：

一级：零、雨

二级：雪

三级：需

四级：雷

五级：霞

六级：露

高等：霸、霍、霉、霜、雾、霞

由"雨"组成的词语：

一级：下雨

五级：雨水

六级：暴雨、雨衣

高等：暴风骤雨、风雨、呼风唤雨

水

·汉字解析·

> 准也。北方之行。象众水并流，中有微阳之气也。凡水之属皆从水。——《说文解字·水部》

《说文解字》对"水"的解释是很多水一起流动。"水"的甲骨文字形就像流水的纹路。后来"水"的字形慢慢变得方正起来。"水"的本义就是河流，后来引申为一切水域，也引申为无色无味、可以饮用的液体。

> 五饮：上水、浆、酒、醴、酏。——《礼记·玉藻》

上水，指五饮中以水为上，其余各饮次之。"水"是生命之源，是人们生活的必需品，人们都要喝水。《礼记·玉藻》中这句话的意思是天子喝的饮品有五种，水是等级最高的，其次是浆、酒、甜酒和粥汤。由此可见"水"在中国古代饮品中的地位。不仅如此，中国古代的人们还用清水来祭祀，表达对祖先的思念和尊敬。

在汉语中，有很多成语与"水"有关，如"如鱼得水"原义是像鱼得到水一样，比喻得到跟自己最相投合的人或最合适的环境。"水落石出"意思是水逐渐消退，石头就显现出来，比喻事情终于真相大白。"覆水难收"意思是倒在地上的水难以收回，比喻事情已成定局，难以挽回。"源头活水"比喻读书越多，道理越明，现也指事物发展的动力和源泉。

字体演变

甲骨文

金文

小篆

隶书

楷体

第九章 汉字与自然

·字词卡片·

由"水（氵、氺）"构成的汉字：
一级：汉、渴、没、汽、洗
二级：法、海、河、湖、活、酒、流、满、漂、清、求、温、油、游、澡
三级：范、济、浪、落、派、沙、深、汤、消、演、泳、汁、注
四级：测、潮、沉、淡、汇、激、渐、江、泪、浓、浅、湿、源、治
五级：池、洞、泛、沟、滚、汗、滑、漏、漫、漠、泼、染、润、洒、污、涨
六级：波、滴、渡、浮、港、洪、混、洁、梁、泥、泡、潜、渠、涉、添、湾、沿、洋、液
高等：泊、沧、澄、涤、淀、沸、溉、沽、涵、浩、沪、淮、溅、浆、浇、津、浸、沮、溃、澜

由"水"组成的词语：
一级：水果
二级：水平、药水
三级：凉水
四级：纯净水、海水、开水、矿泉水、泪水、汽水
五级：胶水、水产品、水分、水库、水灾、污水、雨水
六级：洪水、酒水、冷水、墨水、热水、热水器、水泥、跳水、薪水、自来水
高等：地下水、放水、风水、汗水、节水、口水、流水、萍水相逢、泼冷水、潜水、水槽、水稻、水管、水壶、水货、水晶、水利、水灵灵、水龙头、水落石出

火

·汉字解析·

> 毁也。南方之行，炎而上。象形。凡火之属皆从火。——《说文解字·火部》

《说文解字》对"火"的解释是在东西燃烧时产生的火焰。"火"是象形字，它的甲骨文字形就如同三股火苗在一起组成一个大火焰，表示正在旺盛燃烧的大火。

火可以用来烹饪食物，"烤""烧""炸""炒"等表示烹饪方法的字都是从"火"旁。火还可以用来照亮，"灯"也以"火"为部首，在电灯出现之前，人们使用的是油灯或烛灯。

  指穷于为薪，火传也，不知其尽也。——《庄子·养生主》

《庄子·养生主》中这句话的意思是烛薪的燃烧是有限的，而火的传续却没有穷尽。这里的"火"不仅指燃烧着的火，还指精神、知识、品德等。学会使用火使人类生活发生了巨大的变化，火不仅可以改变食物的口味，还可以驱散野兽，让人们不再受黑夜的限制。在中国的传统文化中，火有光明、正义、希望、勇猛等多种积极向上的意义，也凸显出中华民族几千年来奋发向上、不畏艰难、勇往直前的民族精神。

"火"也可以用作形容词，意思是热烈、有吸引力。"红火"有热闹、优越的意思，可以祝福人们的生活越来越红火。

火在战争中发挥着重要作用，它主要起预示、警示、预报的作用，还可以用来制作火枪、火药、火炮等战争工具。

· 字词卡片 ·

由"火（灬）"构成的汉字：
一级：点、火、热
二级：灯、黑、秋、然、熟、照
三级：烦、烈、烟
四级：伙、炼、燃、烧
五级：灰、烤、烂、煤、熊、灾
六级：爆、炒、焦、杰、灵、炉、灭、炮、炎、炸、煮
高等：煲、灿、炊、炖、焚、耿、焊、烘、焕、煌、煎、灸、炬、烹、焖、烁、烫、熄、焰、荧

字体演变

甲骨文
↓
金文
↓
小篆
↓
隶书
↓
楷体

字体演变

ᙡ	甲骨文
↓	
ᙢ	金文
↓	
炎(篆)	小篆
↓	
炎(隶)	隶书
↓	
炎	楷体

> 由"火"组成的词语：
> 一级：火车
> 四级：着火
> 五级：火柴、火腿、火灾
> 六级：火箭
> 高等：导火索、点火、发火、防火墙、红火、火暴、火锅、火候、火花、火炬、火辣辣、火热、火山、火速、火药、上火、熄火、烟火、焰火

炎

·汉字解析·

> 火光上也。从重火。凡炎之属皆从炎。——《说文解字·炎部》

《说文解字》对"炎"的解释是火光向上升腾的样子，会意字。从"炎"的甲骨文字形可以看出它是由上下两个"火"组成的，火从下往上熊熊燃烧，有大火旺盛、火光冲腾的意义。"炎"的金文字形与甲骨文字形类似，也是由两个火焰组成，描绘出如图9-2的大火之势。

图9-2 大火

> 春秋冬夏，错四序之凉炎。——《守岁序》

"炎"是由两个"火"字组成的，火光是火发出来的，火可以释放热量，火光也可以发热，所以后来"炎"由本义火光升腾渐渐引申为气温高、热、极热的意义。《守岁序》中这句话中的"炎"就为热的意思，整句话的意思是"春秋冬夏，错开一年之中四个季节的冷热"。在现代汉语中，"炎"经常组词为"炎热""炎夏""炎暑""烈日炎炎"等，用来描述天气状况，形容气温过高，可能会使人身体产生不舒服的感觉。

物体可以点燃发出火光，从而发热，身体某些部位也可能由于一些原因发热。因此，"炎"还引申为"炎症"，即由于身体某部位温度过高而发生红、肿、热、痛等症状，如"发炎"。"炎症"最初是一个西方医学概念，西方的"炎症"与中医中"上火"表示的症状尤为相似，都是指某些身体部位发红、灼烧、疼痛及肿胀。

· 字词卡片 ·

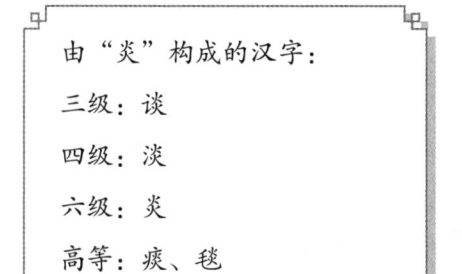

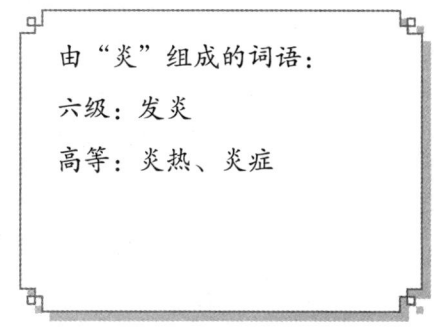

由"炎"构成的汉字：	由"炎"组成的词语：
三级：谈	六级：发炎
四级：淡	高等：炎热、炎症
六级：炎	
高等：痰、毯	

金

· 汉字解析 ·

> 五色金也。黄为之长。久埋不生衣，百炼不轻，从革不违。西方之行。生于土，从土；左右注，象金在土中形；今声。凡金之属皆从金。——《说文解字·金部》

《说文解字》对"金"的解释是五色（赤、青、黑、白、黄）金属的总称。这个字最早出现在金文中，"金"是一个会意字，从人，从土，从二。

字体演变

金 —— 金文
金 —— 小篆
金 —— 隶书
金 —— 楷体

从"土",表示藏在地下;从"二",表示藏在地下的矿物。"金"的本义是各类金属。"铜""铁""银""钟""针""铃""钉"等字都从"金",代表金属种类或金属器具。

历史上,人们很早就发现了金属并且会使用冶炼技术,制造出一些金属器具。铜,作为人们使用最早的金属之一,广泛应用于制造各种器具,如炊具、兵器、乐器等。早在夏朝,铜器就已经成为社会地位的象征。商朝时期,铜器制作技术达到了顶峰,出现了许多精美的青铜器。中国的铁器制造始于春秋战国时期,最初的铁器多为农具,如铁铲、铁锄等,这些农具的使用提高了农业生产效率,促进了农业的发展。随着冶铁技术的发展,铁器逐渐应用于军事、建筑等领域,如铁剑、铁甲、铁钉等。

在中国古代,人们认识到金属的价值,不仅因为它们的实用性,还因为它们的珍贵和稀有性。金、银作为贵金属,除了被用于制作精美的工艺品和装饰品,还作为货币使用。早在春秋战国时期,金、银就已经被用作货币,如金币、银币等。随着货币制度的发展,金、银逐渐成为主要的货币形式,如唐宋时期的开元通宝、明清时期的银元宝等,这些货币的出现促进了商品经济的发展,推动了社会的进步。

后来"金"的词义逐渐缩小,变成黄金的意思。

得黄金百斤,不如得季布一诺。——《史记·季布栾布列传》

西汉初期,有一位名叫季布的贤者,他以正直品行和乐于助人的品质著称。季布高度重视信守承诺,但凡他承诺之事,即便面临重重困难,也会全力以赴践行诺言。因此,当时流传着这样一句俗语:获得丰厚的黄金财富,也不如得到季布一个承诺。这句话也引申为一个成语"一诺千金",即一句诺言价值千金,比喻说话算数,极有信用。

天生我材必有用,千金散尽还复来。——《将进酒》

"天生我材必有用"的意思是上天赋予了我才华，我就一定会有用武之地；"千金散尽还复来"是说就算所有的财富都散尽，它们也会再次回到我身边。这两句话表达了李白积极乐观的人生态度，以及他对自己才华的自信，他认为财富只是身外之物，只要自己有才华，就能够再次获得财富。

黄金因为其贵金属的特性，可以用于商品交易中。中国是世界上最早发现黄金并将其作为货币的国家之一。早在商、西周时期，商品交易中就开始使用黄金了。"金"的词义也引申为货币、钱，如"金钱""现金""资金""奖金""租金""养老金"等。

·字词卡片·

由"金（钅）"构成的汉字：	由"金"组成的词语：
二级：钱、铁、银、钟	三级：金牌、现金、资金
三级：金	四级：黄金、奖金、奖学金、美金
四级：针	五级：基金、押金
五级：钢、锅、铃	六级：金额、金钱、金融、租金
六级：锋、鉴、铅、铜、钻	高等：定金、公积金、金属、金子、金字塔、退休金、养老金
高等：钞、钓、钉、钩、钧、铝、钦、锐、锡、锈、钥	

石

·汉字解析·

> 山石也。在厂之下；口，象形。凡石之属皆从石。——《说文解字·石部》

《说文解字》中对"石"的解释是山上的石头。"石"是一个象形字，从甲骨文的字形来看，左上角的"厂"就像悬崖或高坡，右下角的"口"就如一块石头，它的本义是山石。

"石"由本义引申为坚固、坚硬的意义，如"铁石心肠"用来形容人的内心如同铁石

第九章　汉字与自然

字体演变

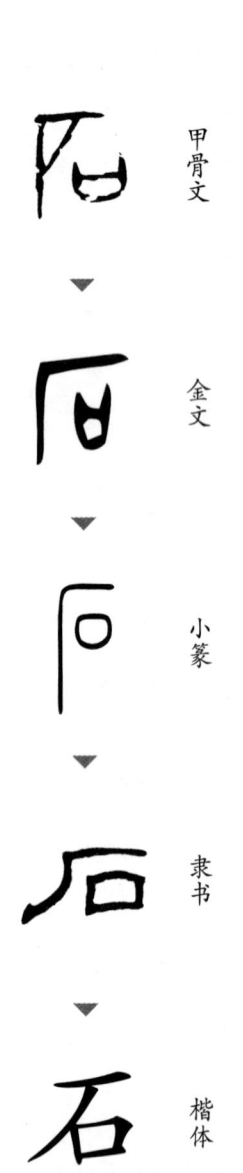

甲骨文 ᖺ
↓
金文 ᖶ
↓
小篆 ᖷ
↓
隶书 石
↓
楷体 石

一般坚硬，不会受任何事物影响而动摇。"铁石心肠"可以用于褒义，表扬在艰难困苦中依然坚守信念，不为外界诱惑所动摇的人；也可以用于贬义，批评冷漠无情、不容易被感化之人。

> 所谓弃仇雠而得石交者也。——《史记·苏秦列传》

上边这句话出自《史记》，"弃仇雠而得石交者"的意思是丢弃仇敌然后收获有坚固友谊的朋友，"石交"表示友谊深厚的朋友。类似的还有"金石之交""金石至交""金石交情"等，这些词语都表示朋友之间的友谊深厚，因为金属和石头都有坚硬的特质，所以用这些词语来形容坚不可摧的友情。

中国传统文化中非常重视朋友之间的感情，有"忘年之交""生死之交""患难之交""金兰之交"等各种友谊关系。中国人历来注重对待朋友真诚、真心，不管朋友是在顺境还是逆境，都会互相帮助。比如中国的外交政策，中国历来睦邻友好，愿意在和平共处五项原则的条件下与所有国家建立友好合作伙伴关系，促进世界和平，推动共同发展。

> 野芳发而幽香，佳木秀而繁阴，风霜高洁，水落而石出者，山间之四时也。——《醉翁亭记》

一块石头沉在水底，岸上的人都看不见，只有等水位落下去了，石头才会显露出来。事情的真相正如沉在水底的石头，只有等水位降下去了，真相才能浮出水面。人们要了解事情真相，所要做的就是把水位降下去，把裹在真相外围的表象一一找出来，然后剔除它们。

> 三十斤为钧，四钧为石。——《汉书·律历志上》

"石"（dàn）是中国古代的重量单位。在汉代，三十斤重就相当于一钧重，四钧重就是一石重，也就是一百二十斤。古代的人们经常使用杆秤去称物体的重量。早期杆秤在称物时，要在秤的一侧挂上石头做的秤砣，以使杆秤保持稳定，从而来称量物体。这可能就是"石"字被借用作重量单位的原因。

· 字词卡片 ·

由"石"构成的汉字：
二级：碰、确、碗
三级：础、破、石
四级：矿、码、研
五级：碍、硕、碎、硬
六级：磨
高等：磅、碑、碧、磁、磋、碟、砍、磕、磊、碌、砌、砂、碳、拓、岩、砸、砖

由"石"组成的词语：
三级：石头、石油
四级：宝石
五级：化石
高等：礁石、水落石出、岩石、陨石、钻石

字体演变

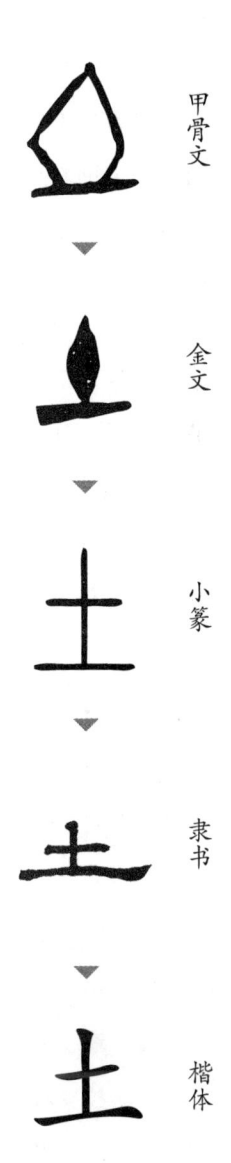

甲骨文
金文
小篆
隶书
楷体

土

· 汉字解析 ·

> 地之吐生物者也。二象地之下、地之中，丨，物出形也。凡土之属皆从土。——《说文解字·土部》

《说文解字》对"土"的解释为孕育万物的土地。从"土"的甲骨文和金文字形能够看出，"土"的字形如同凸起的土堆。在演变为小篆字形后，上下两横的"二"就如同天和地，中间的一竖"丨"就如同植物从地面长出的样子。由"土"的古文字形得知，"土"和大地是紧密联系在一起的，如

第九章 汉字与自然 | 169

"地"以"土"为偏旁，解释为孕育万物的地方。

  锄禾日当午，汗滴禾下土。——《悯农》

  土、土地对于中国人来说意义非凡。早在新石器时代，中国社会就已经进入了农耕文明阶段，在同一块土地上耕作劳动而不再奔波。土地是中国古代农民生存的依靠，没有土地，可能就没有了生存的经济来源。唐代李绅的"锄禾日当午，汗滴禾下土"描绘了中午农民在田地里辛勤劳动，汗水不断地从脸上一滴一滴掉落到田地里的画面。如今，土地在中国社会中依旧占有重要地位，中国的土地资源十分丰富，但耕地所占比重小。与古代耕作方式有所不同的是，勤劳聪明的中国人已经逐步采用机械化和大规模的方式在土地上进行耕作，中国土地的粮食生产率稳步提升。

  "土"是汉字的一个部首。以"土"为部首的字大部分与土壤有关，或是用土壤做成的事物，如"墙""城""壁""坡"。"墙"是指用土、石头、砖围成的物体。"城"是指多用土建造起来保护城市的墙体。"壁"是指用砖头、木头或土堆做成的遮挡物。"坡"的本义是土地倾斜的地方。农作物的生长离不开土壤的孕育。马铃薯明朝时传入中国，因其土中结果，形如圆豆，民间又称"土豆"。后来，"土"由土壤的意义逐渐演变为一种具有归属感的地方，如"本土"是原来生长的地方，"国土"是国家的土地。土还可以指故土、家乡，如成语"土生土长"指当地出生，当地长大；"怀土之情"指非常思念家乡的情感。在中国古代社会，交通便捷性较差，人们出行一次的时间较久。像一些游子、将士等在外之人都有怀土之情，他们深深地思念着自己的故乡。

·字词卡片·

由"土"构成的汉字：
一级：场、地、坏、块、在、走、坐
二级：墙、堂
三级：城、基、坚、社、土、幸、增、至
四级：堵、肚、圾、均、垃、培、填、型、址
五级：壁、堆、坦、吐、域
六级：埋、墨、墓、坡、塞、圣、寺、塔、庄
高等：坝、堡、尘、赤、堤、垫、杜、堕、坟、垦、坑、垮、垄、牡、坪、墅、坛、塘、灶、坠

由"土"组成的词语：
四级：土地
五级：土豆
六级：本土
高等：出土、国土、混凝土、领土、泥土、土匪、土壤、土生土长

山

·汉字解析·

> 宣也。宣气散，生万物，有石而高。象形。凡山之属皆从山。——《说文解字·山部》

《说文解字》对"山"的解释是由石头组成的高地，并且"山"有高耸之势。"山"的本义就是高地。"山"的甲骨文字形就如同三座紧紧连在一起的山峰，是一个象形字。金文延续甲骨文的字形，为了方便在青铜器上篆刻，将"山"字轮廓中的留白用实体填充，后来由于字体慢慢简化，后面的字形就不易看出山的形态了。

"山"字旁的字通常都与"山"有关。比如"峰"表示山的尖顶；"岭"表示顶上有路可通行的山；"崖"表示山石或高地陡立的侧面；"峻"是指高大的山；"峡"表示两山夹水的地方；"岸"表示江、河、湖、海等水边的陆地。

> 为山九仞，功亏一篑。——《尚书·旅獒》

"山"指高地，是自然景观。上边这句话的意思是九仞高的山，只差一筐土而不能完成，也比喻做事情只差最后一点没能完成。中国疆域辽阔，地形复杂，有不计其数的山川。中国古代许多诗人都创作出了特别的诗来赞美这些山。中国最著名的五座山被称为五岳，分别是：中岳嵩山，海拔1491.71米，位于河南省郑州市登封市；东岳泰山（图9-3），海拔1545米，位于山东省泰安市泰山区；西岳华山，海拔2154.9米，位于陕西省华阴市；南岳衡山，海拔1300.2米，位于湖南省衡阳市南岳区；北岳恒山，海拔2016.1米，位于山西省大同市浑源县。并不是说中国只有五岳的山景最佳，明朝旅行家徐霞客就对黄山赞叹不已："薄海内外之名山，无如徽之黄

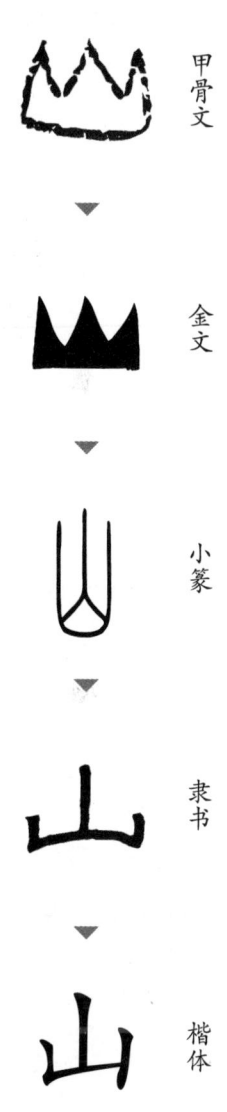

字体演变

甲骨文

↓

金文

↓

小篆

↓

隶书

↓

楷体

山。登黄山，天下无山，观止矣！"后人据此引申为"五岳归来不看山，黄山归来不看岳"，就是说看了五岳就不用看普通的山了，而看了黄山就不用看五岳了。

图 9-3　泰山

·字词卡片·

由"山"构成的汉字：
一级：出、山、岁
四级：密
五级：岸、击、幽
六级：崇、岛、峰、岗
高等：崩、灿、岔、崛、峻、岭、岂、嵌、炭、峡、仙、崖、岩、屹、屿、岳、峙

由"山"组成的词语：
二级：爬山
四级：登山
五级：山区
六级：山峰、山谷、山坡
高等：冰山、出山、高山、火山、侃大山、山川、山顶、山冈、山岭、山路、山寨、下山、雪山、愚公移山

川

·汉字解析·

贯穿通流水也。《虞书》曰："濬〈〈〈，距川。"言深〈〈〈之水会为川也。凡川之属皆从川。——《说文解字·川部》

"川"是象形字，甲骨文字形就像弯曲的水流。《说文解字》对"川"的解释是穿过高山或陆地奔流不息的河水。"川"的本义就是河流、河水。

中国最有名的两条河流是长江和黄河。长江发源于青海省西南部、青藏高原上的唐古拉山脉主峰各拉丹冬雪山，曲折东流，先后流经青海、四川、西藏等11个省、自治区和直辖市，最后流入东海。长江全长6300余公里，是我国第一大河、世界第三大河。黄河发源于青藏高原巴颜喀拉山北麓的约古宗列盆地，自西向东分别流经青海、四川、甘肃等9个省（自治区），最后流入渤海。黄河的长度仅次于长江，全长5400余公里，是中国第二大河。黄河是世界上含沙量最多的河流，是中华文明最主要的发源地，被称为中国的母亲河。长江和黄河都是自西部发源，流入东部大海。中国地形的特点是西高东低，大致呈阶梯状分布，所以河流由西向东流。

百川东到海，何时复西归？——《长歌行》

"百川"就是很多河流，很多河流向东奔腾到大海里，什么时候可以重新返回西境呢？这句诗深层的意思是时间飞速流逝，不能复返。河水的流动是不会停息的，"川流不息"就是形容行人、车马等像流水一样连续不断。

"山川"可以指山岳和河流，如"名山大川"就是指闻名的高山和大河。中国地域辽阔，有很多名山大川，如"五岳"

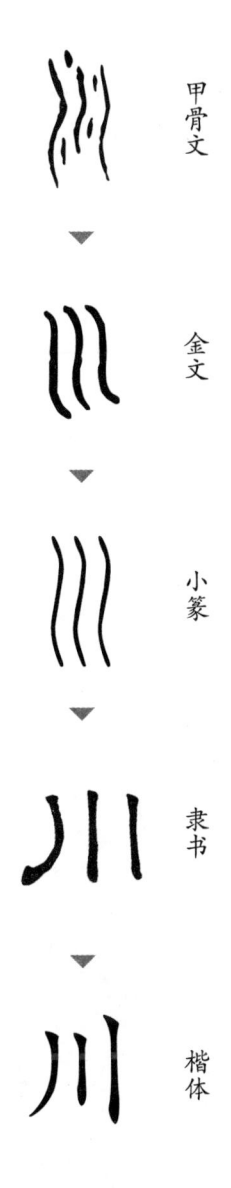

字体演变

| 甲骨文 |
| 金文 |
| 小篆 |
| 隶书 |
| 楷体 |

第九章 汉字与自然

字体演变

小(甲骨文) → 小(金文) → 川(小篆) → 小(隶书) → 小(楷体)

是五座名山,大川除了长江和黄河,还有珠江、松花江、淮河、海河、辽河等,这些都是了解中国自然的窗口。

"山川"也可以指地质概念,露出地表高高耸立的是山,山与山之间的地带便是川,所以"川"也指地势平坦的地方。

近年来,由于气候变化和人类活动,中国的河流面临着一系列的问题,如水源污染、河流干涸等。国家积极建立河流生态保护区,通过实施截污、保护绿色生态、加强河流两岸植树造林等措施解决河流问题。习近平主席提出"绿水青山就是金山银山",生态环境保护和经济发展并不矛盾,我们要积极保护自然环境,坚持人与自然和谐共生。

·字词卡片·

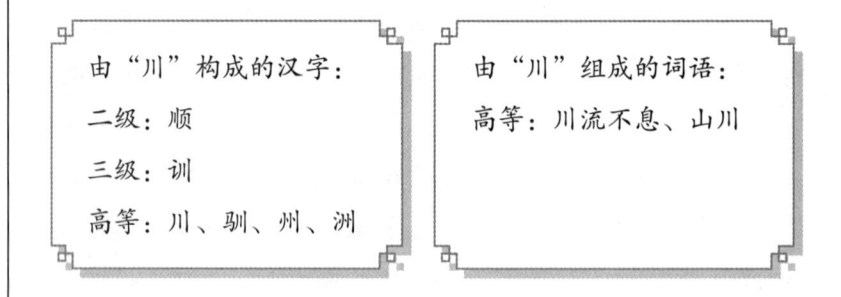

| 由"川"构成的汉字:
二级:顺
三级:训
高等:川、驯、州、洲 | 由"川"组成的词语:
高等:川流不息、山川 |

小

·汉字解析·

> 物之微也。从八,丨见而分之。凡小之属皆从小。——《说文解字·小部》

"小"字最早见于甲骨文,从甲骨文字形可以看出它是由三颗细碎的粒状物组成的。金文字形与甲骨文字形保持一致,而小篆字形有所变化,由中间一竖和左右两撇组成,《说文解字》对"小"的解释是物体细微的特征。

会当凌绝顶，一览众山小。——《望岳》

"小"是形容词，词义与"大"相对，表示在数量、重量、体积等方面不如一般水平。杜甫《望岳》中的这句诗描绘了诗人登上泰山的山顶后，感觉其他山峰都渺小了起来。这和《说文解字》中对"小"的解释是一致的。在日常生活中使用汉语时，我们经常在一些物体前加上"小"来形容物体的体积、面积等，比如"小苹果""小房间""小水杯""小电视"等。在一些名词前加"小"除了可以描述物体的大小，有时也可以为词语增添说话人的感情色彩，带有亲切的情感。例如"小花猫儿""小熊猫儿"。"大"和"小"经常同时出现在一个成语中，如"大惊小怪""大同小异"等。"大惊小怪"是指对不太重要的事情表现出较大的反应，"大同小异"是指大体上相同，只是还存在非常小的差异。两个成语中的"大"和"小"都形成了鲜明的对比。

"小"还引申为年幼的意思，表示年龄上的细微特征，如"小妹"就是指自己年幼的妹妹。类似表示年龄小的词语还有"小朋友""小学生""小伙子"，这些词语中的"小"都表示"年幼"。有时在称呼一个人的时候，经常在姓氏前面加上一个"小"字，从而表达一种亲近的态度，如"小王"。这样称呼更能说明两个人之间关系良好，情感联系比较密切。

· 字词卡片 ·

由"小"构成的汉字：

一级：京、少、小

二级：当、原

三级：光

四级：尚、孙

五级：尝、尔

六级：尖

高等：尘、雀、肖

由"小"组成的词语：

一级：小孩儿、小姐、小朋友、小时、小学、小学生

二级：从小、大小、小声、小时候、小说、小心、小组、中小学

四级：矮小、缩小、小吃、小伙子、小型

五级：胆小、小偷儿

六级：小费、小麦、小于

高等：穿小鞋、大街小巷、大惊小怪、大同小异、渺小、狭小、小丑、小贩、小看、小康、小路、小品、小气、小区、小曲、小人、小提琴、小溪、小心翼翼

字体演变

甲骨文 → 金文 → 小篆 → 隶书 → 楷体

重

·汉字解析·

厚也。从壬東声。凡重之属皆从重。——《说文解字·重部》

《说文解字》对"重"的解释是厚重。该字最早见于商代的甲骨文，从"重"的甲骨文字形可以看出，它的上半部分是一个"人"，下半部分是一个"東"，表示一个人带着很重的包裹在路上行走，因为包裹太过沉重，掉在了地上。"重"的金文字形是左右结构，左边是一个人，右边是他的包裹，包裹又大又重，整个字表示重量大。"重"是一个形声字，从小篆字形来看，"重"采用"壬"作形旁，采用"東"作声旁。

权，然后知轻重。——《孟子·梁惠王上》

"重"是一个形声字，从它的形旁"壬"和整个字的构形可以看出，这个字像一个人走在路上，佝偻着腰，背上驮着很重的东西。它的本义是重量大，或者体积密度大。"重"的本义从古至今使用频率都是相当高的，《孟子·梁惠王上》中这句话的意思是"只有用秤称了，才能知道物体的轻重"。如今我们也用"重"来形容物体的重量太大了，比如日常生活中经常说到的"这东西也太重了吧"。此时的"重"与"轻"相对，是一个形容词。

当"重"为名词时，引申为重量、分量，在现代汉语中，"重"经常作为语素出现在新的词语中，比如在日常生活中经常使用的"失重""比重""体重""举重""净重"等，这些词语中的"重"都表示重量、分量。

· 字词卡片 ·

由"重"构成的汉字：
一级：重
二级：懂
高等：董

由"重"组成的词语：
一级：重要
二级：重点、重视
三级：重大
四级：沉重、体重、严重、重量
五级：比重、注重、尊重
高等：保重、笨重、惨重、侧重、繁重、贵重、加重、敬重、举重、看重、隆重、浓重、慎重

字体演变

支 小篆

↓

支 隶书

↓

支 楷体

· 汉字解析 ·

> 去竹之枝也。从手持半竹。凡支之属皆从支。——《说文解字·支部》

《说文解字》对"支"的解释是竹节上生出的细竹枝。"支"字最早见于战国时期，是一个会意字。从它的小篆字形来看，上面是"竹"的上半段，下面是手。

"支"的本义为脱离竹竿的枝条，在很多古代的诗词中，"支"都是作为"枝条"的意象出现的。如《汉书》中的"支

第九章 汉字与自然

叶茂接"，唐柳宗元《柳河东集》中的"以畅其支"。后来"支"的这个义项由汉字"枝"表示，如"树枝""枝条""枝叶"。

　　诎右臂支船。——《核舟记》

　　"支"也可以为动词，因为"支"的本义是枝条，树上的枝条可以起到支撑和被支撑的作用，所以"支"引申为支撑。《核舟记》中的这句话说的就是用右臂支撑着船，这里的"支"就是作动词使用。要注意和"支"的本义进行区别，以免混淆。在日常生活中，我们经常使用"支付"一词，"支付"意思为付出、付给，多指付款，比如在商场最后结算的时候，我们一般会询问售货员需要支付多少钱。

· 字词卡片 ·

由"支"构成的汉字：	由"支"组成的词语：
三级：技、支	三级：支持、支付
五级：鼓	五级：支出、支配
六级：枝	六级：支撑、支援
高等：翅、歧、肢	高等：分支、开支、收支、透支、支票、支柱

◎**思考题**

1. 你是否理解了"日、旦、月、夕、云、气、雨、水、火、炎、金、石、土、山、川、小、重、支"的古文字形、字义之间的关系？请说说看。

2. "明、多、洋、肢"这四个汉字分别是由我们今天讲解的哪些汉字构成的？你认为这些汉字和我们今天讲解的汉字之间有什么关系？

3. 解释下面词语的意思。你会使用这些词语吗？

　　元旦　生气　炎热　土地　爬山　体重

4. 说一说，你知道中国的哪些名山和名川？最喜欢哪个地方？

视野扩展

第十章
汉字与动物

学习目标

认识"牛、兔、龙、龟、马、鼠、羊、鹿、它、燕、鸟、虎、犬"的古文字形,理解这些古文字形和字义之间的关系,了解与这些汉字有关的动物崇拜及相关文化传统,感知动物文化的延续与演变。

字体演变

牛

¥ (甲骨文字形)	甲骨文
↓	
¥ (金文字形)	金文
↓	
牛 (小篆字形)	小篆
↓	
牛 (隶书字形)	隶书
↓	
牛 (楷体字形)	楷体

牛

·汉字解析·

> 大牲也。牛，件也。件，事理也。象角头三、封尾之形。凡牛之属皆从牛。——《说文解字·牛部》

《说文解字》指出"牛"的字形就是把牛外形最具特点的部分描绘出来。"牛"的甲骨文字形抓住了牛角弯弯翘起的形状特点，与"羊"（↕）中的羊角形、"鹿"（𢉖）中的鹿角形等形成鲜明的对比。金文、小篆字形构形一致，逐渐线条化。中国是农业大国，自古以来都非常重视农业生产。牛能帮助人们犁地，提高耕种效率，大幅度地提升生产力，因此深受中国人民的喜爱。根据文献记载和考古证实，早在西周时期，牛就已经成为中国人民的耕作伙伴。勤勤恳恳的牛，陪伴中国人民走过无数岁月，共同创造了辉煌灿烂的农耕文明，同时它在劳作中表现出的性情温顺、吃苦耐劳的品性也受到推崇，使其自身成为这一优良品质的象征。

> 横眉冷对千夫指，俯首甘为孺子牛。——《自嘲》

在敌人面前毫不妥协，为人民大众鞠躬尽瘁。像牛一样，对百姓尽职尽责、任劳任怨，牛成为中国政府对百姓强烈热爱的最好象征，这句话也成为中国共产党人共同的座右铭。虽然如今牛已经逐渐被机器所取代，只有在部分偏远地区，还保留着用牛犁地的传统。但牛在中国文化中的重要性并没有因此被削减。在新时代，"牛"拥有了新的文化内涵：面对工作，我们要像牛一样勤劳踏实、认真肯干，做稳重可靠的"孺子牛"；面对挑战，我们要像牛一样坚忍不拔、稳中求进，做开拓进取的"拓荒牛"；面对困境，我们要像牛一样坚定信念、胸怀大义，做不畏艰苦的"老黄牛"。这"三牛精神"不仅是对个人精神品质的要求，更是中国从艰难中一路走来的伟大精神写照。

最后，由于牛在中国历史发展中的重要作用以及由此产生的对牛的喜爱，中国人也常用"牛"来表达对他人的赞美。比如，当一个人在某一领域很专业、很拔尖的时候，我们就可以称呼其为"牛人"或者夸赞其"你真牛"！

但有些含"牛"的词也有贬义色彩。牛一般较为执拗、固执，因此用"牛气"形容骄傲自大的神气；"牛脾气"是固执倔强的脾气，即犟脾气。牛皮柔软而有韧性，也被用来指虚套的话，"吹牛皮"就是说大话的意思，也称"吹牛"。

· 字词卡片 ·

由"牛（牜）"构成的汉字：	由"牛"组成的词语：
一级：牛	一级：牛奶
二级：件、特、物	五级：牛仔裤
六级：牢、牵、牲、牺	六级：奶牛
高等：牡、牧	高等：吹牛

兔

· 汉字解析 ·

> 兽名。象踞，后其尾形。兔头与龟头同。凡兔之属皆从兔。——《说文解字·兔部》

"兔"的甲骨文字形像兔的侧形，抓住了兔子耳朵下垂、尾巴短小的基本特征。金文、小篆、隶书字形逐渐线条化，腿由朝左变为朝下，短尾巴脱离兔身演变为一个点，从字形上几乎看不出兔子的外形特点。

兔子在十二生肖中排第四位，一直被视为祥瑞的象征，中国人喜爱兔子，在中国传统节日中也少不了兔子的身影。元宵节就有拉兔子灯（图10-1）的习俗，兔子是吉祥之物，因此把兔子灯拉到各个地方就是在传递好运，这一习俗现在尤其受到儿童的欢迎。

字体演变

甲骨文 ⇒ 金文 ⇒ 小篆 ⇒ 隶书 ⇒ 楷体

图 10-1　兔子灯

白兔捣药成，问言与谁餐。——《古朗月行》

在中国文化中，兔子和月亮也有着密切的联系。相传在月亮上有一只小兔子，负责在月宫中捣药，服用它捣成的药丸就可以长生成仙（图 10-2）。由于它毛色莹白如玉，我们常称它为"玉兔"。

图 10-2　2018 年 9 月 15 日，中国邮政发行了《月圆中秋》系列邮票，邮票上半部分展现了玉兔捣药的神话故事

成语"守株待兔"是从一个寓言故事演化而来的。故事讲的是有个人在田地里耕作，突然有一只兔子急急忙忙地跑过来，一头撞死在了树上。这个人很开心，想着今天白白收获了

一只兔子，要是每天都能收获一只兔子，他就不用再这么辛苦地耕作了。于是，他不再耕地，每天守在树旁边，希望能再有兔子撞死在树上，然而时间一天天过去，他再也没有捡到兔子，田地也因此荒废了。这个故事提醒我们不要心存侥幸，企图不劳而获，想要收获就必须付出努力。

· 字词卡片 ·

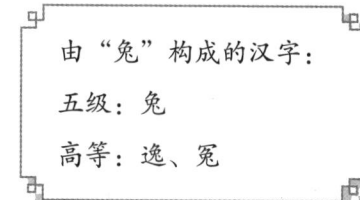

由"兔"构成的汉字：	由"兔"组成的词语：
五级：兔	高等：守株待兔
高等：逸、冤	

龙

· 汉字解析 ·

> 鳞虫之长。能幽，能明，能细，能巨，能短，能长；春分而登天，秋分而潜渊。从肉，飞之形，童省声。凡龙之属皆从龙。——《说文解字·龙部》

"龙"的甲骨文字形就像一只飞在空中的怪兽，𠂇表示张开的嘴，⟩则表示长而巨大的龙身。龙是传说中的动物，《说文解字》对"龙"的解释是有鳞片的动物的首领，能控制天地的明暗，能改变自身的体形，在春分时登上天空，在秋分时潜入深渊。

水不在深，有龙则灵。——《陋室铭》

水不在于深浅，只要有龙就有灵气。在古人的想象中，龙是充满灵性的神物，这种对龙的崇拜始于对自然现象的敬

字体演变

甲骨文
↓
金文
↓
小篆
↓
隶书
↓
楷体

第十章 汉字与动物

畏。古时候，由于认知水平的限制，人们无法解释降雨、刮风、打雷等自然现象，只能将它们看作是神明力量的体现，对龙的崇拜也由此产生。统治阶级利用人们对龙的崇拜心理，将龙的形象与帝王结合起来，进一步巩固统治地位。从此，帝王被称为"真龙天子"，被视为神龙在人间的化身。

> 诸葛孔明者，卧龙也。——《隆中对》

由于龙的神性和它至高无上的地位，人们也会用龙形容那些超凡脱俗的人才，其中最具代表性的就是诸葛亮。诸葛亮是三国时期杰出的政治家、军事家和文学家，在历史上极具影响力，在中国文化中已经成为智慧的代名词。他在尚未出仕时就被人称为"卧龙"，指蛰伏着的人中之龙，意在称赞他的过人才智。成语"望子成龙"也吸收了"龙"的这种含义，指父母希望孩子能够成长为杰出的人才。

龙在中国文化中占有非常重要的地位，在十二生肖中排第五位。时至今日，龙已经成为整个中华民族的精神图腾。龙的形象是由多种动物融合而成的，与中国和谐统一的思想相契合。中国是多民族国家，但"我们都是龙的传人"这一理念把所有民族融合在了一起，形成中国现在和而不同、百花齐放的民族风貌。

南北朝时期，有位著名的画家叫张僧繇，他每次画龙的时候都不画龙的眼睛，别人问他这么做的原因，他说眼睛是龙的灵魂，只要加上了眼睛，画上的龙就会变成真的龙飞走。所以，成语"画龙点睛"就用来比喻讲话或写文章时，在关键处用几句话点明实质，会让整体得到升华。

·字词卡片·

由"龙"构成的汉字：	由"龙"组成的词语：
三级：龙	高等：画龙点睛、恐龙、来龙去脉、龙舟、尼龙、跑龙套、沙龙、水龙头
六级：宠	
高等：聋、笼、拢、垄、庞、袭	

龟

·汉字解析·

> 旧也。外骨内肉者也。从它，龟头与它头同。天地之性，广肩无雄；龟鳖之类，以它为雄。象足甲尾之形。凡龟之属皆从龟。——《说文解字·龟部》

"龟"的甲骨文字形把乌龟的头、脚以及背甲的纹路都表现了出来。虽然随着字形的演变，笔势有所简化，但小篆、隶书等字形依然保留着乌龟鲜明的外形特征。《说文解字》对"龟"的解释是年岁长久，一种外面是骨头里面是肉的动物。

> 龟为卜，蓍为筮。——《礼记·曲礼》

用龟甲来预测吉凶叫作"卜"，用蓍草来预测祸福叫作"筮"。乌龟在中国古代是重要的占卜工具，与占卜文化有着密切的关联。商周时期，王室常用龟甲和兽骨进行占卜，并将占卜结果刻在甲骨之上，这就是甲骨文（图10-3）的由来，甲骨文也因此被称为"甲骨卜辞"。古人一般认为"小事则筮，大事则卜"，意思是小事用蓍草来占卜，大事则用龟甲来占卜，足见乌龟在占卜中的重要地位。

乌龟之所以会被选为占卜的工具，与其自身的特性是分不开的。在古人眼中，乌龟隆起的背甲就像天，平坦的腹甲就像地，从整体上看，是同时背负着天地的动物，这与古人天圆地方的理念相契合，乌龟也因此被认为是

图10-3 现藏于殷墟博物馆的龟甲片

字体演变

甲骨文
↓
金文
↓
小篆
↓
隶书
↓
楷体

第十章 汉字与动物 | 185

字体演变

甲骨文 → 金文 → 小篆 → 隶书 → 马（楷体）

上知天文下知地理的灵物，能够起到与神灵沟通的作用。而乌龟的长寿是它被选为占卜工具的另一原因，在古人看来，寿命越长，见识越广，越值得请教，所以选择了长寿的乌龟来为他们答疑解惑。

> 吾闻楚有神龟，死已三千岁矣。——《庄子·秋水》

长寿无疑是乌龟在中国文化中最为突出的特质，《庄子·秋水》中就记录了相关的传说："我听闻楚国有神龟，死的时候已经三千岁了。"

> 神龟虽寿，犹有竟时。——《龟虽寿》

然而再长的生命也是有尽头的，即使是长寿的神龟也难免一死。生命有限，这是无法撼动的自然规律，而我们能做的就是把握住有限的生命，在有限中追求无限的可能。

· 字词卡片 ·

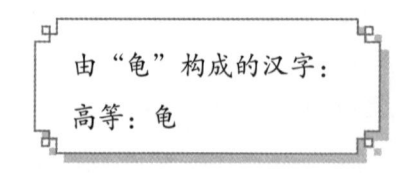

由"龟"构成的汉字：
高等：龟

马

· 汉字解析 ·

> 怒也。武也。象马头髦尾四足之形。凡马之属皆从马。——《说文解字·马部》

"马"的甲骨文字形抓住了马的外形特征，描绘了马的头部、尾巴和足部的大致形状，背部的三笔代表马背上的鬃毛。

《说文解字》对"马"的解释是昂首怒目、勇武的动物。

马在十二生肖中排第七位,是中国文化的重要组成部分。在中国的畜牧业中,养马的历史是最为丰富和悠久的,早在原始社会晚期,中国就已经开始驯马养马了,可以说数千年来,马为中国人民的生产生活以及中华民族的形成与发展立下了"汗马功劳"。

马者,甲兵之本,国之大用。——《后汉书》

马是战争的根本,对国家有重要的作用。在中国古代,马是至关重要的战力资源,是国家实力的象征。秦始皇兵马俑中留存下来的大量战车和骑兵(图10-4)就证明了这一点,即使到现在,我们也还会用"千军万马"来形容那些声势浩大的队伍。

图 10-4　兵马俑里的战车和骑兵

世有伯乐,然后有千里马。千里马常有,而伯乐不常有。——《马说》

马有优劣,那些跑得快的好马被称为"骏马",但再好的骏马也需要伯乐来发现。伯乐原指天上管理马匹的神仙,后来人们把擅长鉴别马匹优劣的人也称为伯乐。这个世界上好马常有,但缺少有眼光的伯乐,这对人来说也是一样的,人才常有,但缺少发现人才的人,所以现在伯乐通常指能够发现并培养人才的人。

有些含"马"的词也有贬义色彩,比如"马后炮"指在事后才采取行动,但已经无法补救;"马虎"用来形容一个人漫不经心、态度草率不谨慎。

字体演变

㞢 → 𪕸 → 鼠 → 鼠

甲骨文 → 小篆 → 隶书 → 楷体

·字词卡片·

由"马"构成的汉字：

一级：妈、马、吗

二级：骑

三级：验

四级：码

五级：闯、驾、骂、骗、驶

六级：骄、驻

高等：驳、驰、冯、骇、骏、驱、骚、腾、驮、驯、驭、骤

由"马"组成的词语：

一级：马路、马上

六级：马车

高等：黑马、骏马、马后炮、马虎、马力、马桶、马戏、千军万马

鼠

·汉字解析·

穴虫之总名也。象形。凡鼠之属皆从鼠。——《说文解字·鼠部》

"鼠"的甲骨文字形就是一只直立的老鼠张着嘴正在啃咬食物的样子，旁边的小点（ ）代表食物的碎屑。"鼠"的字形不仅展现了老鼠的外形，还展现了老鼠的习性。《说文解

188 | 汉字与中国文化

字》对"鼠"的解释是一种住在洞穴中的动物。

在中国文化中，鼠几乎没有正面形象。老鼠生活在洞穴中，害怕见人，昼伏夜出，又常常偷取食物、传染疾病，人们对此深恶痛绝。因此，大量与鼠相关的成语均为贬义词，如"胆小如鼠"形容人非常胆小；"鼠目寸光"指人目光短浅；"抱头鼠窜"形容逃窜时的狼狈模样。

那为什么形象卑劣的老鼠会排在十二生肖的第一位呢？关于这一点有多种传说，有一种说法是十二生肖是根据一天中的十二个时辰排列的，老鼠常在子时活动，而子时正是混沌初开之时，所以老鼠就排在了第一位。另一种说法是玉帝为了选出十二生肖，指定了一个目的地，根据动物们到达的先后顺序进行排列。老鼠知道后偷偷藏在了牛身上，在最后关头冲刺，偷来了第一，这种说法充分展现了人们对老鼠的负面印象。

> 硕鼠硕鼠，无食我黍！——《诗经·魏风·硕鼠》

由于老鼠经常偷吃百姓家中的食物，形象又阴暗丑陋，所以人们也会用老鼠来比喻贪得无厌、不劳而获的统治阶级。"大老鼠呀大老鼠，不准吃我种的黍"是百姓对贪婪的剥削者发出的警告，包含着百姓对剥削阶级的愤怒憎恨以及对未来美好生活的向往。而如今这种受压迫的生活已经成为过去，美好的向往正在中国共产党的带领下逐步变为现实。

· 字词卡片 ·

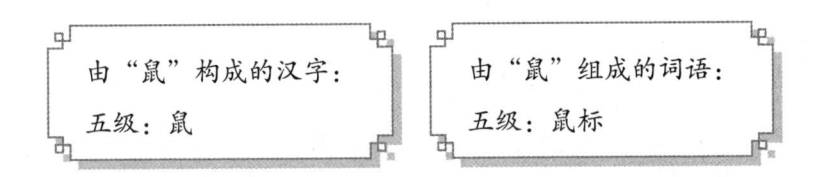

由"鼠"构成的汉字：	由"鼠"组成的词语：
五级：鼠	五级：鼠标

字体演变

甲骨文 → 金文 → 小篆 → 隶书 → 楷体

羊

·汉字解析·

> 祥也。从丫，象头角足尾之形。孔子曰："牛羊之字以形举也。"凡羊之属皆从羊。——《说文解字·羊部》

"羊"的甲骨文字形模仿了羊角弯而下垂的样子，借羊角的特征将"羊"与"牛"（Ψ）等其他字形区分开。《说文解字》对"羊"的解释是吉祥。古代常借"羊"字为"祥"字，青铜器上常有"大吉羊"的铭文，意思就是"大吉祥"。

> 羊大则美。——《说文解字》
>
> 羊在六畜中主给膳也。——《说文解字》

羊在十二生肖中排第八位，作为最早被驯养的动物之一，它是中国饮食文化的重要组成部分。《说文解字》在解释"美"时提到，羊的主要作用是供人食用。在古代，百姓生活物资匮乏，食物是非常宝贵的，所以羊的个头越大，对人类的生存意义也就越大，因此在百姓朴素的价值观中，羊的个头大就是美。同时，形容食物味道的"鲜"也以"羊"为偏旁，足见古人在饮食上对羊的偏爱。

> 三牲：牛、羊、豕。——《诗经·小雅·鱼藻》

古人对羊的偏爱还体现在祭祀文化上。羊性格温顺、平和忠厚，正是因为这些美好的品质，古人认为羊是吉祥的象征，开始在羊身上寄托各种美好的祈愿，羊也因此被视为灵物，被用作与神灵沟通的媒介。在中国古代，牛、羊、猪是最常见的祭祀用品，被合称为"三牲"，从中不难看出羊在祭祀文化中的特殊地位。

> 羊有跪乳之恩，鸦有反哺之义。——《增广贤文》

孝顺是羊在中国文化中的另一突出特质。小羊羔在喝奶时是跪着的，这被人们视为是一种对母羊的感恩之举，所以羊在中国文化中也成为孝顺的象征。小羊羔有跪下来接受母乳的感恩举动，小乌鸦有衔食物喂母乌鸦的情义之举，为人子女的我们更应该感恩孝顺父母。

> 亡羊而补牢，未为迟也。——《战国策》

成语"亡羊补牢"的意思是羊逃出去了再修理羊圈，还不算太晚，现在常用来形容出了问题后应该想办法补救，以免损失进一步扩大。

·字词卡片·

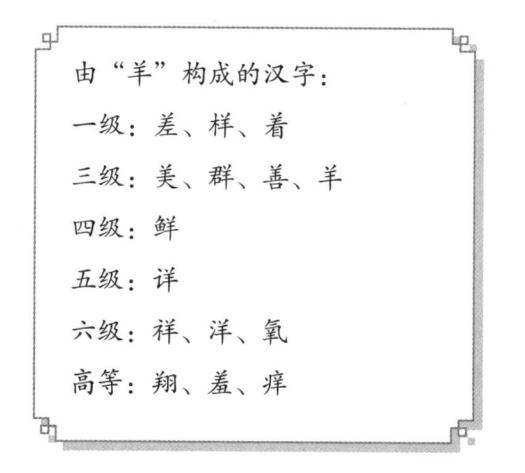

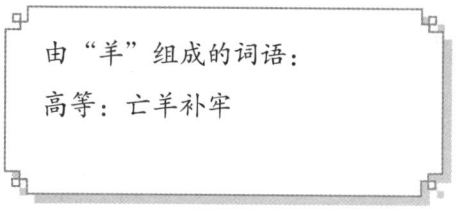

由"羊"构成的汉字：
一级：差、样、着
三级：美、群、善、羊
四级：鲜
五级：详
六级：祥、洋、氧
高等：翔、羞、痒

由"羊"组成的词语：
高等：亡羊补牢

鹿

·汉字解析·

> 兽也。象头角四足之形。鸟鹿足相似，从匕。凡鹿之属皆从鹿。——《说文解字·鹿部》

"鹿"的甲骨文字形把鹿的角、头部、身体、足部和尾巴都表现了出来。虽然在每个阶段字形都有所改变，但整体的发展脉络始终十分清晰。字形上最大的变化在于，隶书中原本的鹿足与身体分离，变成了"比"字形，使字的象形性大大减弱。《说文解

第十章 汉字与动物

字体演变

甲骨文 → 金文 → 小篆 → 隶书 → 楷体

鹿

字》对"鹿"的解释是一种兽的名称。

> 呦呦鹿鸣，食野之蒿。我有嘉宾，德音孔昭。——《诗经·小雅·鹿鸣》

历史上有许多关于鹿的典故。《诗经·小雅·鹿鸣》中这句话的意思是鹿在呦呦地叫，在原野上快乐地吃蒿草。我有宾客贤才到访，他们的德行高尚。这首诗描绘了轻松愉悦的宴会氛围，是古人在宴会上所唱的歌。后来曹操在《短歌行》里引用了其中的"呦呦鹿鸣，食野之苹"来表达求贤若渴之情。中国首位诺贝尔医学奖获得者、著名的药学家屠呦呦的名字就取自"呦呦鹿鸣"。更为巧合的是，她也正是因为坚持对青蒿素的研究，最终有效降低疟疾的致死率，获得诺贝尔奖，与"食野之蒿"不谋而合。

> 秦失其鹿，天下共逐之。——《史记·淮阴侯列传》
> 未知鹿死谁手。——《晋书·石勒载记》

鹿是常见的野兽，是古人打猎时追捕的对象，所以也经常被比作政权或最后的胜利。"秦失其鹿，天下共逐之"的意思是秦王丢了一只鹿，天下的英雄好汉一起来追捕它，用来比喻当前的局势——秦王失去了政权，群雄争夺天下，后被概括为"逐鹿中原"。"未知鹿死谁手"的意思是和他在中原较量一下，到时候还不知道鹿会死在谁的手里，现在常用来比喻不知政权或胜利最终会落入谁的手中。

· 字词卡片 ·

由"鹿"构成的汉字：
高等：鹿

它

·汉字解析·

> 虫也。从虫而长，象冤曲垂尾形。上古草居患它，故相问无它乎。凡它之属皆从它。——《说文解字·它部》

"它"的本义和现在的常用义完全不同。从甲骨文字形看，"它"的本义指蛇，字形就像蛇蜷曲着身体尾巴垂下的样子。随着字形的不断变化，线条趋于平直，蛇头部分演变成"宀"，蛇身和蛇尾演变成"匕"，象形性减弱。同时由于"它"经常被借用，为了区别，就在原字上加上"虫"字旁，专指蛇。

蛇是爬行类动物，外表恐怖，又常栖息于湿冷阴暗处，久而久之就成为阴险狡诈的代名词。许多成语都与蛇的这种特质有关，比如"蛇蝎心肠"用来形容一个人心肠狠毒；"佛口蛇心"则指表面说话好听，实则内心十分歹毒。

> 伏羲、女娲，蛇身而人面，有大圣之德。——《列子》

但蛇在中国文化中的形象并不总是负面的。蛇在十二生肖里排第六位，中国文化中对蛇的崇拜甚至可以追溯到文化的发源期。蛇的繁殖能力非常强，因此被先民们视为是生殖繁衍的象征，形成了对蛇的生殖崇拜。在神话传说中，伏羲和女娲是人类始祖（图10-5），二者的结合带来了

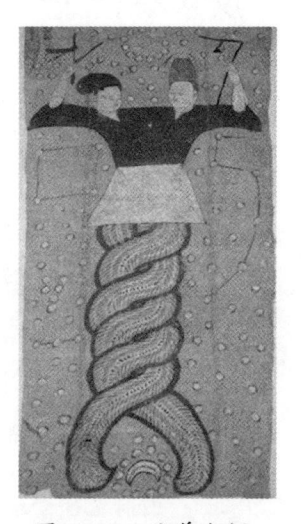

图10-5 伏羲女娲像，1963年4月出土于新疆吐鲁番阿斯塔那古墓，现藏于故宫博物院

字体演变

甲骨文 → 金文 → 小篆 → 隶书 → 楷体

第十章 汉字与动物 | 193

字体演变

𠂇 甲骨文

▼

燕 小篆

▼

燕 隶书

▼

燕 楷体

人类文明的繁衍。而伏羲和女娲都以人面蛇身的形象出现，即上半身是人，下半身是蛇一样的躯体。这种形象是对蛇的生殖崇拜的具象体现，代表着强大的生命力和旺盛的生育力。直至今天，在中国的部分地区依然保留着祭拜蛇的习俗。

· 字词卡片 ·

由"它"构成的汉字：	由"它"组成的词语：
二级：它	二级：它们
五级：蛇	
高等：鸵	

燕

· 汉字解析 ·

> 玄鸟也。籋口，布翅，枝尾。象形。凡燕之属皆从燕。——《说文解字·燕部》

"燕"的甲骨文字形就像一只嘴巴张开、翅膀细长、尾巴分岔的小燕子。小篆字形变得对称，并多了表示燕子脊背的 凵。隶书则将燕子分岔的尾部（人）变成四个点（灬），象形程度进一步减弱。《说文解字》对"燕"的解释是赤黑色的鸟，长着钳子一样的嘴、布帛一样的翅膀、枝丫一样的尾巴。

> 旧时王谢堂前燕，飞入寻常百姓家。——《乌衣巷》

燕子是益鸟，人们喜爱燕子，所以燕子在家中筑巢会被视为吉祥。燕子喜欢在干燥的地方筑巢，在古代，只有达官显贵才有能力居住防水性良好的屋子，因此燕子也被认为是富贵的象征。这句诗的意思是当年富贵人家的燕子,如今都飞进了寻常百姓的家里,就是在借燕子表达世家的兴衰、时代的更替。现在中国人民的生活水平大大提升,燕子早就不再是贵族阶级的专属,它们飞入了老百姓的家里,成为福运的象征。

几处早莺争暖树,谁家新燕啄春泥。——《钱塘湖春行》

几只早出的黄莺在争夺向阳的暖树,谁家新飞来的燕子正在啄取春泥筑巢,燕子和春天的联系总是非常紧密。燕子是候鸟,会随着季节迁徙,燕子的到来就意味着春天的到来,因此燕子也是春天的象征。

落花人独立,微雨燕双飞。——《临江仙·梦后楼台高锁》

落花间人孤独地站着,细雨中燕子成双地飞翔。燕子的成双成对与人的孤独无依形成对比,饱受相思之苦的人羡慕燕子的出双入对。由于燕子常常成双成对出现,雌雄鸟一同哺育雏鸟,所以在中国文化中,燕子也常被当作爱情的象征。

·字词卡片·

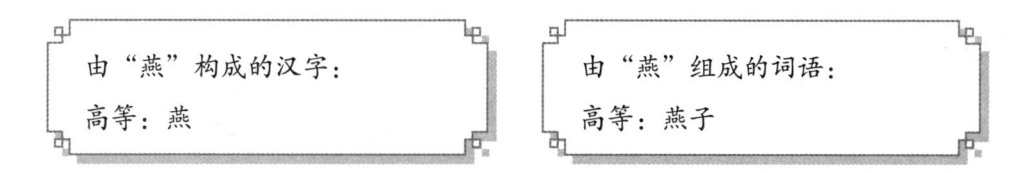

由"燕"构成的汉字:	由"燕"组成的词语:
高等:燕	高等:燕子

鸟

·汉字解析·

长尾禽总名也。象形。鸟之足似匕,从匕。凡鸟之属皆从鸟。——《说文解字·鸟部》

"鸟"是象形字,"鸟"的甲骨文字形突出了鸟嘴、鸟爪以及尾巴的特点。金文和小篆字形趋于抽象,但依然保留着比较明显的象形特征。而隶书则发生了比较大的变化,将鸟的尾巴和爪子合写,使鸟尾、鸟爪的象形特征不再突出。《说文解字》对"鸟"的解释是长尾飞禽的总称。

字体演变

甲骨文 → 金文 → 小篆 → 隶书 → 楷体

天命玄鸟，降而生商。——《诗经·商颂·玄鸟》

鸟崇拜文化在中国古代有着非常深远的历史。玄鸟降临人间，原始部落认为玄鸟是神的使者，对它顶礼膜拜。《诗经·商颂·玄鸟》中记载的商部族的诞生过程可以帮助我们理解这一点：一个叫简狄的女人吞下了玄鸟的蛋，生了一个儿子起名叫"契"，而契就是商部族的祖先，玄鸟也因此成为商部族的图腾。

这种对鸟的崇拜也体现在古代官员的官服上。文官的官服都绣有不同的鸟类（图10-6至图10-14），代表不同的官阶，同时也象征着身穿之人拥有的美好品质[①]：

一品绣仙鹤，仙鹤象征着高洁，是鸟中君子；

图 10-6 绣仙鹤

二品绣锦鸡，古人认为锦鸡代表着"文、武、勇、仁、信"五种品德；

图 10-7 绣锦鸡

[①] 历朝历代在鸟类的选择上有所不同，此处以清代官服为标准。

三品绣孔雀，孔雀的外表华丽富贵，被视为瑞禽；

图 10-8　绣孔雀

四品绣云雁，云雁飞行有序，象征着秩序和踏实；

图 10-9　绣云雁

五品绣白鹇，象征着正直清廉；

图 10-10　绣白鹇

六品绣鹭鸶，鹭鸶羽毛洁白，是高洁、纯洁的代表；

图 10-11　绣鹭鸶

七品绣鸂𪆰，寓意志向远大；

图 10-12　绣鸂𪆰

八品绣鹌鹑，因与"安"同音，故成为平安、安居乐业的象征；

图 10-13　绣鹌鹑

九品绣练鹊，练鹊也称蓝鹊，是权力的象征。

图 10-14　绣练鹊

·字词卡片·

由"鸟"构成的汉字：
一级：鸡
二级：鸟
五级：鸭
高等：鹅、鸽、鹤、鸣、鹏、鸦、鹰

由"鸟"组成的词语：
高等：鸟巢

虎

·汉字解析·

　　山兽之君。从虍，虎足象人足。象形。凡虎之属皆从虎。——《说文解字·虎部》

　　"虎"是象形字，"虎"的甲骨文字形就是一只头在上、尾巴在下的侧身老虎形象，老虎张开大嘴、牙齿尖锐、爪子锋利、尾巴细长，通身布满花纹。到了金文，字形趋于简省，开始用线条代替花纹。发展至小篆与隶书阶段，字形进一步抽象，已经看不

字体演变

甲骨文 → 金文 → 小篆 → 隶书 → 楷体

出老虎爪子和尾巴的形状了。《说文解字》对"虎"的解释是山中野兽的君王。

老虎凶猛强悍，且额头上的花纹形似汉字"王"，因此被视为百兽之王，对虎的崇拜也由此产生。成语"狐假虎威"就体现了老虎百兽之王的地位。其出自《战国策》，说的是狐狸借助老虎的威风吓退了百兽，现在一般用来形容依仗他人权势欺压弱小。

云从龙，风从虎。——《周易·乾卦》

"云跟随龙，风跟随虎。"《周易·乾卦》中的这句话将老虎与天上尊贵的龙相提并论，把老虎看作是神性和权力的化身。动物的强大和勇猛极易使人们产生敬畏之心，人们害怕老虎又崇拜老虎，这种复杂矛盾的心理构成了中国虎文化的核心。

正是因为老虎的强大和它在人们心中的超凡地位，许多中国传统故事也会通过与老虎的对抗来表现人的勇武，"武松打虎"就是其中的代表。"武松打虎"的故事出自《水浒传》，讲的是武松在探望兄长的路上，途经景阳冈，当地人告诉他景阳冈上有老虎会伤人，劝他绕路而行。武松毫不畏惧，连喝十八碗酒，冲上景阳冈，赤手空拳打死了老虎，为当地百姓除去了危害，武松也因为能战胜虎而成为武力高强的代表，从此名声大噪。

·字词卡片·

由"虎"构成的汉字：
五级：虎
高等：唬

由"虎"组成的词语：
高等：马虎

犬

·汉字解析·

> 狗之有县蹄者也。象形。孔子曰:"视犬之字如画狗也。"凡犬之属皆从犬。——《说文解字·犬部》

"犬"是象形字,孔子说"犬字就像是画狗的样子"。《说文解字》对"犬"的解释是一种有悬趾的狗。一般狗只有四个脚趾,个别多出来的一个脚趾就叫"悬趾"。

> 少时好读书,学击剑,故其亲名之曰犬子。——《史记·司马相如列传》

"犬"作为人类最早驯化的家畜之一,是人类最忠实友好的朋友。其忠诚老实、任劳任怨的品性深受人们喜爱,因此人们开始借用"犬"作为谦辞,如用"犬子"来称呼自己的儿子。"犬子"一词最早出自《史记》,司马相如少年时代喜爱读书练剑,他的父亲给他起名为"犬子",虽然后来司马相如因为仰慕战国时期的名相蔺相如而改名,但"犬子"这个名字还是因为司马相如而不断为人所知,人们争相模仿,也称呼自己的儿子为"犬子","犬子"就因此逐渐演变为对自家儿子的谦称。

> 仙犬修成号细腰,形如白象势如枭。铜头铁颈难招架,遭遇凶锋骨亦消。——《封神演义》

在中国历史上也有许多名犬,其中最为家喻户晓的无疑是哮天犬(图10-15)。哮天犬是二郎神杨戬的神兽,它忠心耿耿、勇猛异常,帮助杨戬斩妖

图10-15 哮天犬,截取自宋朝《二郎搜山图》

字体演变

甲骨文 → 金文 → 小篆 → 隶书 → 楷体

第十章 汉字与动物

除魔，甚至曾在杨戬和孙悟空的战斗中，给孙悟空造成过不小的麻烦，足见其强悍。《封神演义》中对哮天犬的描述是体型大而腰细，外形似白象，气势如虹，即使是再难应付的对手也难以招架它的进攻。从这段描述中我们也可以看出，哮天犬的原型其实是中国细犬，一种中国古老的狩猎犬种，绝对忠诚且狩猎欲望高，与其在神话中的形象完美贴合。

·字词卡片·

由"犬（犭）"构成的汉字：
二级：狗、哭、猫、然
三级：器、突、猪、状
四级：独、获、默
五级：猜、臭、猴、狂、厌、犹
六级：犯、狠、猛
高等：狈、猖、伏、猾、狡、狼、猎、莽、犬、狮、狭、猩、狱

由"犬"组成的词语：
高等：猎犬

◎**思考题**

1. 你是否理解了"牛、兔、龙、龟、马、鼠、羊、鹿、它、燕、鸟、虎、犬"的古文字形、字义之间的关系？请说说看。

2. "牢、逸、骏、群、蛇、鸽、猎"这七个汉字分别是由我们今天讲解的哪些汉字构成的？你认为这些汉字和我们今天讲解的汉字之间有什么关系？

3. 解释下面词语的意思。你会使用这些词语吗？

　　吹牛　守株待兔　画龙点睛　马后炮　鼠标　亡羊补牢　鸟巢　马虎　猎犬

4. 请通过具体的例子说明相同动物在不同文化中表现出的不同象征意义。

视野扩展

第十一章
汉字与植物

学习目标

认识"竹、才、林、木、生、束、华"的古文字形,理解这些汉字在日常生活中的应用和意义,了解这些汉字与人们的衣食住行以及中华精神、中华文化的关系,培养对大自然的敬畏和热爱之情。

字体演变

甲骨文
▼
金文
▼
小篆
▼
隶书
▼
楷体

竹

·汉字解析·

> 冬生草也。象形。下垂者，箁箬也。凡竹之属皆从竹。——《说文解字·竹部》

《说文解字》对"竹"的解释是在冬天生长的草。朱骏声在《说文通训定声》中注："冬生谓经冬不死。"这里的"冬生"是指经过寒冷的冬天仍旧不死，可见竹子是一种非常耐寒的植物。"竹"的甲骨文和金文字形像竹子下垂的枝叶，小篆在此基础上改用垂直的线条来表现，字形仍像竹子枝叶下垂之形。

竹子具有很高的实用价值，早在商代人们已会利用竹木制简，用绳编连成"书"，汉字的"册"（𠕁）即由此而来。"竹"是汉字的一个部首，"竹"部字大部分和竹子有关，如以竹子为原材料制作的竹器有笔、笺、箭、筐、篮、算、笠、笛、笙等。"笔"是用兽毛和竹管制作的书写和绘画工具；"笺"是指狭条形小竹片，古代没有纸，古人把竹子削为小笺，在上面书写记录；"蓑"是用竹叶和笋壳制成的防雨的衣服；"笛""笙""筝"等是用竹子制作的乐器。《周礼·春官·大师》中记载："播之以八音：金、石、土、革、丝、木、匏、竹。""八音"即制作乐器的八种材料。竹子对中国音律的起源产生了重要的影响，和音乐有着密切的联系。中国传统的吹奏乐器和弹拨乐器基本上都是用竹子制造的，可以说中国的管乐实际上就是竹管音乐。

竹子四季常青，姿态优美，傲雪凌霜，独具韵味。中国人民在长期的物质生产、生活实践和精神文化活动中，把竹子的形态特征总结、升华为一种做人的精神风貌。比如因为竹节内空，可以制作成各种竹器供人使用，竹子就有了谦虚、朴实的象征意；因为竹子不畏严寒、挺拔直立，竹子就有了不怕威逼利诱、刚直不阿的象征意等。竹子向来被文人墨客所喜爱，他们在咏竹的时候常常给竹子冠以一些雅称，如抱节君、碧虚郎、冰碧、不秋草、初篁、此君、翠筠、寒青、寒玉、琅玕、林篁等。唐宋以来，竹子与梅花、松树并称为"岁寒三友"，明代则把"梅、兰、竹、菊"比作"四君子"，竹子所代表的精神内涵已成为中华民族品格、禀赋和美学精神的象征。

可使食无肉，不可居无竹。无肉令人瘦，无竹令人俗。——《于潜僧绿筠轩》

宋代著名文人苏轼非常喜欢竹子，他提出宁可吃饭时没有肉，也不能居住的地方没有竹子，因为竹子的精神品质能够陶冶人心。苏轼还在一篇文章中提到，"故画竹必先得成竹于胸中"，意思就是在画竹子之前，画家的心中已经有了竹子的完整形象。现在，"胸有成竹"这个成语用来比喻处理事情之前已有完整的谋划打算。

·字词卡片·

由"竹（⺮）"构成的汉字：
一级：答、等、第、笑
二级：笔、筷、篮、篇、算
三级：管、简、箱
四级：笨、符
五级：籍、签、竹、筑
六级：策、箭
高等：筹、笛、竿、筋、筐、笼、篷、筛、筒、筝

由"竹"组成的词语：
五级：竹子
高等：爆竹、胸有成竹、竹竿

字体演变

中 甲骨文
▼
十 金文
▼
才 小篆
▼
才 隶书
▼
才 楷体

才

·汉字解析·

> 草木之初也。从丨上贯一，将生枝叶。一，地也。凡才之属皆从才。——《说文解字·才部》

《说文解字》对"才"的解释是小草刚刚长出来。"才"的甲骨文字形上面的一横表示土地，中间的丨像草木的茎（嫩芽）刚刚破土而出，其枝叶还没有长出来的样子。金文把甲骨文肥笔化，但字形仍像植物的种子发芽之后破土而出的样子。段玉裁在《说文解字注》中说："草木之初而枝叶毕寓焉，生人之初而万善毕具焉。故人之能曰才，言人之所蕴也。"草木刚刚发芽的时候只是小小的一株幼苗，看似脆弱无比，但是它的枝叶已经孕育在里面了。人在刚孕育的时候也不过是个小小的胚胎，但是这个小小的胚胎却包含了所有好的美的事物，所以这种万善毕具的能力或者本领也被称为才。

"成才"和"成材"在汉语中是意思非常相近的一对词语。"成才"指成为有才能的人，而"成材"有两种意思：一指自然生成的材质；二指成为某种材料，也可用来比喻成为有用的人，写作"成才"。在某些方面有才能或本事的人被称为"人才"，"人才"都有自己特别的"才华"，"才华"指一个人拥有的技能、知识和思想。比如，一个人能言善辩，有说话的才能，我们会说他"口才"很好；一个人文学修养很好，有写作的才能，我们就会说他"文才"好。

> 才者，德之资也；德者，才之帅也。——《资治通鉴》

才是指一个人的才能，德是指一个人的德行。德行要靠才能做资本，才能要用德行来统率，两者缺一不可。德是做人的根本，才是立身的依托；德是成事的基础，才是成事的保证。中国有句古话叫："有才无德是小人，有德无才是君子，德才兼备乃圣人也。"有才能但是没有品德是小人，品德大于才能是君子，德才兼备的人就是圣人。德与才都很重要，当代社会德才兼备才是优质人才的判定标准。

在现代汉语中，"才"也有副词的用法，"刚才"指刚过去不久的时间。"刚才"中的"刚"表示行动或情况发生在不久以前，因此"刚""刚才""才"均可以表示事情、动作、行为或情况发生在不久之前。

·字词卡片·

由"才"构成的汉字：	由"才"组成的词语：
二级：才	二级：刚才
三级：材、团	三级：才能、人才
四级：闭、财	五级：天才
	高等：才华、成才、口才

林

·汉字解析·

> 平土有丛木曰林。从二木。凡林之属皆从林。——《说文解字·林部》

《说文解字》对"林"的解释是平坦地面上有丛生的树木。"林"的古文字形由两个"木"组合而成，像树与树相连的样子。王筠《说文释例》："林从二木，非云止有二木也，取木与木连属不绝之意也。"即林虽然由两个"木"组合而

字体演变

甲骨文

金文

小篆

隶书

楷体

第十一章　汉字与植物

成，但并不是说只有两棵树，而是指许多树木聚在一起连绵不绝的意思。《尔雅·释地》："邑外谓之郊，郊外谓之牧，牧外谓之野，野外谓之林。"这里的"林"是指远离城市中心的地区，由此"林"引申出了野外或退隐的地方的含义，比如"隐居山林"就是指退居在山野里，远离尘世。

"林"的本义是指成片的树木或竹子，引申为聚集在一起的同类的人或事物。中国有句话叫："一人不成众，独木不成林。"这是说一个人达不到一群人（的力量），一棵树也成不了森林，表现了团结的重要性，类似的词语还有"孤掌难鸣""独木难支""单丝不线"等。两个木在一起，就表示成片的树林；三个木就是很多很多茂密的树木形成的森林。其实像"林"这种用重复构字部件来表示多的字，在汉语里还有很多，比如两个人在一起就是"从"，有跟从的意思；那么三个人就是众，如众多、大众。

园林，指在一定的地域运用工程技术和艺术手段，通过改造地形、种植树木花草、营造建筑和布置园路等途径创作而成的美的自然环境和游憩境域。园林建筑在中国传统建筑中独树一帜，从某种意义上讲，中国古典美学的精髓集中于园林。首先，中国园林既具实用性，又具审美性，既具工作性，又具休闲性。中国古典园林造园一大原则是"可游可居"，"可游"是审美性、休闲性，"可居"则是实用性、工作性。其次，中国园林既具自然性，又具人工性。它是中国人为自己建造的比较理想的生活环境。最后，中国园林兼容各种艺术。正是因为园林具有这种综合性，使得园林成为中华文化精神包括美学精神的最佳载体，成为中华文化的代表性艺术。

·字词卡片·

由"林"构成的汉字：
二级：楚
三级：麻
四级：禁、林、梦、森
高等：彬、焚、婪、淋、攀

由"林"组成的词语：
四级：森林、树林
五级：园林
高等：丛林、穆斯林、少林寺

木

·汉字解析·

> 冒也。冒地而生。东方之行。从中，下象其根。凡木之属皆从木。——《说文解字·木部》

《说文解字》对"木"的解释是树木从地面冒出向上生长。"木"的甲骨文字形像一棵树，中间的丨代表树干，往上伸展的是树枝，往下的是树根。金文字形和甲骨文大致相似，演变至小篆时才有较大的差别，原本笔直的树枝、树根变成了圆弧的形状。王筠《说文释例》："木固全体象形字也。丨象干，上扬者枝叶，下注者根株。只统言象形可矣，分疏则谬。"王筠认为"木"是一个独体象形字，其表示根部与枝干的线条本为一个整体，就是一棵树的形象，许慎将其解作"从中"，偏离了"木"字的构字理据。

"木"是汉字部首之一，从"木"的字大致可分为三种：一是有关树木的名词，如"枫""槐""桐""桂"等都是不同树木的名称；"桥""楼""栏""杆"等都是用木材建造的具有实用价值的东西。二是有关树木的动词，如种树叫"植"或"栽"；修剪树枝叫"析"等。三是有关树木的形容词，如"枯"指古木，即老树，"槁"指树木枝叶稀疏，"枯槁"连用表示植物或者人枯萎憔悴的意思。

> 木直中绳，輮以为轮，其曲中规。虽有槁暴，不复挺者，輮使之然也。——《荀子·劝学》

树木的枝条具有柔和、能屈又能伸的特性，易于砍伐和加工，因此木头在古代被应用于很多地方，有着举足轻重的地位。中国古代建筑在结构方面尽木材应用之能事，创造出了独特的木结构形式。这些建筑在达到实际功能要求的同时又具备

字体演变

| 甲骨文 |
| 金文 |
| 小篆 |
| 隶书 |
| 楷体 |

优美的建筑形体和多样的建筑风格。木结构建筑的梁柱框架容易受潮，因此需要采用在木材表面施加油漆等防腐措施，由此发展成为中国特有的建筑油饰、彩画。早在西周时期人们就开始应用色彩来装饰建筑物，后来主要用青、绿、朱等矿物颜料绘成色彩绚丽的图案，增加建筑物的美感。以木结构为主的中国传统建筑体系延续了上千年，同时在世界建筑史上也占有重要的地位。

·字词卡片·

由"木"构成的汉字：
一级：杯、床、果、机、楼、树、校、休、样、桌
二级：板、查、检、末、相、椅、澡
三级：标、材、采、村、概、格、根、极、集、架、困、李、某、木、桥、深、术
四级：案、操、构、棵、林、模、权、森、松、梯、未、植
五级：棒、柴、呆、朵、柜、核、梨、枪、染、荣、柿、桃、析、闲
六级：档、杆、横、杰、栏、梁、梅、棉、渠、探、械、枝、柱
高等：柏、柄、槽、橙、橱、谍、碟、栋、杜、杠、棺、桂、棍、杭、槐、桨、椒、橘、楷、枯

由"木"组成的词语：
三级：木头
高等：麻木、木板、木材、木匠、木偶、树木

生

·汉字解析·

> 进也。象草木生出土上。凡生之属皆从生。——《说文解字·生部》

《说文解字》对"生"的解释是前进，像小草从地面生长出来。"生"的甲骨文字形像地面上长出了一株嫩苗。"屮"像刚生长出的小草，下面的一横表示地面。"生"的本义是指出生、生长、生命。用小草破土而出这一常见的自然现象创造出表现生命降生的"生"字，这就是汉字的取象造字。

"生"在现代汉语中有很多义项。首先，"生"作动词表示事情的形成、出现和发展，如"发生""产生""滋生"等。其次，"生"作名词表示人的各种活动，如"生活""人生""生计"等。"生"作名词还表示称呼。在古代，男子对长辈会谦称自己为"晚生"，年轻男子谦称自己为"小生"，以表达对长辈的敬意与尊重。"生"也是戏曲中的角色，京剧中的"生"有老生、武生、小生等。最后，"生"作形容词表示果实没有成熟或者（食物）没有煮熟，和"熟"相对。"生"在汉语中还充当某些指人名词的后缀，比如"考生"指参加考试的学生，"医生"指治病救人的人，"毕业生"指毕业的学生等。

·字词卡片·

由"生"构成的汉字：

一级：生、星

二级：姓

三级：胜、性

六级：牲

高等：隆

字体演变

甲骨文

金文

小篆

隶书

楷体

第十一章 汉字与植物

字体演变

棥 甲骨文

↓

棥 金文

↓

束 小篆

↓

束 隶书

↓

束 楷体

由"生"组成的词语：

一级：大学生、男生、女生、生病、生气、生日、先生、小学生、学生、医生

二级：出生、考生、留学生、生词、生活、一生

三级：产生、发生、人生、生产、生存、生动、生命、生意、生长、卫生、卫生间

四级：毕业生、研究生

五级：生成、招生

六级：诞生、花生、生活费、师生、维生素、野生、再生

高等：抗生素、孪生、陌生、谋生、亲生、丧生、生机、生理、生命线、生怕、生平、生前、生死、生态、生物、生效、生涯、生硬、生育、逃生

束

· 汉字解析 ·

> 缚也。从口木。凡束之属皆从束。——《说文解字·束部》

"束"的甲骨文字形像用绳子把树枝捆扎起来的样子，因此"束"的本义是捆扎、捆绑。由捆绑引申为限制、控制，又引申为放置、搁置。如成语"束之高阁"的意思是捆起来以后放在高高的架子上，比喻放着不用。"束"也用作名词，表示捆扎在一起或聚集成一条的东西，如"花束"。"束"又用作量词，表示一捆或一缕，如"一束鲜花""一束稻草""一束光"等。汉语中"束"和"缚"都有捆绑的含义，在《说文解字》中，两字互为训释。捆绑是对捆绑对象的约束，"束"的

对象一般是物品，而"缚"的对象一般是人。值得注意的是，在现代汉语中，"束缚"的对象还可以是抽象的，如"束缚了人的想象"。

捆绑是"束"的基本意义，并由此产生了很多相关词语，沿用至今。如"束手"是指把手捆起来，相关的成语有："束手自毙"指捆住双手，自取灭亡；"束手无策"指捆住双手，无计可施，形容遇到问题没有解决的办法；"束手就擒"意思是捆起手来让人捉住，指毫不抵抗，乖乖地让人捉住。捆绑东西是为了整理，因此"束"也有整理、收拾的意思。"束装就道"就是整好行装走上旅途。

在现代汉语中，"拘束"一词有限制、约束的动词含义，如周恩来总理在《雨后岚山》中说："自然美，不假人工；不受人拘束。"还有一个成语叫"无拘无束"，指不受任何约束，形容自由自在。此外，"拘束"还有过分约束自己，显得不自然的形容词词义，如："她见了生人，显得有点儿拘束。"

·字词卡片·

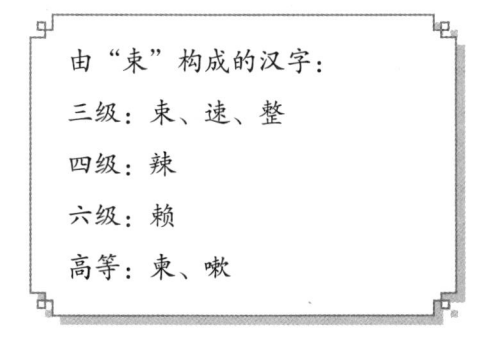

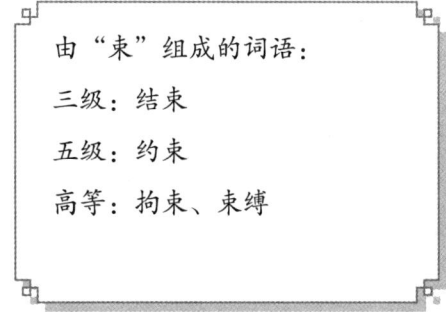

由"束"构成的汉字：
三级：束、速、整
四级：辣
六级：赖
高等：柬、嗽

由"束"组成的词语：
三级：结束
五级：约束
高等：拘束、束缚

华

·汉字解析·

> 荣也。从艸（草）从𠌶。凡华之属皆从华。——《说文解字·华部》

《说文解字》对"华"的解释是草本植物的花朵。"华"的字形像花朵的形状，上部像花瓣，中部两横画像花萼和花托，下部像花的茎和根。战国时"𠌶"字上部加上"艸"字头，形成了"華"字；小篆和隶书兼有𠌶、華两种字形。《尔雅·释草》说：

字体演变

𦰩(金文) → 𦰩(小篆) → 華(隶书) → 华(楷体)

"木谓之华，草谓之荣。不荣而实者谓之秀，荣而不实者谓之英。"即木本植物开花叫"华"，草本植物开花叫"荣"，开花并且结果的叫"秀"，开花而不结果的叫"英"。

"华"通"花"，指花朵、花蕾，泛指一切美好事物，如"繁华""华丽"。"华"又指阳光，泛指日月光华。因为世界万物沐浴阳光而繁衍生命，华夏民族以华为尊，敬祀太阳宇宙。"华夏"一词最早见于《尚书·周书·武成》："华夏蛮貊，罔不率俾。"意思是无论是中原地区的民族还是边远地区的民族，都对周武王表示顺从。其中的"华夏"是指中原地区的民族，即后来的汉族。

华人，即"中华人"的简称。在古代指汉族，现在广义上指中国人以及具有中华民族血统的加入或者取得外国国籍的人。华人分为海内华人和海外华人，海内华人是指生活居住在中国领土上的中国人（包括港澳台同胞）；海外华人则是指定居或移民国外的华人及其后代，比如我们经常说美籍华人，所以"华人"的范围非常大，只要和中国有血脉关联的人就可以称为华人。

·字词卡片·

由"华"构成的汉字：
三级：华
高等：哗

由"华"组成的词语：
三级：华人、中华民族
五级：华语
六级：中华
高等：才华、繁华、豪华、华丽、华侨、华裔、嘉年华、精华

◎ **思考题**

1. 你是否理解了"竹、才、林、木、生、束、华"的古文字形、字义之间的关系？请说说看。

2. "笔、材、姓"这三个汉字分别是由我们今天讲解的哪些汉字构成的？你认为这些汉字和我们今天讲解的汉字之间有什么关系？

3. 解释下面词语的意思。你会使用这些词语吗？

　　胸有成竹　才华　园林　麻木　谋生　拘束

4. 请以具体的例子阐述古代人民如何凭借其智慧巧妙地利用植物。

视野扩展

第十二章
汉字与生产劳动

学习目标

认识"贝、壶、片、曲、几、工、克、寸、尺、力、网、刀、田、率"的古文字形,理解这些古文字形和字义之间的关系,了解与这些汉字有关的中国古代生产劳动文化,感知中国传统生产劳动的特点和生产方式的变化。

贝

·汉字解析·

> 海介虫也。居陆名猋，在水名蜬。象形。古者货贝而宝龟，周而有泉，至秦废贝行钱。凡贝之属皆从贝。——《说文解字·贝部》

《说文解字》对"贝"的解释是生于海中的一种动物，在陆地名叫猋，在水里叫作蜬。"贝"是一个象形字，它的甲骨文和金文字形都是模仿贝壳的形状而刻画的，两边对称的结构是贝壳的外壳，里面是贝壳的身体组织。到了小篆时，"贝"字更加线条化，简化后的楷书省去其内部的结构。

> 大贝四寸八分以上，二枚为一朋，直二百一十六。——《汉书·食货志》

在原始时期，人们都是采用以物易物的方法来换取自己需要的东西，但是随着经济的快速发展，以物易物逐渐出现弊端，不能满足人们的需求，所以需要一个中介物来满足人与人之间的物品交换。贝壳价值高、方便携带，所以逐渐成为约定俗成的货币，不仅可以用于日常所需物品的交换，还是衡量个人资产的工具。贝壳作为货币，它的质量也就决定了财货的价值。《汉书·食货志》中这句话的意思是大型贝类要求体积在四寸八分（约13厘米）以上，这样的两枚称为一朋（古时货币单位），值二百一十六钱。在贝壳作为货币的时期，它的体积越大，质量越好，所对应的价格也就越高。

> 农工商交易之路通，而龟贝金钱刀布之币兴焉。——《史记·平准书》

到了秦朝，经济发展更加迅速，其他贵金属也逐渐成为

字体演变

甲骨文
↓
金文
↓
小篆
↓
隶书
↓
楷体

第十二章 汉字与生产劳动

货币。《史记·平准书》中这句话的意思是在战国时期，农业、工业、商业的交易畅通无阻，龟、贝、金、钱、刀、布这六种货币在市场上非常流通。如今，贝壳已经失去了货币功能，更多的是作为装饰品来为人们的生活增添趣味。此外，过去贝类一般盛产于江河湖海旁，内陆人民少有机会品尝，但随着交通物流的发展，贝类已成为各地人们餐桌上常见的佳肴。

·字词卡片·

由"贝"构成的汉字：
一级：贵、页
三级：费、负、赛、赢、员、责、资
四级：败、贝、财、购、货、赏、贴、赞、则、质
五级：贷、贺、贸、赔、锁、赠
六级：赌、愤、贡、贯、贫、账、赚
高等：坝、狈、贬、赐、贩、赋、贿、贾、贱、赁、赂、赡、赎、贪、贤、婴、赃、贼、贞、贮

由"贝"组成的词语：
四级：宝贝
高等：贝壳

壶

·汉字解析·

昆吾圆器也。象形。从大，象其盖也。凡壶之属皆从壶。——《说文解字·壶部》

《说文解字》对"壶"的解释是用来装酒浆等液体的容器。"壶"的甲骨文字形由三部分构成，上部是形似"大"的壶盖，中部是带有耳朵的大肚容器，下部是壶底。金文字形与甲骨文字形相近，除线条加粗外，无明显变化。小篆字形更加线条化，壶

肚进一步扩大。

> 洛阳亲友如相问，一片冰心在玉壶。——《芙蓉楼送辛渐》

这句诗的意思是如果洛阳的亲友们问起我，就说我的心像玉壶中的一块冰那样纯洁。玉壶指的是一种用玉做成的壶形配饰，在汉唐时期就已经有了特殊的含义。冰心、玉壶都因其洁白无瑕而被视作高洁之物，冰在壶中，两者相互映衬，更显其纯净洁白，所以古人常用"清如玉壶冰"来比喻人的纯洁，这句诗也巧妙化用了此句。

> 凤箫声动，玉壶光转，一夜鱼龙舞。——《青玉案·元夕》

古人对玉壶有一种神秘的崇慕感，因为玉壶一般都制作得十分精美，所以古人也用玉壶来比喻某种美好的环境，甚至被后世的文人墨客用来指代仙境。后来，连天上的皎皎明月也时常被古代的文人墨客用玉壶来指代。如辛弃疾的这首词就直接用"玉壶"来指代明月。这句话的意思是正月十五元宵节的夜晚，四处回荡着悠扬动听的凤箫声，那玉壶般的明月渐渐西沉，鱼灯、龙灯不停歇地舞动了一整夜。

·字词卡片·

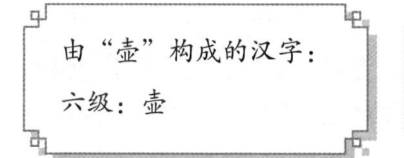

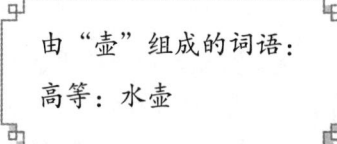

由"壶"构成的汉字：	由"壶"组成的词语：
六级：壶	高等：水壶

字体演变

甲骨文 → 金文 → 小篆 → 隶书 → 楷体

字体演变

片 甲骨文

片 小篆

片 隶书

片 楷体

片

·汉字解析·

判木也。从半木。凡片之属皆从片。——《说文解字·片部》

《说文解字》认为"片"是被劈成扁而薄的木头。"片"的字形像木字的右半边，表示把木头分成两半之意，由此引申为动词，表示把完整的物体切成或劈成薄片。

坊巷桥市，皆有肉案，列三五人操刀，生熟肉从便索唤，阔切、片批、细抹、顿刀之类，至晚即有燠爆熟食上市。——《东京梦华录·肉行》

中国传统菜肴对刀工十分讲究，"片"是一种非常重要的刀法。在烹饪界流传着"无刀不成席"的说法。细致的刀工，能让食材呈现出独特而极致的美感，从而达到色、香、味、形、美的和谐，给人以物质精神相结合的享受。"片"是指用刀将食物斜削成扁薄形状的一种刀法。如"片批"就是切肉的一种刀法，刀略倾斜，切之使肉成片状，这种刀法在宋代已有文字记载。后来把用这种刀法做出来的食物都叫作"片"。

说到这种刀法，就不得不提北京烤鸭。这享誉世界的北京美食，实际上并不是北京土生土长的味道。关于北京烤鸭的由来，曾有过不同的说法，现在最普遍的说法是，北京烤鸭的前身是金陵片皮鸭。据说明太祖朱元璋非常喜欢吃鸭，甚至可以每天吃一只，御厨们为了讨他开心便开始研究烤鸭的吃法，为追求美观，烤鸭制成后会将其切成片状摆盘，又因当时的都城在金陵（今南京），所以得名金陵片皮鸭。明代迁都之后，明成祖朱棣将烤鸭的做法带回了北京，后来逐渐传至民间，当然为了适应当地百姓的口味，烤鸭的做法也有一定改良，结合了北京特色，为和原来的烤鸭相区分，后来便改名为北京烤鸭。如今，北京烤鸭已经成为中国标志性美食之一，是中国国宴上必不可少的一道佳肴，也是中国重要的饮食文化符号之一。

·字词卡片·

由"片"构成的汉字：
二级：片
三级：牌
五级：版

由"片"组成的词语：
二级：图片、药片、影片、照片
四级：唱片、动画片、名片、片面、相片
六级：短片、薯片
高等：大片、纪录片、胶片、卡片、片子、片段、芯片

曲

·汉字解析·

> 象器曲受物之形。或说曲，蚕薄也。凡曲之属皆从曲。——《说文解字·曲部》

"曲"是象形字，其甲骨文和金文字形都像曲尺。《说文解字》认为"曲"像器物弯曲以承受重物的样子，由此引申出弯曲之义，由弯曲又引申出弯曲的地方、偏僻的地方之义。还有人认为"曲"是像筛子一样的蚕薄。蚕薄即蚕箔，是一种用竹篾或苇子等编成的养蚕器具，这一意义在现代汉语中已经消失了。清代"说文四大家"之一的段玉裁在《说文解字注》中说"又乐章为曲。谓音宛曲而成章也"，也就是说"曲"还有歌曲、乐曲的意思，因为乐曲的声调宛（婉）转成章，所以由弯曲引申出这一意义。"是其曲弥高，其和弥寡"（《对楚王问》）中，便使用了此义。

字体演变

甲骨文 ↓ 金文 ↓ 小篆 ↓ 隶书 ↓ 楷体

子谓《韶》："尽美矣，又尽善也。"谓《武》："尽美矣，未尽善也。"——《论语·八佾》

中国古代的乐曲大多承载了古人的思想、情感和时代精神。孔子在评价音乐的时候就加入了政治标准，既注重乐曲的形式美，也注重乐曲的内容美。所以他认为虞舜时期的《韶》乐曲调优美，意境和谐，是尽善尽美的。而周武王时期的《武》乐形式也是美的，但是它表现的内容包含了暴力等不和谐的因素，不利于维护社会的稳定和谐，所以不是尽善尽美的。

谈到中国古代的乐曲就不得不提中国十大古典名曲，它们是《高山流水》《梅花三弄》《夕阳箫鼓》《汉宫秋月》《阳春白雪》《渔樵问答》《胡笳十八拍》《广陵散》《平沙落雁》《十面埋伏》，这些曲子从曲名到演奏乐器、从创作来源到历史传承，无不彰显着中国古典乐曲独特的艺术魅力，有着浓浓的中国韵味，即使在今天，都还具有极强的生命力。古典乐曲是传统文化的一个重要部分，它作为美与善的艺术形式，随着社会的进步而不断自我完善，不仅给予创造者、表演者和欣赏者以美的体验，而且通过感性认同的方式实现思想理念的教育价值，完成传统文化现代化所赋予的立德树人的历史使命。

·字词卡片·

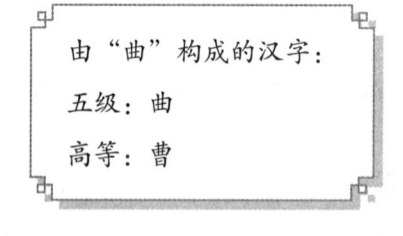

由"曲"构成的汉字：
五级：曲
高等：曹

由"曲"组成的词语：
五级：歌曲
六级：弯曲、戏曲、乐曲
高等：扭曲、曲线、曲折、歪曲、小曲

几

·汉字解析·

> 踞几也。象形。《周礼》五几：玉几、雕几、彤几、鬃几、素几。凡几之属皆从几。——《说文解字·几部》

"几"（jī）是象形字，古人席地而坐时，旁边往往放有用来倚靠的矮小桌子。"几"的古文字形就是这种桌子正面和侧面的形状。《说文解字》将其解释为蹲踞在地的几。

> 掌五几、五席之名物，辨其用，与其位。——《周礼·春官·司几筵》

坐几是中国古老的家具之一。根据《周礼·春官·司几筵》的记载，古代有嵌玉的、雕刻花纹的、丹饰的、漆饰的和不雕饰的五种坐几。在古代，受到封建等级制度的影响，几的使用等级分明。周朝时，玉几只能天子使用，是周天子至尊的表现，象征着最高权力，诸侯用雕花的几，卿大夫来访时用彤几，日常用漆几，丧事都用未雕饰的几。可见，在古代几的不同材质具有区分尊卑贵贱的作用。

> 大夫七十而致事，若不得谢，则必赐之几杖。——《礼记·曲礼上》

不仅如此，"几"在古代还是尊老敬老的象征。如"几杖"指的是坐几和手杖，是老人倚靠身体、帮助行走的工具，所以常用来借指老人。在周朝，70岁告老还乡的大夫，皇帝会赐予几杖以示尊敬。晚辈和老人商量事情时，必须拿着几杖跟随他，以便他随时停下休息。由此可见，"几"是这一时期重要的用具和礼器。后来随着坐姿的改变，"几"逐渐演变为高度更高的"案"和"桌"。因为几、案、桌形状大体相似，所以还有几案、案桌的说法。在古代，尊老敬老可以在生活的方方面面得到体现，而传承至今的敬老文化更是体现了中国人

字体演变

几 小篆

▼

几 隶书

▼

几 楷体

字体演变

甲骨文 ↓ 金文 ↓ 小篆 ↓ 隶书 ↓ 楷体

的孝悌观。中国有句俗语："百善孝为先。"孝道文化是中国传统文化的基本要义，是中国特色的优良传统，在新时代仍然丰富着中国特色社会主义的伦理精神和道德规范。

·字词卡片·

由"几"构成的汉字：
一级：机、几、没
二级：般、船、段、亮
三级：设
四级：沉、航、投
五级：朵、虎、肌、凭
六级：凡、股、毁、抗、铅、沿
高等：凳、殿、杭、唬、讥、饥、凯、壳、坑、吭、殴、冗、秃、馨、役、疫、毅、般

由"几"组成的词语：
四级：几乎
高等：几率、寥寥无几

·汉字解析·

　　巧饰也。象人有规矩也。与巫同意。凡工之属皆从工。——《说文解字·工部》

《说文解字》认为"工"是巧于文饰的工具。"工"的甲骨文字形像一个画直角或方形的工具。到金文时，字形下面的方

224 ｜ 汉字与中国文化

框逐渐写成一个弯笔。到小篆时，下面的弯笔简化成一条横线。所以"工"的本义就是工具，古代往往用某种身份或职业常用的工具来表示该身份或职业，因而由工具引申出工人的意义，其中能力出众的工人又被称为工匠、匠人。

操斧于班、郢之门，斯强颜耳。——《王氏伯仲唱和诗序》

古代有一个木匠叫作石，人们都叫他匠石，据说他的本事与"百工圣祖"鲁班不分上下。匠石有个好朋友，他们时常配合一起表演：在这个朋友的鼻尖上涂上一层薄薄的白灰，然后匠石拿着斧子快速从他鼻尖上扫过，白灰被扫掉了，但是丝毫不会蹭到鼻尖的皮，可见他技艺高超。所以柳宗元说如果有人拿着斧子在鲁班和匠石面前耍弄，就有点儿不自量力了，这便是成语"班门弄斧"的由来，比喻在行家面前卖弄本领，不自量力。

随着科技的进步，机器作业逐渐代替了手工作业，生产效率大大提高。但是我们在追求数量的时候也没有忘记产品的品质。2016年，《国务院政府工作报告》中首次提出"工匠精神"，随后它在制造业中迅速流传开来，接着其使用范围逐渐扩展，各行各业精益求精、力求完美的精神都可以称为"工匠精神"。2021年，工匠精神被纳入中国共产党人精神谱系的伟大精神中。匠心筑梦，工匠精神不仅是中国人对手工艺作品精雕细琢精神的传承，更显示出中国人对完美和极致的执着追求。

·字词卡片·

由"工"构成的汉字：
一级：差、工、左
二级：红、经、空、轻
三级：功、巧、式
四级：江、劲、项
六级：攻、巩、贡、径
高等：缸、杠、虹、茎、颈、扛、巫

由"工"组成的词语：
一级：工人、工作
二级：打工
三级：工厂、工程师、工夫、工具、工业、工资、加工、人工、员工、职工
四级：工程、手工
五级：工艺、工作日
六级：罢工、分工、工商、民工、清洁工
高等：怠工、动工、工地、工会、工科、工商界、工序、工整、工作量、竣工、开工、农民工、勤工俭学、人工智能、施工、义工

字体演变

甲骨文 → 金文 → 小篆 → 隶书 → 楷体

克

·汉字解析·

肩也。象屋下刻木之形。凡克之属皆从克。——《说文解字·克部》

《说文解字》将"克"解释为肩任。肩任就是用肩扛东西，扛得动就叫作"克"，所以本义是胜任。还有一说：克上面像房屋，下面像在木头上刻东西的样子，木头足够坚固，才可以在下面刻形状，因而本义为胜任。但是这两种解释和"克"的甲骨文字形并不相符，并非"克"的本义。罗振玉《增订殷墟书契考释》："象人戴胄形。""克"的甲骨文、金文字形像甲胄之形。在古代"胄"往往是战利品，所以表示战胜之义。打胜仗需要强大的武力，所以"克"又表示能力强，引申为"能够"。《说文解字》解释为肩任、胜任，也是引申义。

子曰："克己复礼为仁。"——《论语·颜渊》

"克己复礼"是孔子最重要的思想之一。他把"克己复礼"看作个人与全体社会达到"仁"境的有效方法和途径，并将它作为一种范式推广。"克己复礼"的意思是克制自己的私欲，让自己的言行举止合乎礼节，个体反复不断地学习与实践礼节便能达到仁，这里使用的是"克"的引申义。然后，孔子从看、听、说、行动四个方面阐述了"克己复礼"的丰富内涵，即"非礼勿视，非礼勿听，非礼勿言，非礼勿动"。孔子认为，如果社会上的所有人都能做到不合礼的事不看、不合礼的话不听、不合礼的话不说、不合礼的事不做，社会便是一个"仁"的社会。这也是孔子对个人道德与社会道德的关系这一问题的阐释。

在当代中国，我们可以从社会主义核心价值观中找到这个问题的答案。社会主义核心价值观在公民个人层面的要求是爱国、敬业、诚信、友善。它是当代中国评价公民道德行为的基本价值标准，只有每个公民自觉达到个人层面的要求，才能与国家、社会的价值观相匹配。

·字词卡片·

由"克"构成的汉字：
高等：兢

由"克"组成的词语：
二级：千克
三级：克服
四级：巧克力
高等：克隆、克制、扑克、坦克、休克

字体演变

彐 小篆

寸 隶书

寸 楷体

寸

·汉字解析·

十分也。人手却一寸，动脉，谓之寸口。从又从一。凡寸之属皆从寸。——《说文解字·寸部》

"寸"由"又"和"一"两个部件组成，"又"是手的象形，"一"是指示符号，表示寸口所在的位置。《说文解字》认为一寸等于十分，在距离手掌一寸的地方，是脉搏跳动最强烈的地方，叫寸口。可见"寸"的本义就是人体中寸口这个部位，由此引申为长度单位。

一寸光阴一寸金，寸金难买寸光阴。——《白鹿洞两首（其一）》

中国有句俗语叫"一寸光阴一寸金,寸金难买寸光阴",意思是一寸光阴就像一寸黄金一样宝贵,但是一寸黄金却买不到一寸光阴,以此来告诫人们要珍惜时间。黄金可以测量出长度这是毫无疑问的,但是光阴是无形之物,为什么也能用长度单位"寸"来衡量呢?这与古人记录时间的方法有关。中国古人曾用日晷(guǐ)(图12-1)来测算时间,日晷的本义是太阳的影子,日晷就是通过测量太阳投射的影子来计时的一种工具。影子的变化有长短变化和方向变化两种,这两种变化都是有规律的,所以才能借此准确记录时间。一天中影子的长短在不断变化,早上到中午,影子不断变短,中午到傍晚,影子不断变长,因此"一寸光阴"的说法便可以理解了。古人还发现通过记录影子的方向来计时更方便。日晷由晷盘和晷针组成,晷针垂直立在晷盘的正中间,于是古人在晷盘四周刻上十二个度,一度代表一个时辰,随着时间的变化,晷针的影子由西向东慢慢移动,所以只要观察晷针的影子在晷盘的哪个位置,便可以确定时间了。

时间总是在不知不觉中悄然流逝,正是认识到这一点,从古到今中国人都十分珍惜时间。2014年中央电视台春节联欢晚会上,一首《时间都去哪儿了》火遍大江南北,唱出了无数人的心声,在时间的流逝中我们更应该珍惜时间,感受当下。

图 12-1　清华日晷

· 字词卡片 ·

由"寸"构成的汉字：
一级：得、对、过、时、树
二级：封、讨
三级：衬、村、导、付、将
四级：薄、寸、守、寻
五级：碍、博、厨、傅、冠、耐、射、寿、尊
六级：夺、寺
高等：搏、膊、缚、爵、辱

由"寸"组成的词语：
四级：尺寸
高等：分寸

字体演变

𠃍 金文

↓

尺 小篆

↓

尺 隶书

↓

尺 楷体

尺

· 汉字解析 ·

　　十寸也。人手却十分动脉为寸口。十寸为尺。尺，所以指斥规矩事也。从尸从乙。乙，所识也。周制，寸、尺、咫、寻、常、仞诸度量，皆以人之体为法。凡尺之属皆从尺。——《说文解字·尺部》

　　《说文解字》认为"尺"由"尸"和"乙"构成，"乙"是用来标识的符号，"尸"是人的身体之形，从"尺"的构形来看，已经无法说明与尺寸之义的关系。尺是用来标识规矩大小的度量单位，一尺等于十寸。在周代，寸、尺、咫、寻、

第十二章　汉字与生产劳动

常、仞等各种长度单位，都以人体作为参照，但是许慎没有具体说明尺是根据人体的哪个部位来确定长度的。

一法度衡石丈尺，车同轨，书同文。——《史记·秦始皇本纪》

春秋战国时期，各国的长度单位错综复杂，即使在一国之内，单位量值也不一定统一，尺子的长度处于一种混乱的状态。这种混乱，给诸侯国之间的经济贸易往来以及技术文化交流带来了诸多不便。到了战国中晚期，各个诸侯国之间不断兼并，为了便于经济文化交流，各国的度量衡单位有逐渐统一的趋势，但总体来说，仍然保留着各自的单位名称，单位量值参差不齐。在这样的背景下，管子认为如果不对容量、重量和长度这三种单位进行严格规定，就不能成就统一大业。可以看出，人们很早就意识到度量衡单位量值的统一对于经济、技术、文化等方面的重大影响了。秦始皇统一天下之后，为了加强中央集权，宣布统一度量衡，其中"度"就是指长度，明确规定了一尺的长度。这一举措极大地促进了当时的经济发展和贸易交流，在中国历史上具有重要的意义。

到了今天，无论是生产关系还是生产力都发生了巨大变化，计量的内涵相较于秦朝也发生了巨大变化，但是人们对于计量制度管理的本质认识却是一脉相承的。

·字词卡片·

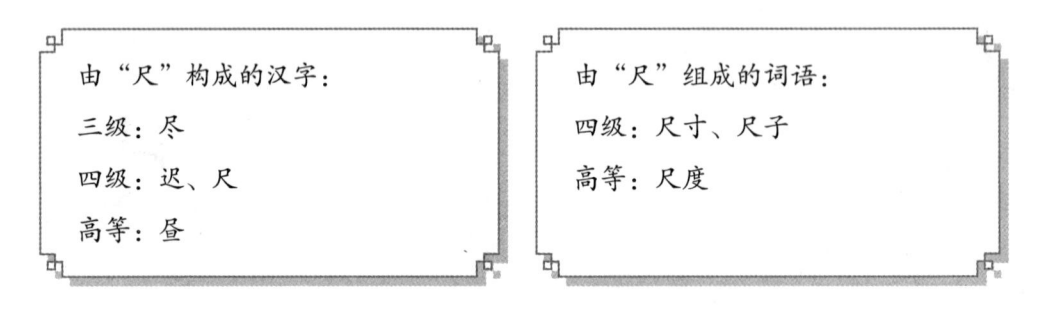

由"尺"构成的汉字：
三级：尽
四级：迟、尺
高等：昼

由"尺"组成的词语：
四级：尺寸、尺子
高等：尺度

力

·汉字解析·

> 筋也。象人筋之形。治功曰力，能圉大灾。凡力之属皆从力。——《说文解字·力部》

《说文解字》认为"力"像人体的肌肉筋腱，"力"是能够抵御大的灾难、使天下安定的功劳，但这并非"力"的本义。"力"的甲骨文字形像一种翻土的农具，是"耒"的一种。农耕需用力，所以引申为力气的"力"。但是随着农业社会的不断发展，社会生产力不断提高，农具不断改进革新，"力"这种农具早已被淘汰，所以它的本义在当代不再使用，其引申义代替其本义成为"力"的常用义和基本义。

> 象原始农具之耒形。殆以耒耕作须有力，故引申为气力之力。——《甲骨文字典》

虽然"力"这种古老的农具早已被淘汰，但是在汉字中还保留着它的许多痕迹。如"男"，甲骨文写作 𭛁，《说文解字》认为"男"由"田"和"力"会意而成，取男子在田间用力耕作之义。但是根据"男"的字形演变我们可以知道，这里的"力"不是"用力"的"力"，而是一种农具，这在金文字形中表现得更明显。金文的"男"写作 𤰰，在甲骨文字形的基础上增加了"手"形，表示用手握住"力"这种农具耕田。

字体演变

甲骨文
↓
金文
↓
小篆
↓
隶书
↓
楷体

· 字词卡片 ·

由"力"构成的汉字：
一级：边、动、男
二级：办、加、力、努、为、务、助
三级：功、历、另、伤、势
四级：劲、穷、勇、幼
五级：劳、励、勤、劝
高等：勃、劫、筋、勘、勒、劣、虏、勉、募、抛、勋

由"力"组成的词语：
二级：努力
三级：动力、力量、能力、实力、听力、压力
四级：尽力、精力、力气、巧克力、智力
五级：吃力、活力、人力、势力、体力、有力
六级：暴力、大力、电力、潜力、权力、全力
高等：财力、得力、奋力、风力、浮力、感染力、功力、极力、接力、竭尽全力、竭力、精疲力竭、苦力、劳动力、力不从心、力度、力求、力所能及、力争、马力

网

· 汉字解析 ·

> 庖牺所结绳以渔。从冂，下象网交文。凡网之属皆从网。——《说文解字·网部》

《说文解字》认为"网"是庖牺氏用绳子编织成的用以捕鱼的网。"网"字外部的"冂"表示四四方方的边线，内部的 ※ 表示网绳交织的样子。"网"的本义就是用来捕鱼的网，后来词义扩大，用来捕鸟捕兽的网也叫"网"。

> 数罟不入洿池，鱼鳖不可胜食也。——《孟子·梁惠王上》

古人将"可持续发展"这一智慧完美地与"网"融合。在渔猎时期，网是人们捕鱼的重要工具，相比垂钓，用网捕鱼的效率更高。但是无节制的用网捕鱼，会破坏生

态平衡，进而导致资源匮乏。所以孟子在几千年前就提出，如果不用细密的渔网在池塘里打捞，这些水产品就不会被吃光。因为不用细密的渔网捕捞，鱼苗就能长大，不会影响下一代鱼苗的繁衍，既保障了当代人的基本生活，又不牺牲后代的资源，从而实现人与自然的和谐共生，实现可持续发展。商汤外出游猎时，看见郊野四面都张着罗网，他不忍心野兽被捕猎光，所以命人将罗网撤去三面，只留下一面，这便是成语"网开一面"的由来。当猎人只顾眼前利益，四面撒网想要将野兽全部抓捕时，商汤意识到不能将野兽赶尽杀绝，这不仅体现了商汤的仁德，还显示了他具有可持续发展的远见卓识，这种发展思想流传至今。

从 1995 年开始，可持续发展就成为中国的重大发展战略之一。在多年的努力之下，中国在实施可持续发展方面取得了举世瞩目的成就，中国的可持续发展理论也不断丰富，2005年提出的"绿水青山就是金山银山"的著名论断，受到国际社会的广泛赞誉。未来的中国也将秉持人类命运共同体的理念，和世界各国加强合作，团结奋斗，更好地落实联合国《2030年可持续发展议程》。

·字词卡片·

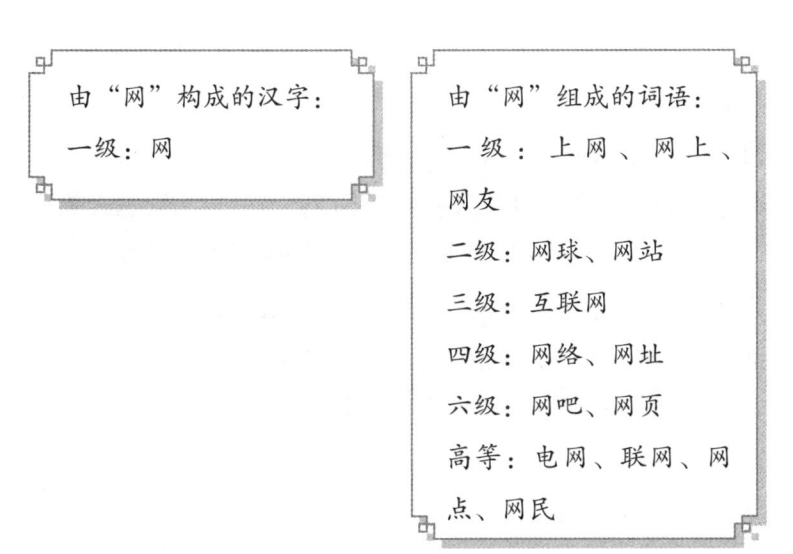

由"网"构成的汉字：
一级：网

由"网"组成的词语：
一级：上网、网上、网友
二级：网球、网站
三级：互联网
四级：网络、网址
六级：网吧、网页
高等：电网、联网、网点、网民

字体演变

甲骨文

金文

小篆

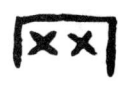

隶书

楷体

第十二章　汉字与生产劳动

刀

字体演变：甲骨文 → 金文 → 小篆 → 隶书 → 楷体

·汉字解析·

> 兵也。象形。凡刀之属皆从刀。——《说文解字·刀部》

《说文解字》将"刀"解释为一种兵器。"刀"的甲骨文字形像一把弯刀。在原始社会，古人就用石头、贝壳等打磨成各种形状的刀，这一时期的刀主要用于防身自卫和生产劳动，还不是兵器。随着时代的发展，人们逐渐将其使用到战场上，成为中国古代最重要的兵器之一。

> 农工商交易之路充沛，而龟贝金钱刀布之币兴焉。——《史记·平准书》

春秋战国时期，周王室衰弱，诸侯争霸。当时还是传统农耕经济，生产力受环境资源影响很大，所以各国的农业生产方式有所不同，进而催生出了不同形态的货币。在春秋中期以前，齐国以贝壳作为货币，后来随着齐国贸易范围的扩大，尤其是和燕国往来十分密切，所以其货币体系受燕国影响逐步使用刀币。刀币的构造和真实的刀是一致的，其外形由刀首、刀身、刀柄几个部分组成，结合当时独特的制作工艺，形成了一种独特美。后来齐国的国家实力不断提升，成为春秋五霸之一，它们的贸易活动进一步扩大，刀币也随之进一步演化，后来就成为著名的"齐法化刀币"。"齐法化刀币"没有具体的面值，不区分大小，仅以个数作为计量单位，从铸造的材料来看，以优质铜为主，所以形体也比较厚重。随着历史不断向前发展，刀币早已被取代，但各地出土的刀币对于研究齐国文化具有重要价值。

现如今，中国正在加快推进数字人民币的普及。数字人民币并不是一种新的货币，而是电子版的人民币，它的功能属性和纸质人民币是一样的，属于央行管控的数字形式的法定货币。这是中国政府为适应数字化时代的发展、积极融入经济全球化而采取的重要举措之一。若是成功建立起币值稳定的国际信誉，服务于国际贸易，将会为中国乃至世界的发展带来新的机遇。

· 字词卡片 ·

由"刀（刂）"构成的汉字：

一级：别、到、分、前

二级：刚、划、刻、利、留

三级：初、创、刀、解、剧、判、切、输、制

四级：刺、列、刷、则、召

五级：罚、剪、贸、忍、剩、偷

六级：副、刮、剑、刊、券、愉

高等：剥、刹、叨、割、寡、剂、荆、喇、刘、刨、劈、剖、契、删、剔、剃、削、刑、逾、渝、喻、愈

由"刀"组成的词语：

五级：剪刀

田

· 汉字解析 ·

陈也。树谷曰田。象四口。十，阡陌之制也。凡田之属皆从田。——《说文解字·田部》

字体演变

甲骨文

▼

金文

▼

小篆

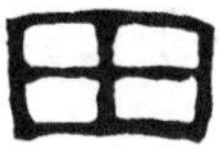

▼

隶书

▼

楷体

《说文解字》认为"田"是种植谷物的地方。"口"是田地周围的边界,"十"表示东西南北纵横的沟渠和道路,所以"田"的本义就是方形的田地。李孝定在《甲骨文字集释》中说:"卜辞田多为田狩字,亦有用为田地之义者。"意思是甲骨文时期"田地"的"田"和"田狩"的"田"是同形字。这并不是偶然的,草木给了野兽藏身的地方,所以古人想出了焚烧草木以驱赶野兽的方法,草地烧光之后,留下的空地刚好可以开垦成田地种植庄稼。从社会发展进程来看,"田地"的"田"应为后起义。

富者田连阡陌,贫者无立锥之地。——《汉书·食货志》

中国古代是典型的农耕文明,土地关乎百姓的生计,从古至今都承载着阶级矛盾和社会矛盾,所以历朝统治者都在进行土地改革以维持社会稳定。原始社会时期,土地是公有的,周代建立了井田制度,土地收归国有。后来周王室衰弱,诸侯争霸,兴起了一大批新兴地主,部分土地变为私有。到了秦朝,正式建立了土地私有制,随之产生了地主阶级。随着社会的发展,地主对土地的欲望不断增强,所以不断利用地主特权进行土地兼并,最后造成了农民没有土地可以耕种的局面。但是土地过分集中又造成了社会生产的萎缩,所以一些有远见的统治者采取了一定行动对这种现象进行调整,如"屯田制"等。这些土地政策在一定程度上有助于缓和当时的社会矛盾,但是并没有从根本上消灭土地兼并,没有改变封建土地私有制的本质。

中华人民共和国成立后,农民翻身成为真正的主人,中国的土地政策才发生了根本性的变革,真正实现了"耕者有其田"的目标,极大地激活了农村的土地活力。

·字词卡片·

由"田"构成的汉字:
一级:备、电、果、累、里、男
二级:单、画、留、思、由、鱼
三级:福、富、界
四级:戴、奋、雷、申、细
五级:鼻、幅、甲、届、偶、胃
六级:逼、番、副、衡、略、田
高等:痹、畴、畜、甸、辐、龟、畸、僵、疆、鲁、苗、亩、畔、兽、畏、愚、寓

由"田"组成的词语:
六级:田径

率

·汉字解析·

> 捕鸟毕也。象丝罔，上下其竿柄也。凡率之属皆从率。——《说文解字·率部》

"率"是象形字，《说文解字》认为"率"顶部的 ![] 像网的竿，底部的 ![] 像网的把，中间的 ![] 像绳子织成的网，所以将"率"解释为捕鸟的网，但这并不是"率"的本义。据周伯琦的考证，他认为"率，大索也"（《六书正讹》），从"率"的字形演变来看这一观点是正确的。"率"（lǜ）的甲骨文字形横看像一条粗绳，旁边的小点是拉拽时掉落的麻屑，所以"率"的本义就是粗绳，是"繂"的本字。用这种绳子制成的用以捕鸟的网叫"率"（shuài）。绳索用于牵引物体，引申出带领、遵循的意思，又由带领引申出榜样、表率之义。

> 人不率则不从，身不先则不信。——《宋史·宋祁传》

"率"字蕴含着深刻的哲学思想。孔子认为正人要先正己，所以做官的人想要百姓做到的事情，首先自己要做到，以身作则，别人才会跟从，这就是表率的重要性。北宋时期，西北战事吃紧，国家财政日益窘迫。在这样的情况下，北宋名臣宋祁提出了"人不率则不从，身不先则不信"的名句，意思是做官的人如果自身不能以身作则，做出表率，就无法让百姓跟从；如果自己不能以身作则，别人就不会信服。宋祁指明了只有朝廷带头节俭，率先垂范，百姓才会自觉响应。可见，率先躬行既是一种道德要求，又是一种政治智慧，所以从古至今，中国都特别注重榜样文化的建设，古代有宁死不屈的屈原、精忠报国的岳飞等爱国榜样，这些榜样的模范精神能够跨越时

字体演变

甲骨文

▼

金文

▼

小篆

▼

隶书

▼

楷体

空，历久弥新，永远值得我们敬仰和学习。今有黄大发、张桂梅、黄文秀等一大批榜样率先垂范，用奋斗诠释使命，用初心点亮责任，不断地激发广大人民群众锐意进取、开拓创新，使中国特色社会主义事业不断向前发展。

·字词卡片·

由"率"构成的汉字：
四级：率
五级：摔

由"率"组成的词语：
四级：汇率、率先、效率
五级：率领
高等：表率、点击率、概率、功率、几率、利率、频率、失业率、收视率、坦率

◎思考题

1. 你是否理解了"贝、壶、片、曲、几、工、克、寸、尺、力、网、刀、田、率"的古文字形、字义之间的关系？请说说看。

2. "赠、版、凯、贡、尊、劣、创、富"这八个汉字分别是由我们今天讲解的哪些汉字构成的？你认为这些汉字和我们今天讲解的汉字之间有什么关系？

3. 解释下面词语的意思。你会使用这些词语吗？

宝贝　水壶　片面　扭曲　工整　休克　分寸　尺度　活力　联网　剪刀

田径　效率

4. 请通过具体的例子说说中国生产劳动的特点，对比不同文化、不同时代社会生产劳动的异同。

视野扩展

第十三章
汉字与艺术

> **学习目标**
>
> 认识"喜、文、音、史、教、画"的古文字形,理解这些古文字形和字义之间的关系,了解与这些汉字有关的中国艺术形式,感知中国艺术的魅力。

字体演变

甲骨文
↓
金文
↓
小篆
↓
隶书
↓
楷体

喜

·汉字解析·

乐也。从壴从口。凡喜之属皆从喜。——《说文解字·喜部》

《说文解字》将"喜"解释为快乐。"喜"的甲骨文字形由 壴（鼓）和 口（口）两部分组成，表示人们听到鼓声开口大笑，从而表示高兴、快乐的意思。

久旱逢甘霖，他乡遇故知。洞房花烛夜，金榜题名时。——《四喜》

喜文化是中国最为传统的文化之一，所有让人喜悦快乐的事情都可以称作喜事。宋代的汪洙认为人生四大喜事莫过于久旱逢雨、他乡遇故、洞房花烛、金榜题名。人们往往认为结婚是一件喜事，所以在中国的民俗中，人们在举行婚礼时会在门窗和嫁妆上贴上红色的"喜"或"囍"字，以烘托婚礼喜庆的氛围，同时也寄托了人们对新人好事成双、喜事连连的美好祝愿。"囍"是"喜"的民间俗体字，基本不在字典中出现，只出现于民间故事中，其中流传最广的莫过于王安石的故事。

据说王安石在赴京赶考的途中碰见马员外在征对招亲，但是他一时没想出合适的下联，便默记于心。谁知会考时的出联恰好能和马员外的上联对上，于是他立刻将马员外的上联对出，得到考官的赞许。他回家途中见马员外的招亲联还是没有人对出，便以会考面试的出联回对，得到马员外的赏识，被招为快婿。在大婚之日，王安石又接到中了进士的喜讯，喜上加喜，他便在喜字旁边又添一个喜字，表示双喜临门之意，从此"囍"字就在民间流行开来。

在当代中国，这一习俗仍然保留在人们的生活中。2022

年，在海南省海口市上演了一场中华"囍"文化婚礼秀，为人们带来了一场古今交融的婚俗文化盛宴。一个"囍"字蕴含了好事成双、喜事连连的深刻文化内涵，也蕴含了中国人对美好幸福生活的向往和追求，还折射出了中国人民成家立业、事业有成的人生观。

· 字词卡片 ·

由"喜"构成的汉字：	由"喜"组成的词语：
一级：喜	一级：喜欢
高等：嬉	四级：喜爱
	五级：喜剧
	六级：惊喜
	高等：恭喜、讨人喜欢、喜出望外、喜好、喜酒、喜怒哀乐、喜庆、喜事、喜糖、喜洋洋、喜悦、欣喜

文

· 汉字解析 ·

> 错画也。象交文。凡文之属皆从文。——《说文解字·文部》

《说文解字》认为"文"是交错刻画的花纹。"文"现在的基本义和常用义是文化、文字，但这并不是"文"的本义，"文"是"纹"的本字。"文"的甲骨文字形像胸部有花纹的正立人形，所以"文"的本义就是文身。"越人断发文身"（《庄子·逍遥游》）中，便使用了"文"的本义。文身在中国有着

字体演变

甲骨文 ▼
金文 ▼
小篆 ▼
隶书 ▼
楷体

第十三章　汉字与艺术

悠久的历史，后来又用文身的图案表示"花纹、纹路"之义。又因为象形文字的笔画有横有竖，纵横交错，也像纹路交错的样子，所以"文"还特指象形文字。后来词义扩大，指所有的汉字，又由文字引申为文字写成的书籍、文献之义。这些引申义都比较常用，所以后来就专门为"文"的本义造了新字"纹"。

观乎天文，以察时变；观乎人文，以化成天下。——《周易·贲卦》

儒家向来推崇"以文教化"的思想。"文"和"化"最早是分开使用的，"文"与"化"并联使用，较早见于战国末年的《周易·贲卦》。治国者要观察天文，以洞悉季节变化的顺序；要观察社会规律，从而使天下百姓都自觉遵从礼仪制度。"以文教化"是和"武化"相对而言的，圣人治理天下，首选的是以文教化，只有在迫不得已的情况下才使用"武化"。因此中国历代统治者都十分重视将教化思想和政治统治相结合，在潜移默化中实现"化人之道"。

正是因为很早就认识到了文化的独特作用，所以中国政府十分重视文化建设和精神文明建设。近年来，敦煌艺术、故宫文化、民族服饰等优秀传统文化正不断与时代潮流相结合，焕发出新的活力，积极推进这些优秀传统文化融入育人的全过程是中国政府的不懈追求。在新时代，"以文教化"表现为以文化为基石，在文化中滋养教育内容，是文化自信和文化自觉的重要体现。

·字词卡片·

由"文"构成的汉字：
一级：这
三级：齐
高等：斑、坟、刘、虔、纹、蚊、紊

由"文"组成的词语：
一级：课文、中文
二级：英文、作文
三级：外文、文化、文件、文明、文学、文章、文字
四级：论文
五级：散文、天文、文艺
六级：文娱
高等：全文、人文、文具、文科、文盲、文凭、文人、文物、文献、文雅

音

·汉字解析·

> 声也。生于心，有节于外，谓之音。宫商角徵羽，声；丝竹金石匏土革木，音也。从言，含一。凡音之属皆从音。——《说文解字·音部》

《说文解字》认为"音"是发自内心并用一定的节律表现出来的声音，宫商角徵羽只是五个音阶，而丝竹金石等不同材质的乐器发出的有节奏的声音才是"音"，可见这一时期"音"和"声"还有细致的区别。"音"多指乐器发出的声音，由这一意义引申出音乐之义。甲骨文时期"音""言"同文，两者的字形在西周楚王领钟的铭文中才开始有了区别，但用法上仍相互通用。后来由于汉字的分化，它们各自承担不同的词义，所以不再互用。因此"音"的金文字形是在"言"字下部的"口"中添加了一个指示符号"一"，以和"言"相区别，这里的"一"并没有实际意义。

> 兴于《诗》，立于礼，成于乐。——《论语·泰伯》

对于音乐本身来说，韵律和谐会演奏出美妙动听的音乐。音乐的这种特性被儒家化用到治理国家和教化百姓层面，所以中国礼乐文化的精髓就是人文教化。礼乐制度在西周时期就已经成熟，在行礼的过程中，需依靠音乐来控制行礼的节奏和顺序，音乐在礼乐制度中更加显性，所以我们时常说"礼藏于乐"。孔子认为一个人应从《诗经》开始学习，把礼作为立身的根本，掌握音乐之后修身、治学才算完成，可见音乐对于个人道德修养的重要性。不仅如此，"乐"还可以使君臣上下、父子兄弟和顺亲敬，从而化解因为等级秩序而引起的对立感，这种功能被荀子称为"和"。2022年冬奥会上展示了被赋予周

字体演变

金文

↓

小篆

↓

隶书

↓

楷体

第十三章　汉字与艺术

字体演变

𠁱 → 𠂂 → 㕜 → 史 → 史

甲骨文 → 金文 → 小篆 → 隶书 → 楷体

礼文化的迎客松，展现了中国迎接全世界、拥抱全世界的大国形象。在全球化背景下的今天，中国的发展离不开世界，世界也同样需要中国，各国都要顺应历史潮流，实现和谐发展，共建人类命运共同体。

·字词卡片·

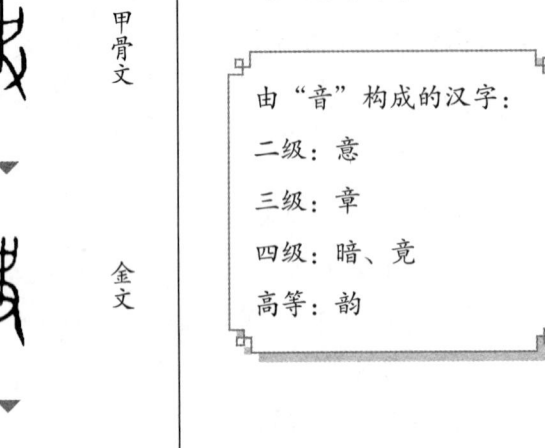

由"音"构成的汉字：
二级：意
三级：章
四级：暗、竟
高等：韵

由"音"组成的词语：
二级：读音、声音、音节、音乐、音乐会
三级：录音、收音机
四级：语音
六级：录音机、音量、音像
高等：口音、配音、音响、噪音

史

·汉字解析·

> 记事者也。从又持中。中，正也。凡史之属皆从史。——《说文解字·史部》

《说文解字》将"史"解释为记事的人，也就是史官，由手（又）拿中会意。㕜表示手形，中所代表的事物还有待进一步考证，但是无论是从先秦还是后代史官的职能来看，大多数学者都赞同这一部件一定与文字记录有关。

> 古之王者世有史官，君举必书，所以慎言行，昭法式也。左史记言，右史记事。——《汉书·艺文志》

根据甲骨文和先秦文献研究发现，史官最初的职能是占卜和祭祀，是联系神灵与帝王的桥梁，被看作是神的使者。为了更准确地占卜和保持祭祀的神圣性，就需要记录史事和保管典籍，所以史官就逐渐承担了记录的职能。到了春秋时期，史官的分工更加明确，掌管祭祀的史官和负责记录史事、掌管典籍的史官便逐渐分别开来。由于早期的史官被看作是神的使者，具有某种超越世俗人的社会身份，所以他们对历史事实十分敬畏，历朝历代史官都将这一事业视为天职，如果歪曲事实必定会遭受神的惩罚，而这种惩罚的严酷程度远远超过世间一切暴虐的君主，因此历史上的史官大多秉笔直书，给我们留下了许多可信而宝贵的史料。例如中国第一部纪传体通史《史记》，是二十四史之一，这部史书记载了上至上古传说中的黄帝时代，下至汉武帝太初四年间共3000多年的历史，其作者司马迁前后耗时14年才写成。

正是这些史官们秉笔直书，才给我们留下了许多符合历史原貌的史料，我们才能从中探究历史的规律。中国作为四大文明古国之一，有着悠久的历史，这在一定程度上要归功于史官的贡献。随着封建社会的解体，史官一职已经消失，但是现代中国还有类似这种记录历史的机构存在，如国家档案局、中央文史研究馆、中共中央文献研究室等。

·字词卡片·

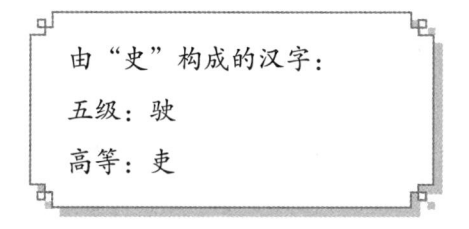

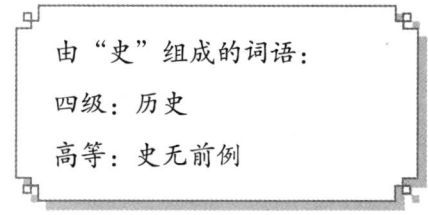

由"史"构成的汉字：	由"史"组成的词语：
五级：驶	四级：历史
高等：吏	高等：史无前例

教

·汉字解析·

上所施下所效也。从攴从孝。凡教之属皆从教。——《说文解字·教部》

"教"是会意字，《说文解字》将其解释为上位的人施教，下位的人效仿。"教"的

字体演变

甲骨文 ▼ 金文 ▼ 小篆 ▼ 隶书 ▼ 楷体

甲骨文字形由四部分构成，X是"爻"，表示算筹；子是"子"，表示学生；卜是"卜"，表示棍棒一类的教具；彡是"又"，表示手形。所以"教"会意为老师拿着教鞭监督学生学习算筹，可见"教"最初包括"教"和"学"两层意义。

提及教育就不得不提中国伟大的教育家孔子。早在2500多年前，孔子便提出了很多宝贵的教育思想，如有教无类、因材施教、温故知新等，这些在实践基础上提出的教育思想，为中国古代的教育奠定了理论基础。

子曰："有教无类。"——《论语·卫灵公》

西周时期，教育最大的特点是"学在官府"，教育是上层贵族的特权，普通百姓没有接受教育的机会。到了孔子所处的战国末年，礼崩乐坏，社会文化教育不断下移，在这样的背景下，孔子积极推广私学，他认为教育应该一视同仁，不分阶级、地域、品行等，人人都有受教育的权利。

"有教无类"思想的实施扩大了当时受教育的人群，打破了贵族阶层垄断教育的局面，对于教育的普及具有重要作用，也在一定程度上体现了当时的人们对于"人权"的追求，在教育史上具有划时代的意义。但是孔子主张的"有教无类"不等同于所有的人接受一样的教育，而是每个人都能最大程度地发挥其长处，尽可能得到最好的发展，这才算真正意义上的教育公平。

改革开放以来，中国始终把教育摆在优先发展的战略地位。2008年，中国真正实现了全国城乡免费九年义务教育，受教育成为全体公民的权利和义务，教育的全民性和普及性更加鲜明充分。可见，中国从古至今都在尽力实现教育公平。

· 字词卡片 ·

由"教"构成的汉字：
一级：教

由"教"组成的词语：
一级：教学楼
二级：教师、教室、教学、教育
三级：教材、教练、请教
四级：教授、教训
六级：道教、佛教、基督教、教堂、教育部、宗教
高等：赐教、管教、家教、教科书、教条、教养、天主教、伊斯兰教、指教

画

· 汉字解析 ·

> 界也。象田四界。聿，所以画之。凡画之属皆从画。——《说文解字·画部》

《说文解字》认为"画"像田地和四周的分界线，所以将其解释为划分界限。"画"的甲骨文字形像一只手持笔画花纹线条，金文字形改甲骨文的花纹形状为"田"，表示手持笔在给田地划分界限，小篆在金文的基础上给田的四周画上分界线表示田界。由本义"划分界限"引申出动词"绘画"之义，又由动词"绘画"引申出名词"图画"之义。

夫画者以人物居先，禽兽次之，山水次之，楼殿屋

字体演变

甲骨文
↓
金文
↓
小篆 畫
↓
隶书 畫
↓
楷体 画

第十三章 汉字与艺术 | 247

木次之。——《唐朝名画录·序》

  中国的绘画历史悠久，最早可以上溯到新石器时代，以史书上有记载的伏羲氏画八卦、黄帝画制服等为代表。早期的绘画大多画在岩壁、陶器、青铜器上，一直到汉代纸发明出来之后，才逐渐在纸上绘画，渐渐演变为今天所说的中国画。中国画根据题材可以分为人物画、山水画、花鸟画三种，即所谓的"画分三科"。

  谈及中国画，就不得不提中国的"画圣"吴道子，他主要从事宗教壁画的创作，代表作有《送子天王图》《八十七神仙卷》等。他作画题材丰富，尤其擅长山水画，被誉为是中国山水画的鼻祖。同时他还精通人物画，尤其擅长画佛道人物，他笔下的人物运笔圆转、飘逸洒脱，所画衣带仿佛被风吹拂飘起，所以被人们称为"吴带当风"。他的绘画风格十分独特，对后世绘画产生了深远的影响，是吴道子文化的重要组成部分，也是中华民族宝贵的文化财富之一。

  近年来，人们采取了多种措施对吴道子文化进行宣传、弘扬、传承和发掘。2017年，禹州市鸿畅镇山底吴村举行了首届画圣吴道子文化艺术节祭拜仪式，河南逐步打造出"画圣故里——文化之旅"的旅游名片，成为艺术家和旅游者感受画圣文化的向往之地。

·字词卡片·

由"画"构成的汉字：
二级：画

由"画"组成的词语：
二级：画家、画儿
三级：图画
四级：动画片
五级：画面、漫画
六级：动画、绘画
高等：壁画、勾画、国画、画册、画龙点睛、画蛇添足、画展、年画、油画、指手画脚、中国画

◎ **思考题**

1. 你是否理解了"喜、文、音、史、教、画"的古文字形、字义之间的关系？请说说看。

2. "嬉、纹、韵、驶"这四个汉字分别是由我们今天讲解的哪些汉字构成的？你认为这些汉字和我们今天讲解的汉字之间有什么关系？

3. 解释下面词语的意思。你会使用这些词语吗？

　　欣喜　文艺　口音　史无前例　教养　画蛇添足

4. 请通过具体的例子对比不同文化、不同时代文学艺术作品的异同。

视野扩展

第十四章
汉字与颜色

学习目标

认识"黄、赤、丹、青、白、黑、玄、色"的古文字形,理解这些古文字形和字义之间的关系,了解与这些汉字有关的中国色彩文化,感受中国传统色彩文化的丰富,尊重不同文化对色彩的独特理解和运用。

黄

·汉字解析·

> 地之色也。从田从苂，苂亦声。苂，古文光。凡黄之属皆从黄。�，古文黄。——《说文解字·黄部》

"黄"的甲骨文字形像一个胸前佩戴玉石的人正立着，中间有一个加了一横的环状物体。随着字形的发展，小篆在上部加上了"廿"。到了隶书，本来表示人形两臂的两笔合并为一横，最终形成了现在"黄"字的写法。最初，"黄"指的是人佩戴玉石制成的环状物，引申为"玉石制成的环状物"这一含义，由于人们佩戴的玉石常常带有黄色，所以后来借用"黄"来表示颜色中的黄色，而本来的意义却不再使用。

"黄"现在最常见的意义是与金子或向日葵相似的颜色，如黄色、黄河、黄昏。《说文解字》对"黄"的解释是大地的颜色。"天地玄黄"是在描述天色黑暗，大地土黄。"玄"表现出天的深邃与神秘，"黄"展现出大地上的草木枯萎与植物丰收。后来进一步发展为"变黄"的意思，也就引出了两种截然不同的景象：一种是草木枯黄、凋零败落，另一种是庄稼成熟、金黄灿烂。例如《诗经·卫风·氓》中的"桑之落矣，其黄而陨"，意思是桑树叶子飘落，变得枯黄而纷纷掉落。这种描写给人一种草木随着季节变化而枯黄凋落的感伤之意。而这种不由人意愿改变的变化，后来也被用来比喻事情的失败或计划未能实现，比如"这件事黄了"，就是说事情没有按原计划发展，宣告失败。

黄色自古以来被视为帝王专用的颜色，象征着尊贵。当大将军赵匡胤在陈桥驿兵变后身着黄袍时，就意味着他成为皇帝；而农民起义想要夺取政权时，也会以黄旗来号召群众或佩戴黄巾组织队伍。在明清时期，故宫、太庙以及其他皇家建筑

字体演变

甲骨文
↓
金文
↓
小篆
↓
隶书
↓
楷体

第十四章 汉字与颜色

（图 14-1）的屋顶都采用黄色。

图 14-1 故宫博物院

  黄色之所以成为尊贵的颜色，主要是因为古人对地神的崇拜。这种观念深受阴阳五行学说的影响。《管子·水地》中说："地者，万物之本原，诸生之根菀也。"意思是土地是万物的本原，是一切生命的根生长的地方。可见，黄色崇拜与土地有着紧密关联。作为世界上主要的农耕文明之一，广阔的黄土地带来了中国农耕文化的繁荣景象，也带来了丰收的喜悦。随着五行观念的形成，土居中央，黄色成为中央之色，黄帝被视为土神，也是传说中华夏民族的始祖。这种以自我为中心的文化观念十分符合封建统治者的需求，所以黄色一直受到历代统治者的推崇，最终在色彩序列和等级上与其他颜色一起形成了独特的中国色彩体系：黄、红、青、黑、白。

  进入现代社会后，黄色的象征意义发生了变化，其中最显著的一个变化是将黄色与色情联系起来。一般认为这种象征意义起源于 19 世纪美国的两家报社为了争夺销路而发行黄色印版的低级趣味漫画。因此，黄色产生了一个新的象征意义，即色情。

  总之，黄色在中国文化中具有丰富的象征意义，从古代的皇家专用色到代表丰收喜悦和草木凋零败落，再到现代所象征的色情意义，黄色在不同历史时期和语境中有着特定的含义。

·字词卡片·

由"黄"构成的汉字：
二级：黄
六级：横

由"黄"组成的词语：
二级：黄色
四级：黄瓜、黄金
高等：黄昏

赤

·汉字解析·

> 南方色也。从大从火。凡赤之属皆从赤。——《说文解字·赤部》

"赤"的甲骨文和金文上部是"大",下部是"火";小篆与甲骨文、金文大致相同,上"大"下"火";到了隶书和楷书时,上部的"大"变为"土",下部的"火"中间的一撇一捺拆成两竖笔。《说文解字》对"赤"的解释是代表南方的颜色,这个解释是受阴阳五行学说的影响。

"赤"的本义是火红色,后泛指红色。如"面红耳赤"的意思是脸和耳朵都红了,形容因激动或羞惭而脸色发红。红色象征热烈、忠诚专一,如"赤诚"就是真诚的意思。又因为小孩刚出生时全身是红色的,所以叫作"赤子"。而"赤子之心"就是像刚出生的孩子那样,有颗纯正无邪的心。由此,"赤"也引申出空的、光的、裸露的意思。如"赤手空拳"就是两手空空去处理事情,其实是在说做事情没有依靠。"赤身裸体"就是裸露着身体。"金无足赤,人无完人"中的"足赤"是足金、百分之百纯金的意思。这句话是说金子没有百分之百纯金的,人没有完全完美的。

古人喜欢红色,是源于对太阳的崇拜。太阳颜色火红,温度炽热,当空高悬,在科技不发达的古代,是一个神秘而强大的存在,于是也就有了对太阳的崇拜。红色象征万物茂盛,所以夏天叫"朱夏"。红色也是高贵的标志,在古代,有地位有权力的人所穿的衣服叫作"朱衣",所住的房子叫作"朱门",而"朱门酒肉臭,路有冻死骨"是诗圣杜甫所描写的唐王朝巨大的贫富差距:豪门贵族家里的酒肉多得吃不完,腐臭了也不觉得可惜,穷人们却在街头由于饥饿和寒冷失去了

字体演变

甲骨文
▼
金文
▼
小篆
▼
隶书
▼
楷体

字体演变

甲骨文 ⇒ 金文 ⇒ 小篆 ⇒ 隶书 ⇒ 楷体

生命。

红色也代表着斗志、革命，红色是共产主义的象征色，中国的国旗是五星红旗。美国记者埃德加·斯诺曾写过一部轰动世界的书——《红星照耀中国》，让全世界重新认识了中国共产党。毛泽东的《七律·长征》写道："红军不怕远征难，万水千山只等闲"，红军是指中国共产党领导下的由中国工农群众组成的军队，他们秉持着共产主义思想奋勇战斗，在中国革命历程中起到了至关重要的作用，让中国成为一个独立、自由和繁荣的国家。红军精神也在中国人民中具有崇高的地位。中国第一颗人造卫星被命名为"东方红一号"，它的发射标志着中国成为第五个拥有自己人造卫星的国家。红军和东方红代表了中国共产党的精神和意志，也代表了中国人民的坚韧和奋斗精神。总而言之，可以说红色是中国的颜色，是信仰的颜色，也是胜利的颜色。

·字词卡片·

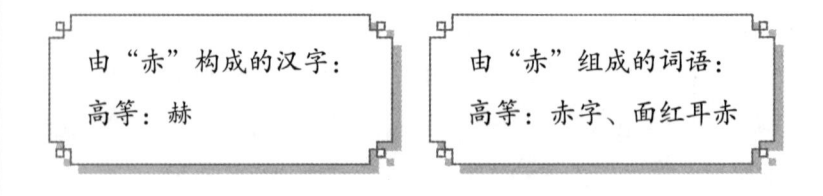

| 由"赤"构成的汉字： | 由"赤"组成的词语： |
| 高等：赫 | 高等：赤字、面红耳赤 |

丹

·汉字解析·

巴越之赤石也。象采丹井，一象丹形。凡丹之属皆从丹。 ，古文丹。彤，亦古文丹。——《说文解字·丹部》

"丹"的字形表示竹筒里盛放着丹砂。字形中间的点画表示丹砂，外面就是盛丹砂的竹筒。"丹"的甲骨文至小篆没有明显的变化，都是两条横线夹在两条竖线间，竖线上下都比横线长。隶书发展为顶部的横画右端折转向下，连接右竖而成为一笔，下边的长横又向两边延伸，穿透左右竖线，写作丹。楷书把内部的短横变为点画。

　　《说文解字》对"丹"的解释是中国西南地区出产的丹砂。其实很早的时候，古人就已经发现了丹砂，并将其采集回来保存在容器中。道家把用丹砂炼制的药物称为"丹"，例如仙丹、炼丹。丹砂是红色的，因此引申出"红色的"含义，例如丹枫、丹顶鹤。在古代，帝王会以朱笔在铁上写字，赐予功臣享有世袭爵位和免罪等特权的证件，被称为铁券丹书。另外，过去的皇宫都是涂成红色的，因此也称为丹宫，皇帝所使用的车辆叫作丹辇，皇帝居住的地方叫作丹禁，这里的丹都指红色。

　　"丹"不仅意味着红色，而且代表着赤诚、真诚。例如南宋文天祥的名句"人生自古谁无死，留取丹心照汗青"，这里的"丹心"表示一颗赤诚、真诚的心，文天祥借这句话来表明自己不愿屈服的坚定意志和崇高的思想追求：自古以来，人最终都会死去！如果为正义事业而英勇献身，死后自然可以在史书中留下自己的名字，被后人记住。中国人民是爱好和平的，但在面对近代列强入侵，遭受战火蹂躏时，他们勇敢地站了出来，高呼"起来，不愿做奴隶的人们"，为国家存亡英勇战斗。如今的中国，坚守和平发展的道路，做负责任的大国，但"犯我中华者，虽远必诛"，侵犯中国的敌人，即使相隔遥远也要击败他。

　　此外，"丹"也可以表示南方。古代五行理论将五种颜色与五个方位相对应，南方属火，火的颜色是丹色，因此将南方称为丹。

·字词卡片·

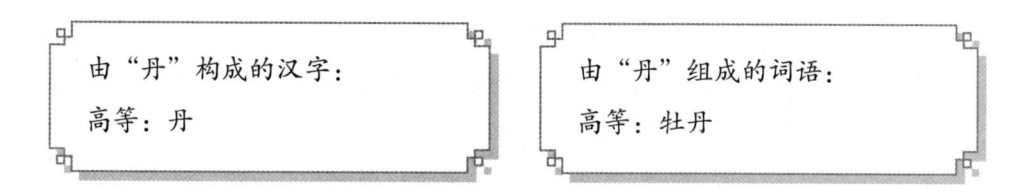

由"丹"构成的汉字：
高等：丹

由"丹"组成的词语：
高等：牡丹

字体演变

𩫞 金文

↓

𢆉 小篆

↓

青 隶书

↓

青 楷体

青

·汉字解析·

> 东方色也。木生火，从生丹。丹青之信言象然。凡青之属皆从青。——《说文解字·青部》

"青"的甲骨文和金文上部是"生"字，表示草木从地面长出的样子；下部的 ᗞ 是"井"，表示矿井。小篆以后，下部的 ᗞ 逐渐变为"月"。这种从矿井采掘出来的矿物像草一样青绿，于是就有了本义"草木生长期的绿色"。而《说文解字》对"青"的解释是代表东方的颜色。

青色在中国文化中，不单指一种颜色，它可代表蓝色、黑色及绿色三种不同的颜色，富含深厚的文化内涵。

首先是蓝色，"青花瓷"是中国的一种传统名瓷，以白色瓷胎上的蓝色图案而闻名，具有悠久的历史和精湛的制作工艺。而中国古代哲学家荀子在《劝学》中也写道："青，取之于蓝，而青于蓝。"靛青是从蓝草中提取的，但它的颜色比蓝草更加深蓝，形象地说明了学习的过程就好像从优秀的前辈那里吸取精华，然后超越前辈。

其次是黑色，诗仙李白在《将进酒》中感叹："君不见高堂明镜悲白发，朝如青丝暮成雪。"你难道没有看见吗？高堂明镜中我白发苍苍，明明早晨还是黑发，傍晚却变成雪一般的白发。通过这一形象的描述，深深表达出对时光易逝的感叹。青丝在这里代表的就是乌黑的头发。

最后是绿色，如青山、青草、万古长青等。李白的"两岸青山相对出，孤帆一片日边来"，为我们生动形象地展现出一幅图画：两岸青山相对而立，一只小船从太阳升起的地方悠悠驶来。《古诗十九首》中的"青青河畔草，郁郁园中柳"，则描绘出河边草地青青，园中柳树郁郁葱葱的景色。对于青山绿水的追求和向往，古今有之，习近平总书记就曾提出"绿水青山就是金山银山"的科学论断，生活在中华大地上的我们应树立这样的理念，节约资源，保护我们的生态环境。成语"万古长青"的意思就是像春天的草木一样青翠茂盛，用来形容精神、事业等永远存在。除了青山、青草，还有青铜器，其实刚铸造的青铜器是金色的，但是随着时间流逝生锈后，就变成了青绿色。代表性的青铜器有四羊方尊、后母戊鼎等。

此外，"青衿""青衫"是中国古代文人的象征，是曹操歌中的"青青子衿，悠悠我心"，是白居易诗中的"座中泣下谁最多，江州司马青衫湿"。而"青衣"的象征意义更丰富：从天子的华服到底层着装，最终成为戏曲中正旦角色的代称，如《桑园会》中的罗敷女、《武家坡》里的王宝钏、《铡美案》里的秦香莲等。这些青衣（图14-2）扮演的一般都是端庄、正派的人物，大多是贤妻良母或者贞节烈女之类的人物。

"青"有竹简的意思。如古时把字写在竹简上，为防虫蛀需要先用火烤干水分，这个过程就叫"杀青"。而后来"杀青"用来指写著作。"青"也被用来代表一种矿物——青石，常被作为绘画颜料使用。由于我国古代绘画常用朱红色和青色两种颜色，所以"丹青"也成为传统绘画艺术的代称。古人把画家称为"丹青手"，把优秀画家称为"妙手丹青"。

图 14-2　青衣

根据五行学说，古人认为，东方的青色象征万物生长，象征春天，所以把春天又叫"青春""阳春"，春景叫"和景""韶景"，春风叫"柔风""惠风"，春天的时辰叫"嘉时""良辰"。"青"也有年轻的意思，我们把一个人年轻的时期叫作青春、青春期，把年轻的人叫作青少年、青年。如果把一个人的一生和一年四季对应的话，那么年轻的日子就是春天，是青色的，是孤独忧郁的微冷蓝与生机活泼的热情绿混合的味道。

字体演变

甲骨文 ⬇ 金文 ⬇ 小篆 ⬇ 隶书 ⬇ 楷体

白

·字词卡片·

由"青"构成的汉字：
一级：请
二级：静、睛、青、清、情、晴
三级：精
五级：猜

由"青"组成的词语：
二级：青年、青少年
四级：青春
高等：青春期、青蛙、万古长青

·汉字解析·

> 西方色也。阴用事，物色白。从入合二。二，阴数。凡白之属皆从白。——《说文解字·白部》

"白"的甲骨文和金文像人的拇指，小篆由金文演变而来，而隶书由小篆演变而来，假借为白色的白。总体而言，"白"的甲骨文至楷书形体变化不大，《说文解字》对"白"的解释是代表西方的颜色。

"白"最基本的意义是白色，如黑白、白菜、白云。"白毛浮绿水，红掌拨清波"是在描写大鹅白毛红掌，浮在清水绿波之上。"黄河远上白云间，一片孤城万仞山"是在描写黄河好像从白云间奔流而来，玉门关孤独地耸立在高山中。这句话描绘了西北山川壮阔的风光，也突出了戍边士兵的荒凉境遇。"小时不识月，呼作白玉盘"是李白回忆起小时候不认识月亮，把它叫作白玉盘，既生动地表现出月亮的形状和月光的皎洁，也展现出其童年时的天真烂漫。

"白"所表示的白色，能够给人一种纯洁、高尚的感觉，后来发展为品行纯洁、没有污点的意思，如于谦在《石灰吟》中写道："粉身碎骨浑不怕，要留清白在人间"，以石灰做比喻，表达自己报效国家、不怕牺牲的意愿和坚守高洁操守的决心。这里的"清白"指代高尚的节操。而"黑白分明"中的"黑白"是是非、好坏的意思，比喻对是非和好坏分得非常清楚。

"白"又表示明亮，如白天等。由此又引申为说明、告诉等意思，如表白、坦白。进而引申为清楚、明白的意思，如真相大白。

"白"还表示空的，如白卷、空白、白手起家。"白卷"不是白色的卷子，而是没有写出答案的试卷。中国古代选拔武将的考试不仅要测试武艺，还要考写字，考试过程中考生不需要写文章，只需默写一段文字即可。如果能够写满三行，就能通过考试，被称为"黑卷"；反之，则被称为"白卷"，即考试失败。这便是"白卷"一词的由来。

最后，"白"还表示付出代价而没有取得相应的效益，如白说、白费、白等、白操心、白忙。或者是获得效益而没有付出代价，如白吃、白给。

· 字词卡片 ·

由"白"构成的汉字：
一级：白、百、的
二级：怕、原
三级：拍
四级：泉
五级：鬼
六级：皇
高等：柏、卑、碧、伯、泊、舶、兜、皆、锦、绵、帕、皂

由"白"组成的词语：
一级：白天、明白
二级：白色
三级：白菜
五级：白酒
六级：白领
高等：白白、表白、惨白、蛋白质、对白、黑白、开场白、空白、说白了、坦白

第十四章　汉字与颜色

字体演变

甲骨文 → 金文 → 小篆 → 隶书 → 楷体

黑

·汉字解析·

火所熏之色也。从炎，上出囧。囧，古窗字。凡黑之属皆从黑。——《说文解字·黑部》

"黑"的甲骨文像人的脸上被施行了墨刑。金文和小篆中下面的人形繁化加点，《说文解字》就误以为下面是"炎"，上面像内有烟灰的烟囱，将"黑"解释为被火熏成的颜色。后来随着字形的不断演变，隶书和楷书中将"炎"上边的火写成了"土"，下边的火写成了"灬"。

"黑"最常用的意思是黑色，"近朱者赤，近墨者黑"，意思是靠近朱砂，就会被染成红色；靠近墨汁，就会被染成黑色。这句话是告诉人们，接近好人可以使人变好，接近坏人可以使人变坏，客观环境对人有很大影响。"黑马"除了表示黑色的马，还有别的意思，这个词源于19世纪的英国政治家本杰明·迪斯雷利的小说《年轻的公爵》，小说中讲到一匹不起眼的黑马在比赛中战胜了两匹良种马，赢得了比赛，所以黑马现在被用来指出人意料的获胜者。"黑"还有暗、光线不足的意思，如黑暗、黑灯瞎火；由黑暗引申为秘密的、非法的，如黑店；由秘密的引申为坏的、恶的，如黑心。由"黑"组成的词语很多是贬义的，如"黑市"是见不得光的非法的市场；"黑社会"是非法的社会组织；"黑名单"是指把在生产、经营、信誉等方面存在问题的个人或者组织列一个名单，并向社会公布。中国是法治社会，任何个人和组织都不能凌驾于法律之上，那些"黑恶"事物是全社会抵制的对象，遵守国家法律法规，尊重社会公德良俗，培养良好的行为习惯和道德品质，是每一个生活在中国的人都应该做到的。

黑色也是庄严的象征，在严肃高级的场合，男子穿着黑色西装，女子穿着黑色礼服，以此来显示庄重。而在丧葬和祭奠时，亲人朋友也会穿黑色、戴黑纱来营造严肃安静的氛围。

·字词卡片·

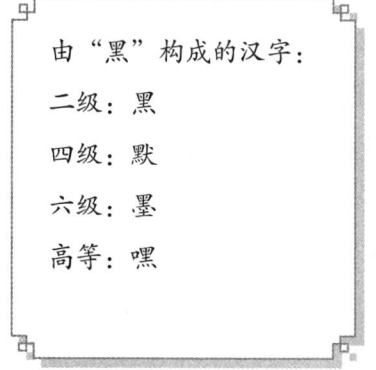

由"黑"构成的汉字：
二级：黑
四级：默
六级：墨
高等：嘿

由"黑"组成的词语：
二级：黑板、黑色
四级：黑暗
六级：黑夜
高等：黑白、黑客、黑马、黑手、黑心

字体演变

𑇀 甲骨文
▼
𑇀 金文
▼
𑇀 小篆
▼
玄 隶书
▼
玄 楷体

玄

·汉字解析·

> 幽远也。黑而有赤色者为玄。象幽而入覆之也。凡玄之属皆从玄。——《说文解字·玄部》

"玄"的甲骨文字形为 𑇀，表示物体的色度，后来字形上部追加圆点，而小篆将圆点变为一横，即 𑇀。"玄"的本义是赤黑色，即黑中带有赤色，如玄武、玄武门。根据五行学说，黑色在方位中属于北方，在四季中属于冬季，所以冬天也叫"玄冬"。而黑色对应的神兽是"玄武"，是一种由龟和蛇组成的神灵，源于星宿崇拜。在中国传统文化中，青龙、白虎、朱雀、玄武分别代表东、西、南、北四个方向。玄武的本义就是"玄冥"，"玄"是黑的意思，"冥"是阴的意思。

由于赤黑色不是一种单纯的颜色，具有模糊、隐晦的特点，所以"玄"引申出幽远、奥妙的含义，如故弄玄虚、玄学、玄幻小说等。又如"天玄地黄",这里的"玄"既可以理解为黑色,也可以理解为神秘莫测。这是由于科技不发达,古人无法探索太空,便对黑暗的天空总怀有一种高深莫测的感觉。"玄学"是魏晋时期出现的一种哲学思想,是对《老子》《庄子》和《周易》的研究和解释。这里的"玄"字起源于《老子》中的一句话:"玄之又玄,众妙之门",意思是深奥难测、无法用语言明确表达的某种状态或道理。玄学的核心思想是探索宇宙的运行规律和人类与自然之间的关系,主要研究人类的心性、道德伦理、宇宙的起源和演化等。它强调人与自然的和谐与平衡,追求修身养性和道德的完善。而"玄幻小说"是一种文学类型,主要流行于网络,内容往往深奥而神秘,想象力奇特而壮丽。它不受科学与人文的限制,也不受时空的限制,在作者的想象中自由发挥,与科幻、奇幻、武侠等幻想性质浓厚的类型小说关系密切。

"玄"又引申出虚伪、不可靠的意思。在口语中,我们如果说某人说得太玄了,其实是想表达某人说的话不可靠、不真实。

· 字词卡片 ·

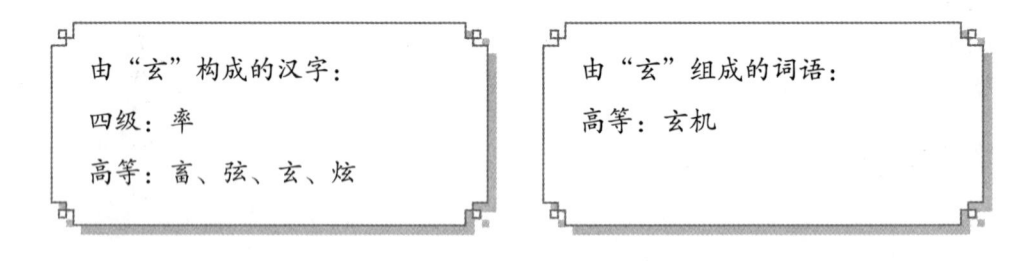

由"玄"构成的汉字:
四级:率
高等:畜、弦、玄、炫

由"玄"组成的词语:
高等:玄机

色

· 汉字解析 ·

颜气也。从人从卩。凡色之属皆从色。——《说文解字·色部》

"色"的金文左边是爪,表示手爪;右边是卩,表示小腿骨头,或是人跪着的样子。小篆字形中的"爪"写到了卩的上部,讹变成"人",因此《说文解字》中解释为"从人"。到了隶书,字形上的"人"又讹变成"刀"。渐渐地"色"字上部的写法便固定为"刀",楷书也继承了这样的写法。

"色"的本义是脸色,即脸上的表情,如眼色、察言观色、大惊失色、面不改色、喜形于色。但"色"最常见的意思是颜色,如灰色、彩色、褪色、五颜六色、肤色、色盲、保护色、色香味俱全等。白居易的《卖炭翁》中有一句诗:"满面尘灰烟火色,两鬓苍苍十指黑",描述了卖炭翁满脸灰尘,显现出烟熏火燎的颜色,他的两鬓斑白,十指漆黑。这里的"色"也指颜色。

还有句古话叫"士为知己者死,女为悦己者容",男人愿意为赏识自己、了解自己的人牺牲,女人愿意为欣赏自己、喜欢自己的人精心装扮。其实爱美之心古今有之,早在古代,女子们就常常在脸上涂脂抹粉,增添美丽的颜色。因此,"色"也指容颜、容貌,例如绝色佳人、秀色可餐。貌美的女子自然会受到男子的青睐,赢得他们的欢心。因此,"色"还引申出情欲、性欲的意义,例如好色、色情、色狼等。

事物的不同颜色形成各种景象,因此,"色"还有景色的含义,例如春色、夜色、月色、满园春色、湖光山色。"满园春色"意味着整个园子都充满了春天的景色;"湖光山色"指有山有水,风景秀丽。

而当光照射到物体表面并折射时,不同波长的光会以不同的方式与物体相互作用,这种交互作用导致我们看到不同的颜色,即常说的赤、橙、黄、绿、青、蓝、紫七种颜色。因此,"色"也引申为品类、种类,例如各色各样、形形色色。

此外,"色"还被用作佛教的专用名词。由于一切有形物质都能通过颜色触动人的感官,所以佛教将有形的能触动人的事物称为"色",而将精神领域的事物称为"心"。如佛教常说的"色即是空,空即是色",简单讲,色即是空,是说诸多的苦和烦恼都是人心中的虚妄产生的;空即是色,说明我们反

字体演变

金文

小篆

隶书

楷体

过来可以通过观察事物的共性和因果关系，明白任何善恶行为都会有相应的报应，从而去积德行善。

·字词卡片·

由"色"构成的汉字：
二级：色
三级：绝
五级：艳

由"色"组成的词语：
二级：白色、黑色、红色、黄色、蓝色、绿色、颜色
三级：彩色、景色、特色
四级：出色、角色、色彩、五颜六色
五级：灰色、脸色
高等：本色、绘声绘色、形形色色、逊色、眼色、有声有色

◎思考题

1. 你是否理解了"黄、赤、丹、青、白、黑、玄、色"的古文字形、字义之间的关系？请说说看。

2. "赫、晴、百、默、弦、绝"这六个汉字分别是由我们今天讲解的哪些汉字构成的？你认为这些汉字和我们今天讲解的汉字之间有什么关系？

3. 解释下面词语的意思。你会使用这些词语吗？
　　黄昏　赤字　牡丹　青春　坦白　黑客　玄机　景色

4. 请通过具体的例子对比不同文化、不同时代色彩观念的异同。

视野扩展

第十五章
汉字与战争

学习目标

认识"干、戈、鼓、矛、王、盾、我"的古文字形,了解这些汉字与战争、武器以及历史文化之间的联系,理解它们的起源和发展历程以及在战争文化中的象征意义,培养学生对和平的珍视和对战争的反思,理解战争的残酷性和破坏性,培养其和平意识和人道精神。

字体演变

甲骨文 ▼ 金文 ▼ 小篆 ▼ 隶书 ▼ 楷体

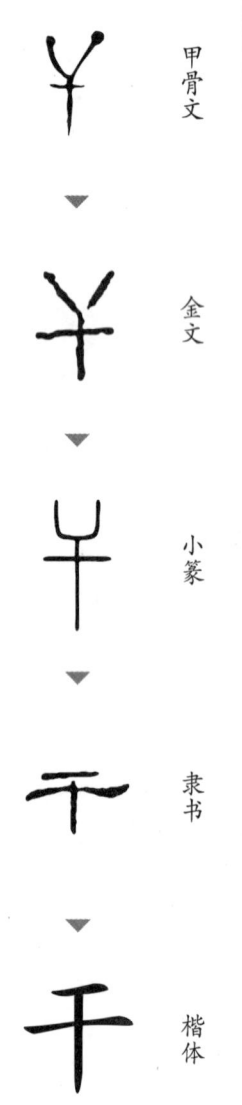

干

·汉字解析·

犯也。从反入，从一。凡干之属皆从干。——《说文解字·干部》

《说文解字》对"干"的解释是侵犯。"干"的甲骨文字形像带有羽饰的盾形，其本义是盾，即古代用来挡住刀箭、卫护自身的兵器。小篆承自甲骨文、金文字形，上像盾面，横像把手，下像其柄。古代"干"指盾牌之类的防御兵器，"戈"指进攻所用的兵器。因此古人用"干戈"指代战争，俗语"化干戈为玉帛"指的就是化解战争和冲突，使战争双方重修于好的意思。

"干"后来衍生出很多意思。"干"作动词有牵连、涉及的含义，如干涉、干扰；"干"作形容词表示没有水分或水分很少，跟"湿"相对，如干燥、干旱；"干"还可以表示加工制成的脱水食品，如饼干、葡萄干等。

"干部"一般指国家机关、军队、人民团体中的公职人员以及担任一定的领导工作或管理工作的人员。比如"干部是党和国家事业的骨干，是人民的公仆"。"骨干"指某事物的主要部分、主要支柱或最实质性的成分或部分，比喻在总体中起主要作用的人或事物。如"骨干分子""骨干企业"，又如"她是班里的文艺骨干"。因此，"骨干"和"干部"都是指起重要作用的人。在包含关系上，干部人员同时也是骨干人员，但是骨干人员却不一定是干部。

· 字词卡片 ·

由"干"构成的汉字：
一级：干
二级：平
三级：赶
五级：岸、汗
六级：肝、杆、刊
高等：竿、罕、旱、奸

由"干"组成的词语：
一级：干净、干什么
二级：干杯、干活儿
三级：干吗
四级：能干
五级：饼干、干脆、干扰、干预
六级：干涉
高等：干戈、干旱、干燥、干部、干事、骨干、烘干、若干、说干就干、一干二净

戈

· 汉字解析 ·

　　平头戟也。从弋，一横之。象形。凡戈之属皆从戈。——《说文解字·戈部》

《说文解字》对"戈"的解释是平头的戟类兵器。"戈"

字体演变

甲骨文

↓

金文

↓

小篆

↓

隶书

↓

楷体

第十五章　汉字与战争 | 267

的甲骨文字形像与柄垂直的戈刃，其中竖的一笔表示戈柄，顶部为"柲帽"，即套在戈柄上端的附属物，作用是加固柄端，防止劈裂；下部的短横则是戈柄底部的金属套件"鐏"，可以插在地上。金文基本上保持了甲骨文的形状；小篆保留了戈头的形象，但下部已经不像了；隶书的象形成分已经完全消失了。

"戈"是汉字部首之一，用"戈"作意符的字多与兵器或军事有关。如"戒"像两手握持着戈，表示警戒戒备的意思。"戍"指人拿着戈守备，表示防守的动作。"伐"的字形如长刃穿过人的头顶，表示砍击敌人。"武"由戈、止合成，止代表步行前进，武便指人持戈出征、发动战争。"贼"由戈、手、贝合成，以手和兵器破坏象征财物的贝，意指破坏、伤害，后来也指偷窃的人。

"戈"（图 15-1）是中国古代的一种具有击刺、勾啄等多种功能的木柄曲头兵器。其构造一般为平头，横刃前锋，垂直装柄。其端首处有横向伸出的短刃，刃锋向内，可横击，又可用于勾杀，而前锋用来啄击对方。最初受石器时代的石镰、骨镰或陶镰的启发而产生石戈，原为长柄，后因作战需要和使用方式不同，戈便分为长、中、短三种。商代已经有了铜戈，直到秦代作战时仍用戈。

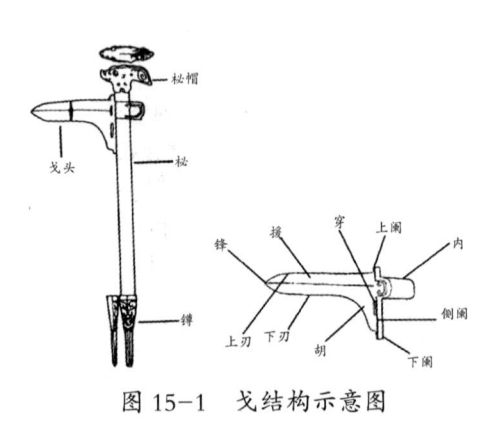

图 15-1 戈结构示意图

·字词卡片·

由"戈"构成的汉字：
一级：我、找
二级：成、划、或
三级：武、戏
四级：戴、咸、载、战
五级：裁、戒
六级：藏、截、威
高等：戳、伐、戈、戚、栽、贼、盏

由"戈"组成的词语：
高等：干戈、戈壁

鼓

·汉字解析·

> 郭也。春分之音，万物郭皮甲而出，故谓之鼓。从壴，支象其手击之也。《周礼》六鼓：雷鼓八面，灵鼓六面，路鼓四面，鼖鼓、皋鼓、晋鼓皆两面。凡鼓之属皆从鼓。——《说文解字·鼓部》

《说文解字》对"鼓"的解释是击鼓。"鼓"的甲骨文字形左边是"壴"，其像上插羽饰、下有脚座的圆形鼓的形象，右边的"支"像手持竹枝。两相结合，表示手持鼓槌击鼓。"鼓"有名词和动词两种用法，作为名词的"鼓"是一种打击乐器。鼓（图15-2）在古代社会活动中有着极其重要的地位，战争、祭祀、宴会等重大场合都离不开鼓。鼓在发明之初大概仅仅用于娱乐，后来封建统治者用礼教治国，乐教是礼教的重要组成部分，鼓就不仅是一种乐器，而是推行礼教的重要工具之一。《乐书》中说："鼓所以检乐，为群音长。"意思是鼓是用来约束乐队的，是各种乐音的首脑，这一地位至今依然不变。此外，《周易》中记载："鼓之舞之以尽神。""鼓之舞之"的意思就是鼓励他、鼓动他，让他振作、让他舞动起来，去研究、探索；"以尽神"是以此去无限接近其中的神妙。由此可知，早在商周时代不仅出现了原始的鼓舞形式，而且鼓与舞相结合的乐舞形式，已成为鼓舞、激励人们团结奋进的精神力量。

图15-2 战鼓

字体演变

甲骨文
↓
金文
↓
小篆
↓
隶书
↓
楷体

第十五章 汉字与战争

字体演变

丮 金文
↓
𠕁 小篆
↓
矛 隶书
↓
矛 楷体

作为动词的"鼓"就是击鼓的意思，如"鼓噪（击鼓呐喊）"中的"鼓"。敲鼓的时候，鼓面会产生振动，因此"鼓"引申出振动的意思，例如"鼓掌""鼓风机""鼓浪屿"等。古代打仗的时候，击鼓可以振奋士兵的勇气，成语"一鼓作气"是说战斗时第一次击鼓会使士气振奋，现比喻趁劲头大的时候鼓起干劲，一口气把工作做完。因此"鼓"又引申表示激起、激发、带动，例如"鼓舞人心""鼓足勇气""鼓励"中的"鼓"。这一意义也可以认为是由振动的意思引申而来的，是一种抽象意义的振动。由于鼓身一般是圆形凸起的形状，给人一种饱满感，所以"鼓"就常用来形容饱满凸起的样子，如"肚子胀鼓鼓的""荷包鼓鼓"。

· 字词卡片 ·

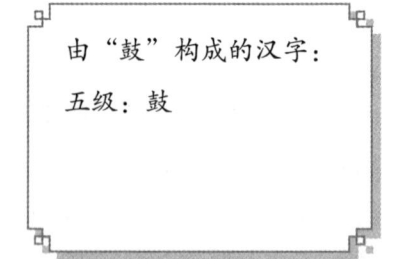

由"鼓"构成的汉字：	由"鼓"组成的词语：
五级：鼓	五级：鼓励、鼓掌
	高等：鼓动、鼓舞、敲边鼓、一鼓作气

矛

· 汉字解析 ·

> 酋矛也。建于兵车，长二丈。象形。长杆利刺之刃冒矜是矛之范式。——《说文解字·矛部》

《说文解字》对"矛"的解释是一种短柄的矛。"矛"是象形字，其金文字形像矛的形状。"矛"是古代用来刺杀敌人的带柄兵器，属于进攻性武器。

矛（图 15-3）是中国古代的一种长柄的直刺兵器，矛头上两面有刃。有长短两种，短的称"酋矛"，长二丈，在兵车上用；长的称"夷矛"，长二丈四，是步兵所用。矛也是古代军队中使用时间最长的冷兵器之一。矛的历史久远，其最原始的形态是用来狩猎的前端修尖的木棒，后来人们逐渐懂得用石头、兽骨制成矛头，缚在长木柄前端，增强杀伤力。在新石器时代遗址中，常发现用石头、动物骨头或动物角制造的矛头。奴隶社会的军队，已经使用青铜铸造的矛头。商朝时，铜矛已是重要的格斗兵器。

成语"自相矛盾"出自《韩非子》中的一则故事。在战国时期，楚国有个卖矛和盾的人，他先夸耀自己的盾很坚硬，说："无论用什么东西都无法破坏它！"然后，他又夸耀自己的矛很锐利，说："无论什么东西都能将其破坏！"市场上的人质问他："如果用你的矛去刺你的盾，它们将怎么样？"那个人无法回答，众人都嘲笑他。无法被刺穿的盾牌和没有刺不破盾的长矛，是不可能共同存在的。后来人们用"自相矛盾"比喻言语或行事前后无法呼应，互相抵触。矛头是矛的尖端，常用来比喻攻击时所指的方向。比如："有正义感的作家应该把攻击的矛头指向敌人。"

图 15-3　矛

· 字词卡片 ·

由"矛"构成的汉字：
五级：矛
高等：茅、柔

由"矛"组成的词语：
五级：矛盾
高等：矛头、自相矛盾

第十五章　汉字与战争

字体演变

| 甲骨文 | 金文 | 小篆 | 隶书 | 楷体 |

太 → 王 → 王 → 王 → 王

王

·汉字解析·

天下所归往也。董仲舒曰："古之造文者，三画而连其中谓之王。三者，天、地、人也，而参通之者，王也。"孔子曰："一贯三为王。"凡王之属皆从王。——《说文解字·王部》

《说文解字》对"王"的解释是天下归趋向往的对象。"王"的甲骨文字形像一把大斧的斧头部分，是以斧钺（图15-4）象征王权。斧头是杀戮的凶器，掌握了这个大凶器，意味着掌握了军权，因此才能称王。甲骨文专家徐中舒指出："（王）像刃部下向之斧形，以主刑杀之斧钺象征王者之权威。"古人将斧钺视为权力的代表，"王"的本义是古代的最高统治者。金文字形则把斧口部分强调，并将线条粗化。到了小篆阶段，表示斧柄的两横还在斧头顶，但斧身和斧口却已变成"土"了。于是，在小篆基础上发展的隶书、楷书已经看不出大斧的形迹了。

图15-4 益都苏埠屯大墓出土的人面铜钺

"王"是古代最高统治者的称呼。夏代人们称呼君主为"后"，商朝称呼君主为"帝"，周朝称呼君主为"王"，如周武王、商纣王。秦汉以后，帝王改称为皇帝，"王"就成为封建皇族或功臣封爵的最高级，如诸侯王、亲王、郡王等。在现代汉语中，"王"更多地被引申表示同类中为首的、最大的或最强的个体，即"首领"的意思，例如"国王"是某些君主制国家元首的一种名称，如泰国国王、西班牙国王等，还有"霸王""蚁王""蜂王"等。"王"还引申出最强的含义，如"王牌"是指扑克牌游戏中最强的牌，比喻最有力的人物、手段、事物等。

> 是故内圣外王之道，暗而不明，郁而不发，天下之人，各为其所欲焉，以自为方。——《庄子·天下》

"内圣外王"是儒家的主要思想之一。"内圣"指的是君主对国家内部的治理调和，同时也被认为是儒家学子对自身品格的修行依据；"外王"是指君主对其他国家和国内人民的政策战略。"内圣外王"是古代修身为政的最高理想，人们一般称儒家思想实际上就是"内圣外王"之道，它也是中国哲学的核心所在。

·字词卡片·

由"王"构成的汉字：
一级：班、球、玩、现
二级：理、弄、全、王、主
三级：环、望
五级：玻、狂、璃、琴、珍、珠
六级：皇、旺
高等：碧、呈、瑰、框、玫、瑞、莹

由"王"组成的词语：
六级：国王、王后、王子
高等：王国、王牌、阎王

盾

·汉字解析·

> 瞂也。所以扞身蔽目。象形。凡盾之属皆从盾。——《说文解字·盾部》

《说文解字》对"盾"的解释是用来挡护身体、庇护头部的防护武器。"盾"的甲

第十五章　汉字与战争

字体演变

申（甲骨文） → 申（金文） → 盾（小篆） → 盾（隶书） → 盾（楷体）

骨文字形像一个中间带有把手的方形盾牌。金文与甲骨文大体相同，字形上增加了人形，表示人在盾后，盾以护人。小篆在盾形之中又增加了一个"目"，用眼睛代指头部，表示手持盾牌举在头上，重点保护头部。

中西方盾文化存在一些差异。首先，中西方盾牌的用途和功能不同。在西方，盾牌通常被视为一种攻击性武器，用于冲锋陷阵和近身搏斗。而在中国，盾牌主要用于防御攻击，例如抵御箭矢和投石等，同时也有一定的装饰和象征意义。其次，中西方盾牌的形状和设计也存在差异。西方的盾牌通常呈圆形或椭圆形，而中国的盾牌则有长方形、圆形、燕尾形等多种形状。再次，西方盾牌的表面通常比较光滑，而中国盾牌则经常雕刻有各种图案和花纹，如龙、凤、花鸟等。最后，中西方盾牌的材质也有所不同。西方的盾牌通常采用金属材料，如青铜或铁，而中国的盾牌则大多采用木材、皮革等材料。

中国古代的盾牌上通常会有一些装饰和图案，这些装饰和图案的文化内涵非常丰富。首先，盾牌上的装饰和图案可以体现使用者的身份和地位。在中国古代，盾牌通常是军队中的必备装备之一，而不同等级的士兵所使用的盾牌也有所不同。一些高级官员和贵族会使用装饰华丽、图案精致的盾牌，以彰显自己的身份和地位。其次，盾牌上的装饰和图案还可以体现当地的传统文化和价值观。例如，在一些地区，盾牌上可能会描绘神话传说中的怪兽和神祇，以及具有象征意义的几何图案等，这些图案不仅具有装饰效果，还可以在心理上增强士兵们的信心和勇气。此外，有的盾牌前面还会镶嵌青铜盾饰，有虎头、狮面等，个个面目狰狞，令人望而生畏，借以恐吓敌人，增强盾牌的防护效能。

· 字词卡片 ·

由"盾"构成的汉字：	由"盾"组成的词语：
五级：盾	五级：矛盾
六级：循	高等：后盾、自相矛盾

我

字体演变：甲骨文 → 金文 → 小篆 → 隶书 → 楷体

·汉字解析·

施身自谓也。或说我，顷顿也。从戈从乎。乎，或说古垂字。一曰古杀字。凡我之属皆从我。䩉，古文我。——《说文解字·我部》

《说文解字》对"我"的解释是施加于自身而自称，就是对自己的称谓。"我"的甲骨文字形像一把有柄有钩的古代武器——大斧（图15-5），左边是斧口锋利的锯齿，右边是一把长柄，中间是连接的部分。因此，"我"的本义是兵器。金文保留了长柄锯斧的形象，只是斧柄下面多了个脚钩。后发展到秦代小篆时，已完全看不出"我"是锯斧的原貌了。

图 15-5　各种斧头

"我"后来作为第一人称代词使用，有人认为是因为这种奴隶社会的杀人凶器，到了战国时代被后起的更优良的凶器淘汰，于是"我"字便被借来作为第一人称使用。还有一种说法是，私有制出现之后，部族之间的争斗日趋激烈，人们要使用兵器来捍卫个人和部族的利益，兵器是用来保卫"我"的，因此引申为第一人称代词。在古代汉语中，"我"虽然是第一人称代词，但古人却很少用"我"自称。"我"在古文中主要是

第十五章　汉字与战争　|　275

作定语和宾语。《庄子·齐物论》:"今者吾丧我。"其中"我"就是作宾语。

中国有着悠久的历史,是著名的礼仪之邦。在汉语的称谓中,有很多敬辞和谦辞。敬辞是表达对别人尊重的词语,而谦辞则是用于自我表达谦虚的词语。例如,君主会自称"寡人""不穀""孤""朕",而一般人则自称"愚""臣""小人""仆""鄙人""小可""不才"等。女子自称"妾""奴",同辈间则称"愚兄""劣弟""小弟"等,老人则自称"老朽"。当别人提到自己的儿子时,则称为"愚儿""犬子"。若提及比自己小的亲属,则称为"舍弟""舍侄"等。当提及自己的妻子时,则称为"寒荆""拙荆""荆妻""贱内"等。若提及别人的长辈或兄长时,则称为"家父""家母""家兄"等。这些都是谦称。在中国的人际交往中,使用敬辞和谦辞充分体现了中华礼仪之邦的特点。准确使用敬辞和谦辞还可以体现一个人的文化修养。

·字词卡片·

由"我"构成的汉字:	由"我"组成的词语:
一级:饿、我	一级:我们
高等:俄、娥、鹅、哦	六级:自我

◎ **思考题**

1. 你是否理解了"干、戈、鼓、矛、王、盾、我"的古文字形、字义之间的关系?请说说看。

2. "赶、武、柔、望、循、饿"这六个汉字分别是由我们今天讲解的哪些汉字构成的?你认为这些汉字和我们今天讲解的汉字之间有什么关系?

3. 解释下面词语的意思。你会使用这些词语吗?

   骨干　干戈　一鼓作气　矛盾　王牌　自我

4. 请你查阅相关资料,了解下列成语的背景故事,并谈谈自己对战争的想法。

   背水一战　破釜沉舟　反戈一击　穷兵黩武

视野扩展

参 考 文 献

[1] 许慎. 说文解字[M]. 徐铉,校订. 北京:中华书局,1963.

[2] 徐锴. 说文解字系传[M]. 北京:中华书局,1987.

[3] 段玉裁. 说文解字注[M]. 上海:上海古籍出版社,1981.

[4] 桂馥. 说文解字义证[M]. 济南:齐鲁书社,1987.

[5] 王筠. 说文句读[M]. 北京:北京市中国书店影印,1983.

[6] 王筠. 文字蒙求[M]. 北京:中华书局,1962.

[7] 朱骏声. 说文通训定声[M]. 武汉:武汉市古籍书店影印,1983.

[8] 陈梦家. 殷墟卜辞综述[M]. 北京:中华书局,1988.

[9] 陈梦家. 中国文字学[M]. 北京:中华书局,2006.

[10] 党怀兴. 宋元明六书学研究[M]. 北京:中国社会科学出版社,2003.

[11] 党怀兴,王辉. 汉字基础与常见使用问题辨析[M]. 西安:陕西师范大学出版总社,2019.

[12] 丁福保. 说文解字诂林[M]. 昆明:云南人民出版社,2006.

[13] 丁声树,编录. 李荣,参订. 古今字音对照手册[M]. 北京:科学出版社,1958.

[14] 董莲池. 说文部首形义通释[M]. 长春:东北师范大学出版社,2000.

[15] 董莲池. 说文解字研究文献集成(现当代卷)[M]. 北京:作家出版社,2006.

[16] 董莲池. 说文解字考正[M]. 北京:作家出版社,2005.

[17] 高明. 古文字类编[M]. 北京:中华书局,1980.

[18] 胡安顺. 说文部首段注疏义[M]. 北京:中华书局,2013.

[19] 黄德宽,陈秉新. 汉语文字学史[M]. 合肥:安徽教育出版社,2006.

[20] 黄德宽. 古文字谱系疏证[M]. 北京:商务印书馆,2007.

[21] 黄侃,笺识. 黄焯,编次. 说文笺识四种[M]. 上海:上海古籍出版社,1983.

[22] 黄天树. 说文解字通论 [M]. 北京：北京大学出版社，2014.

[23] 蒋善国. 汉字学 [M]. 上海：上海教育出版社，1987.

[24] 李学勤. 字源 [M]. 天津：天津古籍出版社，2012.

[25] 李运富. 汉字构形原理与中小学汉字教学 [M]. 长春：长春出版社，2001.

[26] 李运富. 汉字学新论 [M]. 北京：北京师范大学出版社，2012.

[27] 梁东汉. 汉字的结构及其流变 [M]. 上海：上海教育出版社，1959.

[28] 林义光. 文源 (标点本)[M]. 林志强，标点. 上海：上海古籍出版社，2017.

[29] 刘又辛，方有国. 汉字发展史纲要 [M]. 北京：中国大百科全书出版社，2000.

[30] 刘钊，洪飏，张新俊. 新甲骨文编 [M]. 福州：福建人民出版社，2009.

[31] 刘志诚. 汉字与华夏文化 [M]. 成都：巴蜀书社，1995.

[32] 陆宗达. 说文解字通论 [M]. 北京：北京出版社，1981.

[33] 马叙伦. 说文解字六书疏证 [M]. 上海：上海书店，1985.

[34] 启功. 古代字体论稿 [M]. 北京：文物出版社，1999.

[35] 裘锡圭. 文字学概要 [M]. 北京：商务印书馆，2013.

[36] 容庚. 金文编 [M]. 张振林，马国权，摹补. 北京：中华书局，1985.

[37] 苏培成. 现代汉字学纲要 [M]. 北京：北京大学出版社，1994.

[38] 苏新春. 汉字文化引论 [M]. 南宁：广西教育出版社，1996.

[39] 唐兰. 古文字学导论 [M]. 山东：齐鲁书社，1981.

[40] 唐兰. 中国文字学 [M]. 上海：上海古籍出版社，2005.

[41] 王凤阳. 汉字学 [M]. 长春：吉林文史出版社，1989.

[42] 王宁. 汉字构形学讲座 [M]. 上海：上海教育出版社，2002.

[43] 王宁. 汉字与中华文化十讲 [M]. 北京：生活·读书·新知三联书店，2018.

[44] 徐中舒. 汉语古文字字形表 [M]. 成都：四川人民出版社，1980.

[45] 张舜徽. 说文解字导读 [M]. 北京：中国国际广播出版社，2010.

[46] 赵学清. 说文部首通解 [M]. 北京：中华书局，2019.

[47] 赵学清，付露，黄爽. 学生汉字形近易混字通解 [M]. 北京：商务印书馆，2023.

[48] 中国社会科学院考古研究所. 甲骨文编 [M]. 北京：中华书局，1965.

[49] 邹晓丽. 基础汉字形义释源 [M]. 北京：中华书局，2007.

[50] 赵诚. 甲骨文字学纲要 [M]. 北京：中华书局，2005.

索　引

（共 145 个字头）

B

白	258
包	102
贝	217
步	077

C

才	206
仓	070
车	081
尺	229
齿	142
赤	253
出	092
川	173
此	090
寸	227

D

丹	254
旦	152
刀	234

| 盾 | 273 |

E

| 耳 | 124 |

F

| 方 | 075 |
| 夫 | 027 |

G

甘	139
干	266
高	065
戈	267
革	038
工	224
宫	060
共	146
古	133
骨	115
鼓	269
瓜	048
龟	185

H

禾	050
黑	260
后	028
壶	218
虎	199
户	068
华	213
画	247
黄	251
火	162

J

几	223
见	129
交	103
教	245
巾	039
金	165
筋	116
京	063
井	071
久	099

K

可	136
克	226
哭	134

L

来	051
老	108
里	030
力	231
立	105
林	207
龙	183
鹿	191
履	087
率	237

M

麻	036
马	186
麦	053
矛	270
眉	128
门	066
米	054
民	022
木	209

N

男	023
鸟	195
牛	180
女	025

P

皮	042
片	220

Q

齐	055
气	157
青	256
曲	221
犬	201

R

人	097

日 150
入 094

S

色 262
山 171
生 211
石 167
食 047
史 244
士 106
手 144
首 119
鼠 188
束 212
水 161
丝 044
思 110
死 113
素 041

T

它 193
田 235
土 169
兔 181

W

亡 131
王 272
网 232
文 241
我 275

X

夕 154
喜 240
香 057
小 174
心 111
行 078
兄 032
须 126
玄 261
穴 061

Y

言 137
炎 164
燕 194
羊 190
页 118
衣 035
音 243
印 100
雨 159
月 153
云 156

Z

支 177
止 089
旨 141
重 176
舟 084
竹 204
自 123
走 080
足 085